LILLIAN GLASS BESIEGE DEINE FEINDE – LIEBEN KANNST DU SIE DANACH!

Die besten Methoden,

mit üblen Zeitgenossen

fertig zu werden

Aus dem Amerikanischen

von Angelika Bardeleben

SCHERZKEKS GEIZHALS
KLATSCHMAUL WICHSE
AUFHEIZER

BASTEI
LÜBBE

BASTEI-LÜBBE-TASCHENBUCH
Band 66362

Für alle Nervensägen, die ich in meinem Leben gekannt habe: diejenigen, die unhöflich und respektlos zu mir waren, die nicht an meine Ziele glaubten und die versuchten, meine Ziele zu sabotieren: Ich segne euch und lasse euch los. Und ich danke euch, daß ihr mir die Fakten für dieses Buch geliefert habt.

Jetzt bleibt nur noch zu beweisen, daß die Feder wirklich stärker ist als das Schwert!

Inhalt

Einleitung

»Stöcke und Steine können mir die Knochen brechen, aber Wörter können mich nicht verletzen«, sagt man im angelsächsischen Sprachraum. Und: »Worte, Worte, nichts als Worte« heißt es auch bei Shakespeare (in *Troilus und Cressida*). Aber sind Worte wirklich so belanglos? Können sie uns tatsächlich nicht verletzen?

Im Laufe der vielen Jahre, die ich als Kommunikationsexpertin und Rede- und Imageberaterin arbeitete, habe ich erfahren, wie unglaublich wichtig Worte sind. Ich habe gesehen, welch zerstörerische Wirkung häßliche Worte, gemeine Handlungen und bösartige Menschen haben können. Ich habe entdeckt, daß wir Menschen unglaublich verletzliche Wesen sind. Wir sind in der Tat so verletzlich, daß wir uns nicht nur an einige sehr häßliche Dinge erinnern, die uns als Kinder zustießen, sondern daß wir dazu neigen, unser Leben entsprechend den Parolen zu leben, die uns in unserer Kindheit eingetrichtert wurden, und entsprechend den Handlungen, deren Zeuge wir in der Kindheit wurden.

Warum wohl begeben so viele von uns sich als Erwachsene in psychotherapeutische Behandlung, wenn nicht, um sich von der mangelhaften Selbstachtung und dem schlechten Selbstbild zu befreien, die uns in unserer Kindheit und Jugend aufgezwungen wurden?

Als ein Mann im mittleren Alter in seinem Job in eine Sackgasse gerät und große Schwierigkeiten hat, wieder hinauszufinden, wird ihm plötzlich bewußt, daß es die Worte seines Lehrers waren – »Aus dir wird nie etwas werden« und: »Du bist eben nicht gut genug« –, die sich ihm tief ins Bewußtsein eingeprägt haben und ihn auch heute noch hemmen.

Als eine junge Frau wegen einer Eßstörung einen Therapeuten aufsucht, entdeckt sie, daß es ihre feindseligen Klassenkameraden waren, die sie auf den gefährlichen Weg der Magersucht schickten, weil sie ihr ständig »fette Kuh« hinterherbrüllten.

Nachdem ein kleines Mädchen Selbstmord begangen hat, findet man heraus, daß es die ständigen Quälereien und das Sticheln ihrer vergiftenden Klassenkameraden waren, die sie zu dieser selbstzerstörerischen Handlung trieben.

Es ist erstaunlich, wie viele dieser negativen Botschaften in unserer Psyche Wurzeln schlagen und unsere Selbstachtung beeinträchtigen. Wie verletzlich wir Menschen doch sind!

Die übelwollenden Menschen, die uns mit Worten attackieren, die uns kränken und manchmal sogar völlig lähmen, haben eine vergiftende Wirkung auf uns; es sind toxische Persönlichkeiten. Es gibt viele solche toxischen Menschen – ein früherer Klassenkamerad, ein Bruder oder eine Schwester, unser Vater oder unsere Mutter, ein Geliebter oder eine Geliebte, ein Ehemann oder eine Ehefrau, ein Chef oder ein Mitarbeiter.

Ein toxischer Mensch ist jeder, der unser Leben mit seinen Bemerkungen beeinträchtigt und vergiftet, der uns nicht unterstützt, der uns unser geistig-seelisches Wachstum mißgönnt, der sich nicht über unseren Erfolg freut und uns nicht mit Wohlwollen entgegentritt. Ein toxischer Mensch wird unsere Anstrengungen, ein glückliches und produktives Leben zu führen, sabotieren.

Viele Psychologen schlagen vor, wir sollten den Menschen loslassen, die Tür zuschlagen und den Kontakt zu ihm völlig abbrechen, so daß wir unsere seelische und geistige Gesundheit zurückgewinnen und auf diese Weise unser Leben unbeeinträchtigt weiterleben können. Dies mag zwar für viele Menschen eine wirkungsvolle Methode sein, aber ich habe herausgefunden, daß es noch viele andere Optionen gibt, und diese werde ich in meinem Buch beschreiben.

Als Kommunikationsexpertin verbrachte ich Tausende von Stunden damit, Hunderten von Menschen im Alter von vier bis vierundachtzig zuzuhören, die mir erzählten, was sie unglücklich macht. Ich fand heraus, daß der wesentliche Grund für das Unglück meiner Klienten darin bestand, daß es bestimmte giftige

Menschen gab, die ihnen das Leben zur Hölle machten. Vielleicht hatte der Philosoph Sartre recht, als er sagte: »Die Hölle, das sind die anderen.«

Während ich zahllosen Berichten zuhörte, entdeckte ich, daß es tatsächlich Personen gibt, die für die geistige, emotionale und körperliche Gesundheit ihrer Mitmenschen eine Gefahr bedeuten. Ich habe Menschen gesehen, die nur noch Haut und Knochen waren, weil sie in einer destruktiven Ehe lebten. Ich habe Menschen gesehen, die mit blutenden Magengeschwüren im Krankenhaus lagen, weil sie für böse, übelwollende Chefs arbeiteten. Ich habe Eltern gesehen, die ihren Arbeitsplatz verloren und finanzielle Rückschläge erlitten, weil sie ein Kind im Teenageralter hatten, das stahl und Drogen nahm. Ich habe gesehen, wie das Leben eines Menschen von einem vergiftenden Freund beherrscht wurde, der fast alle seine konstruktiven Ideen in den Schmutz zog. Ich habe mit eigenen Ohren gehört, wie ein kleines Mädchen sagte: »Ich hoffe, ich werde sterben, denn meine Mami liebt mich nicht.« Die Kleine war tieftraurig, weil ihre Mutter kaum jemals anwesend war. Und wenn sie doch einmal da war, dann schrie sie ihre Tochter fortwährend an und sagte ihr, was für ein böses Mädchen sie doch sei.

Während ich mir diese Geschichten anhörte, begann ich, mir Aufzeichnungen zu machen. Ich entdeckte verschiedene Muster, und ich lernte einige sehr interessante Dinge. Zunächst einmal gibt es verschiedene Typen toxischer Menschen (neunundzwanzig, um genau zu sein). Zweitens: Jemand, der für den einen Menschen giftig ist, braucht es für einen anderen nicht notwendigerweise ebenfalls zu sein. Ich erfuhr auch, daß es verschiedene Möglichkeiten gibt, um mit verschiedenen Typen toxischer Menschen umzugehen. Wenn wir diese Möglichkeiten nutzen, werden wir es schaffen, besser mit unserem Leben – und den betreffenden Menschen – fertig zu werden.

Nachdem ich meinen Klienten gezielte Ratschläge gegeben hatte, auf welche Weise sie mit den toxischen Menschen in ihrem Leben kommunizieren können, bemerkte ich, daß ihr Leben sich gründlich veränderte. Meine Klienten erkannten, daß die Techniken, die ich sie gelehrt hatte, immer wieder aufs neue eine positive Wirkung zeigten. Es spielte keine Rolle, wer sich die vergiftende Kränkung erlaubt hatte: eine nörgelnde Mutter, ein eifersüchtiger Ehemann, ein beleidigender Lehrer, ein schikanierender Chef oder ein unhöflicher Kellner, ein überheblicher Arzt oder eine herablassende Verkäuferin. Wer auch immer jene Menschen waren – meine Klienten hatten nun die Mittel an der Hand, mit ihnen umzugehen. Plötzlich waren sie weniger gestreßt und weniger deprimiert, sie fühlten sich stärker und mutiger, wenn sie mit der toxischen Person zusammen waren. Ich wandte diese Techniken in meinem eigenen Leben an und entdeckte, daß ich mich immer häufiger glücklich fühlte. Ich brauchte meine Gefühle nicht länger in mir zu verschließen oder mich mit der Frage zu quälen, ob ich das Richtige gesagt hatte oder nicht. Ich brauchte, wenn ein toxischer Mensch mir eine häßliche Bemerkung an den Kopf geworfen hatte, nicht länger darüber nachzugrübeln, was ich »hätte sagen« oder »hätte tun sollen«.

Ich entschied mich, mein Wissen über den Umgang mit toxischen Menschen mit anderen zu teilen. Ich brachte das Thema in meinen Vorträgen zur Sprache und stellte fest, daß *alle* sich davon angesprochen fühlten. Wo auch immer die Menschen lebten, was auch immer sie taten, um ihren Lebensunterhalt zu verdienen, wie reich oder arm sie auch sein mochten – *alle* hatten in ihrem Leben irgendeinen toxischen Menschen, der ihnen zusetzte. In der Frage- und Antwortstunde, die meinen Vorträgen üblicherweise folgt, teilten mir viele meiner Zuhörer ihre Erfahrungen mit und fragten mich, wie sie mit bestimmten toxischen Menschen in ihrem Leben umgehen sollten.

Ich erhielt zahllose Briefe von Menschen überall auf der Welt (einschließlich Australien, Deutschland, Indonesien, Israel, Indien, England, Afrika, Singapur und Saudi-Arabien), in denen diese mir berichteten, wie gut die bei mir erlernten Techniken gewirkt hatten. Die Erkenntnis, daß sie a) nicht selbst das Problem waren und daß sie b) nicht allein standen, tröstete sie. Es erleichterte sie zu wissen, daß es im Leben anderer ebenfalls toxische Menschen gab. Sie fühlten sich gestärkt durch die Erkenntnis, daß sie nicht länger Opfer zu sein brauchten. Sie entdeckten, daß es doch einen Weg gab, um die unangenehme Situation, in der sie sich befanden, zu meistern, und sie berichteten mir, wie froh sie über ihre neu entdeckte Freiheit waren. Bei meinen Recherchen lernte ich vieles über andere Kulturen. Ich erfuhr, daß die Indonesier einen Barong, eine unheimliche hölzerne Maske mit scharfen Zähnen und hervorquellenden Augen, über ihre Tür nageln, um ihre Räume von toxischen bösen Geistern zu befreien. Die Chinesen setzen den Foo-Hund, die Skulptur eines löwenähnlichen Hundes, vor ihre Häuser, um solche Geister abzuwehren. Die Japaner stellen Säulen aus Salz vor dem Eingang ihrer Häuser und Büros auf, um böse Geister zu vertreiben. Um toxische Geister und die Verwünschungen toxischer Menschen abzuwehren, stellt ein Hindu in Indien eine brennende Kerze in seinen Handteller und umkreist damit dreimal sein Gesicht, während er dreimal ausspuckt. Viele Perser brennen ein vertrocknetes Stück Gemüse, genannt *esfand*, über einem offenen Feuer an, um ihr Heim vom bösen Auge oder von der Energie eines toxischen Menschen zu befreien. Und entsprechend zerschneiden Inder eine Rübe und werfen sie fort, um dadurch symbolisch einen toxischen Menschen aus ihrem Leben zu verbannen. Viele Chinesen tragen ein kleines Taschenmesser bei sich, um böse Geister verletzen oder töten zu können, und chinesische Babies bekommen, wenn sie zu laufen beginnen, häufig Glöckchen an die Füße gebunden, die übelwollende Geister erschrecken sollen.

Wenn man gegenüber einem Perser eine toxische Bemerkung gemacht hat, die das »böse Auge« aktivieren könnte, zeigt er auf eine Nadel, die er bei sich trägt, oder er berührt sie. In lateinamerikanischen Ländern steckt man Babies häufig ein Stück Sandstein oder einen schwarzen Onyx an die Windel, um sie vor dem »bösen Auge« zu schützen. In Italien schützt ein kleines Widderhorn, das an einer Kette um den Hals getragen wird, vor dem bösen Auge *(malocchio)*, während in vielen osteuropäischen

Ländern und auch in afrikanischen Kulturen eine Glasperle, die wie ein Auge aussieht, als Amulett getragen wird, mit Hilfe dessen ein toxischer oder neidischer Mensch ferngehalten wird.

In verschiedenen asiatischen Kulturen wird an einer bestimmten Stelle eines Gebäudes ein Spiegel angebracht, um böse Einflüsse abzuwehren. Einige Osteuropäer tragen kleine Beutel mit Salz und Pfeffer bei sich – Salz, um die Augen von jedem, der sie schief anschaut, zu »verbrennen«, und Pfeffer, um alle bösen und toxischen Gedanken »fortzuniesen«. Oder man stellt im Haus rote Gegenstände auf oder trägt einen kleinen roten Gegenstand am Körper.

Bestimmte arabische Kulturen glauben ebenfalls an die Macht des bösen Auges. Die Menschen erwähnen niemals, daß sie glücklich gewesen seien, aus Angst, daß der »böse Geist« ihnen ihr Glück fortnehmen könnte. Dies gilt auch für bestimmte jüdische Kreise, wo nach dem Bericht über ein glückliches Ereignis das Wort *Kineahora* ausgesprochen wird, um dem bösen Auge zu entgehen.

In Singapur und in Malaysia spricht ein *bomoh* oder Medizinmann eine Reihe von Zaubersprüchen und benutzt verschiedene Kräuter, während in China ein taoistisches Medium und in Mexiko ein *curandero* herangezogen werden, um den Zauber des bösen Auges zu zerstören, der durch eine toxische Person übertragen wurde.

Viele Afrikaner und viele Bewohner der Karibischen Inseln stecken in der Hoffnung, daß die toxischen Menschen in ihrem Leben den Schmerz spüren, Nadeln in verschiedene Körperteile von Voodoo-Puppen.

Der Buddhismus lehrt, daß böse Dämonen schutzlose Menschen angreifen. Deshalb müssen sie den Zauber abwehren, indem sie verschiedene Talismane tragen oder bestimmte Geheimmittel benutzen.

Aus welchem Kulturkreis auch immer wir kommen mögen, uns *allen* sind, wie die Anthropologen herausfanden, bestimmte Gefühle gemeinsam: Glück, Trauer, Furcht, Zweifel, Zorn, Überraschung, Langeweile, Liebe. Wir *alle* möchten, daß andere uns mit Wärme und Respekt behandeln. Wir *alle* möchten freundliche Worte hören, die uns helfen, uns unseren Platz auf dieser Erde zu erobern. Aber in unserer nervenaufreibenden modernen Welt verunmöglichen unsere Unsicherheits- und Minderwertigkeitsgefühle und der Druck, der von der Gesellschaft ausgeht, oft, daß wir einander mit der Achtung und dem Respekt behandeln, die wir alle verdienen.

Zu wissen, wie wir die Gifte, die man uns verbal entgegenschleudert, unschädlich machen können, kann uns helfen, die Aggressionen und die Vorurteile zu beseitigen, mit denen unsere Welt infiziert ist – eine Welt, in der Menschen, die einander Brüder und Schwestern sein sollten, einander oftmals hassen. Nur allzu häufig machen wir die Erfahrung, daß der unangemessene Umgang mit toxischen Menschen in unserem Leben selbstzerstörerische Wirkungen hat.

Von heute an werden Sie *nie* wieder in die Lage kommen, nicht zu wissen, wie Sie mit einem toxischen Menschen umgehen sollen. Sie werden *nie* wieder zur Zielscheibe verbaler Beleidigungen werden. Dieses Buch wird Ihnen helfen, herauszufinden, was Sie zu Menschen sagen können, die Ihnen zu nahe treten – und *wie* Sie es sagen.

Mein Buch ist eine Überlebenshilfe – es wird Ihnen nicht nur helfen, mit unangenehmen Menschen in Ihrem Leben zu kommunizieren, sondern auch, der Gefahr zu entgehen, für andere und für sich selbst zu einer toxischen Persönlichkeit zu werden. Das Buch soll zweierlei Zwecken dienen. Im ersten Abschnitt werden der Fragebogen zum Thema »toxische Menschen« und die Darstellung der neunundzwanzig »toxischen Terror-Typen« Sie befähigen, die toxischen Menschen in Ihrem Leben zu identifizieren und Ideen zu sammeln, wie Sie mit ihnen umgehen können. Sie werden lernen, einige der üblichen giftigen Bemerkungen, die toxische Menschen machen, bewußt zu analysieren und zu verstehen, warum sie sie machen.

Im zweiten Teil des Buches werden Sie zehn effektive Methoden lernen, leicht und erfolgreich mit einem toxischen Menschen fertig zu werden, so daß Sie Ihre Gefühle von Kränkung und Frustration nicht länger hilflos zu ertragen brauchen. Sie werden außerdem lernen, eine toxische Beziehung wieder ins Lot zu bringen – oder die Tür ein für alle Male wieder hinter sich zu schließen.

Vielleicht werden Sie, wenn Sie dieses Buch lesen, gelegentlich lachen – und manchmal sogar ein bißchen weinen, weil Sie sich in den Personen in den Fallbeispielen wiedererkannt haben; ich habe Menschen aus Fleisch und Blut beschrieben, die ich während meiner Reisen interviewt und in meiner privaten Praxis beraten habe.

Sie werden nicht länger unter Magenschmerzen oder Nesselausschlag zu leiden haben, Sie werden Ihren Kummer nicht mehr durch Freßorgien verdrängen müssen, Sie werden auch keine Herzkrankheiten und keinen Krebs zu bekommen brauchen, Sie werden nicht mehr grübeln und keinen Groll oder Haß zu hegen brauchen, weil Ihre Gedanken ständig um einen bestimmten toxischen Menschen in Ihrem Leben kreisen. Ich werde Ihnen die schnellen und effektiven Techniken an die Hand geben, die so vielen meiner Klienten geholfen haben, mit toxischen Menschen umzugehen. Diese Techniken werden von jetzt an auch *Ihnen* helfen, ein glücklicheres und produktiveres Leben zu führen.

Schließlich wurde dieses Buch auch geschrieben, um Ihnen zu helfen, selbst ein angenehmerer Mensch zu werden, der auf andere – oder auch auf Sie selbst – keine toxische Wirkung hat. Wenn Sie lernen, mit negativen Menschen besser fertig zu werden, sich mehr zu öffnen und streßfreier zu leben, werden Sie auch immer fähiger, erfüllte und produktive persönliche und geschäftliche Beziehungen zu entwickeln. In dem Maße, wie Ihre Selbstachtung steigt, werden Sie glücklicher, liebevoller und liebenswerter werden. Vielleicht gelingt es Ihnen darüber hinaus sogar noch, Ihre finanzielle Situation zu verbessern. In dem Maße, wie Sie sich selbst befähigen, mit den Angriffen toxischer Menschen fertig zu werden, werden Sie freier und kreativer. Das wird Sie in die Lage versetzen, häufiger ein Risiko einzugehen und ein erfüllteres Leben zu leben.

16

Wenn Sie lernen, das Kränkende aus Ihrem Leben fernzuhalten, dann werden wunderbare Dinge geschehen. Sie werden entdecken, daß die Welt reich an Chancen und Möglichkeiten ist. Wenn Sie sich die Hilfsmittel, die in diesem Buch beschrieben werden, wirklich aneignen, werden Sie niemals wieder Opfer eines toxischen Menschen werden.

Kapitel 1

Gibt es einen toxischen Menschen in Ihrem Leben?

Fragebogen zu toxischen Menschen

Um das Nachdenken über toxische Menschen zu beflügeln, habe ich einen Fragebogen zum Thema toxische Menschen entwickelt. Er führt Ihnen das weite Spektrum an Wirkungen vor Augen, die ein toxischer Mensch auf Sie haben kann, und zeigt, in welcher Weise jeder Bereich Ihres Lebens davon betroffen ist. Aber auch, wenn Sie die Fragen nicht im einzelnen beantworten, werden Sie mit ihrer Hilfe lernen, wie Sie die toxischen Menschen in Ihrem Leben identifizieren können.

Zunächst denken Sie einmal an einen Menschen, den Sie nicht besonders mögen, der Sie in irgendeiner Weise unglücklich macht und mit dem auszukommen Ihnen schwerfällt. Antworten Sie *ja* oder *nein* auf die folgenden Fragen, die in vier Kategorien eingeteilt sind: emotionale Symptome, Verhaltenssymptome, körperliche Symptome und Kommunikationssymptome.

Emotionale Symptome

1.   Fühlen Sie sich, nachdem Sie mit dieser Person gesprochen haben, wie betäubt?

2.   Sind Sie, nachdem Sie mit ihm/ihr zusammen waren, in schlechter Stimmung?

3.   Haben Sie das Gefühl, daß dieser Mensch Sie »im Grunde seines Herzens« nicht mag, obwohl er oder sie niemals etwas Böses zu Ihnen sagt?

4.   Fühlen Sie sich, nachdem Sie mit diesem Menschen zusammen waren, klein und mickerig?

5.   Fühlen Sie sich, nachdem Sie mit diesem Menschen zusammen waren, irgendwie »schmutzig«?

6.   Fühlen Sie sich, wenn Sie mit diesem Menschen zusammen sind, emotional leer?

7.   Fühlen Sie sich, nachdem Sie mit diesem Menschen gesprochen haben, weniger intelligent oder weniger qualifiziert?

8.   Fühlen Sie sich in Gegenwart dieses Menschen oder nachdem Sie mit ihm zusammen waren, häufig traurig oder deprimiert?

9.   Fühlen Sie sich plötzlich unattraktiv, nachdem Sie mit der betreffenden Person zusammen waren?

10.   Fühlen Sie sich in Gegenwart jenes Menschen angespannt oder nervös?

11.   Fühlen Sie sich in Gegenwart jenes Menschen wütend oder gereizt?

12.   Fühlen Sie sich wie ausgebrannt, nachdem Sie mit ihm/ihr zusammen waren?

13.   Fühlen Sie sich in seiner/ihrer Gegenwart angeekelt?

14.   Haben Sie manchmal das Bedürfnis, mit Hilfe von Essen, Alkohol, Drogen oder Sex Ihren Gefühlen zu entfliehen?

15.   Haben Sie, als Reaktion auf jene Person, Freßanfälle – oder verschlägt es Ihnen gänzlich den Appetit?

16.   Werden Sie von jenem Menschen in Gegenwart anderer ignoriert, so daß Sie das Gefühl haben, nicht zu existieren?

17.   Fühlen Sie sich durch jene Person verletzt oder verärgert, weil sie Sie zur Zielscheibe von Witzen macht und dann sagt: »Das war doch nur ein Scherz«?

18. Fühlen Sie sich von jenem Menschen hintergangen und betrogen?

19. Haben Sie das Gefühl, daß er Sie fortwährend kritisiert – daß Sie einfach nichts richtig machen können?

20. Haben Sie das Gefühl, daß er Sie fortwährend zurechtstutzt oder kleinmacht, vor allem in Gegenwart anderer?

21. Fällt es Ihnen schwer, jenen Menschen zu respektieren – oder mangelt es ihm an Respekt Ihnen gegenüber?

22. Fühlen Sie sich von dem/der Betreffenden emotional mißbraucht?

23. Sehen Sie, nachdem Sie mit dem/der Betreffenden zusammen waren, plötzlich alles schwarz?

24. Haben Sie in Gegenwart jener Person häufig das Gefühl, weinen zu müssen?

25. Fühlen Sie sich erleichtert, wenn Sie nicht mit ihm oder ihr zusammenzusein brauchen?

26. Stellen Sie sich manchmal vor, daß er oder sie leidet oder verletzt ist – und haben ein angenehmes Gefühl dabei?

27. Würden Sie sich freuen, wenn Sie den/die Betreffende/n nie wiedersehen müßten?

Verhaltenssymptome

28. Möchten Sie sich von ihm oder ihr körperlich entfernen?

29. Trinken Sie, nachdem Sie mit dem/der Betreffenden zusammen waren, mehr Alkohol als gewöhnlich – oder nehmen Sie Medikamente/Drogen?

30. Neigen Sie, wenn Sie mit ihm oder ihr zusammen sind oder waren, dazu, zuviel zu essen – oder bekommen Sie plötzlich keinen Bissen mehr herunter?

31. Haben Sie gelegentlich das Bedürfnis, diesem Menschen ins Gesicht zu schlagen oder ihm körperlichen Schaden zuzufügen?

32. Stellen Sie Pläne auf, wie Sie dem/der Betreffenden aus dem Weg gehen können?

33. Versucht er/sie, Sie zu sabotieren, indem er/sie Dinge hinter Ihrem Rücken tut?

34. Geht dieser Mensch mit Ihnen um, als seien Sie ein lebloser Gegenstand, oder gibt er Ihnen das Gefühl, Sie seien nicht wichtig?

35. Behandelt er Sie in der Öffentlichkeit anders als im privaten Bereich?

36. Verhalten Sie sich in seiner Gegenwart in untypischer Weise unterwürfig oder aggressiv?

Körperliche Symptome

37. Bekommen Sie in seiner/ihrer Gegenwart Kopfschmerzen?

38. Verziehen Sie Ihr Gesicht, runzeln Sie die Stirn oder spannen Sie Ihre Nasenflügel an, wann immer Sie in der Nähe jener Person sind, oder sogar dann, wenn Sie über sie nachdenken?

39. Wird Ihnen übel, wenn Sie mit dem/der Betreffenden zusammen waren oder sind?

40. Machen Sie sich – bewußt oder unbewußt – klein, wann immer Sie in seiner/ihrer Nähe sind?

41. Haben Sie Schwierigkeiten zu atmen?

42. Leiden Sie unter Verspannungen im Nacken und Rücken?

43. Schlägt Ihr Herz schneller, so als hätten Sie einen Angstanfall?

44. Haben Sie, nachdem Sie mit ihm/ihr eine Zeitlang zusammen waren, erheblich zugenommen oder an Gewicht verloren?

45. Beginnen Sie in Gegenwart jenes Menschen stärker zu schwitzen?

46. Haben Sie, wenn Sie mit ihm reden, einen Kloß im Hals?

47. Mangelt es Ihnen, wenn Sie mit ihm/ihr zusammen sind, an Energie, oder fühlen Sie sich körperlich geschwächt?

48. Haben Sie, wenn Sie in seiner/ihrer Nähe sind, ein Kratzen im Hals oder das Bedürfnis zu husten?

49. Bekommen Sie rote Flecken oder Nesselausschlag, wenn Sie mit dem/der Betreffenden zusammen sind?

50. Fühlen Sie sich angewidert oder weichen Sie unwillkürlich zurück, wenn dieser Mensch Sie berührt?

51. Berührt er Sie auf aggressive Weise?

52. Möchten Sie ihn nicht berühren und sich am liebsten nicht in seiner Nähe aufhalten?

53. Leiden Sie, wenn Sie in seiner/ihrer Nähe sind, an nervösem Liderzucken?

54. Ärgern Sie sich über seine/ihre Eigenheiten, oder fühlen Sie sich dadurch angewidert und peinlich berührt?

55. Möchten Sie vor diesem Menschen weglaufen und ihn niemals wiedersehen?

Kommunikationssymptome

56. Haben Sie das Gefühl, durch ein Minenfeld zu gehen, haben Sie Angst, Sie selbst zu sein, und sind Sie, wenn Sie mit dieser Person sprechen, mit Ihrer Wort- und Themenwahl äußerst vorsichtig?

57. Legt der/die Betreffende Ihnen gegenüber ein herablassendes Verhalten an den Tag?

58. Fühlen Sie, wie Ihr Gesicht sich anspannt, wenn Sie mit dem/der Betreffenden reden?

59. Ist er/sie, wenn er/sie mit Ihnen redet, grob oder aggressiv?

60. Werden Sie selbst grob oder aggressiv, wenn Sie mit ihm/ihr reden?

61. Macht die Person häßliche oder kränkende Bemerkungen über Sie?

62. Empfinden Sie seine/ihre Stimme als unangenehm?

63. Werden Sie, wenn Sie mit dem/der Betreffenden reden, verbal aggressiv?

64. Beginnen Sie, wenn Sie in seiner/ihrer Nähe sind, zu stammeln oder zu stottern?

65. Schreien Sie ihn/sie häufig an?

66. Fühlen Sie sich durch die Art, wie er oder sie nonverbal kommuniziert (d.h. durch Gesten, Körperhaltung und Gesichtsausdruck), abgestoßen?

67. Macht der/die Betreffende Ihnen gegenüber negative oder sarkastische Bemerkungen, die er/sie dann mit dem Kommentar »Ich hab' doch nur Spaß gemacht« abtut?

68. Fehlen Ihnen, wenn Sie mit jener Person reden, häufig die Worte?

69. Haben Sie keine Lust, sich mit ihm/ihr am Telefon zu unterhalten?

70. Verschließen Sie sich, wenn Sie mit dem/der Betreffenden zusammen sind?

71. Ertappen Sie sich dabei, daß Sie allem, was der/die Betreffende sagt, widersprechen?

72. Widerspricht der/die Betreffende fast allem, was Sie sagen?

73. Sind Sie beruhigt oder erleichtert, wenn Sie mit ihm/ihr eine Zeitlang nicht gesprochen haben?

74. Werden Sie von diesem Menschen beschimpft und/oder verbal angegriffen?

75. Flucht oder schimpft er/sie häufig, wenn er/sie mit Ihnen zusammen ist?

76. Fluchen oder schimpfen Sie häufig, wenn Sie mit ihm/ihr zusammen sind?

77. Haben Sie das Gefühl, daß die Wertvorstellungen dieses Menschen den Ihren diametral entgegengesetzt sind, so daß Sie nicht wirklich mit ihm kommunizieren können?

78. Haben Sie das Gefühl, Sie sprächen zwei verschiedene Sprachen?

Was Ihre Antworten bedeuten

Ein »Ja« auf einige dieser Fragen, selbst wenn es nur wenige sind, bedeutet, daß Sie es mit jemandem zu tun haben, der eine vergiftende Wirkung auf Sie hat.

Wie Sie aus dem Quiz ersehen, können toxische Menschen verschiedene Bereiche Ihres Lebens beeinträchtigen. Es gibt verschiedene Typen von toxischen Menschen; jeder Typ wird Sie auf seine Weise beeinflussen. Diese Menschen können einen starken Einfluß darauf haben, wie Sie sich verhalten und fühlen.

Am obigen Quiz erkennen Sie, daß ein emotionales oder körperliches Unbehagen oftmals daraus resultiert, daß Sie es mit einem toxischen Menschen zu tun haben!

Im nächsten Kapitel werde ich das Verhalten von toxischen Menschen beschreiben und zeigen, auf welche Weise sie auf Sie wirken. Gewiß ist es nicht angenehm, über toxische Menschen nachzudenken. Es ist aber wichtig, sich deren besondere Charakteristika bewußtzumachen. Dabei soll Ihnen das folgende Kapitel helfen.

Kapitel 2

Toxisches Verhalten

Wie Sie aus den Fragen in Kapitel 1 ersehen haben, können toxische Menschen Sie auf der ganzen Linie beeinträchtigen. Zwar kann die vergiftende Wirkung von sehr unterschiedlichen Menschentypen ausgehen, aber sie alle haben bestimmte Gemeinsamkeiten im Verhalten und in der Motivation. In diesem Kapitel werde ich ihr charakteristisches Verhalten und insbesondere ihre toxische Sprache analysieren. In Kapitel 3 werde ich beschreiben, wodurch ihre Handlungen motiviert sind.

Toxische Sprache

»Ich war schockiert.«

»Ich fühlte mich gedemütigt.«

»Ich traute meinen Ohren nicht.«

»Ich war sprachlos.«

»Ich war wie betäubt.«

»Was für ein Trottel!«

»Wie unsensibel!«

»Können Sie sich vorstellen, daß er das tatsächlich gesagt hat?«

Dies sind einige der Sätze, die ich jeden Tag in meiner Praxis zu hören bekomme, nachdem ein Klient oder eine Klientin mir erzählt hat, was ein toxischer Mensch zu ihm oder ihr sagte. In jedem Fall war der Betroffene zutiefst gekränkt und wütend. Und immer war er schockiert darüber, wie unhöflich und unsensibel ein anderer Mensch sich verhalten hatte.

Gewöhnlich versucht der Klient, den Vorfall zu rationalisieren, indem er Dinge sagt wie: »Tja, aber das ist natürlich *sein* Problem« oder: »Er ist eben ein Trottel« oder: »Sie ist wahrscheinlich unglücklich« oder: »Er ist wahrscheinlich neidisch.« Wie sehr auch immer der Betroffene sich darum bemüht, den negativen Kommentar der toxischen Person zu relativieren – der Pfeil sitzt tief und tut noch immer weh. Die Bemerkung schmerzt auch noch eine lange Zeit, nachdem sie gemacht wurde. Toxische Kommentare haben die Eigenschaft, in unserem Kopf immer wieder aufzutauchen.

Wer sagte: »Stöcke und Steine können mir die Knochen brechen, aber Wörter können mich nicht verletzen«, hatte unrecht. Negative Wörter und Kommentare verletzen, verstümmeln und zerstören die Seele.

Die siebenjährige Amy Hagadorn aus Fort Wayne, Indiana, schrieb einen Brief an Santa Claus. Sie wurde mit einer Gehirnlähmung geboren und wünschte sich nur das eine: daß die andern Kinder sich nicht länger darüber lustig machten, wie sie gehe und rede.

Daß dieses kleine Mädchen nicht nur unter seiner körperlichen Behinderung zu leiden hatte, sondern auch unter den grausamen und häßlichen verbalen Kränkungen seiner Klassenkameraden, ist zutiefst traurig. Es wünschte sich nichts anderes als das, was alle Menschen sich wünschen und auch verdienen – Akzeptanz und Freundlichkeit.

Feindselige, kränkende Bemerkungen können Sie tiefer und schneller verletzen als ein Schwert. Während die Wunde, die Ihnen durch ein Schwert geschlagen wurde, innerhalb von ein paar Wochen wieder verheilen kann und möglicherweise nur eine kaum sichtbare Narbe zurückläßt, können verbale Wunden sehr viel länger schmerzen und eine tiefe Narbe hinterlassen, die für alle Zeiten spürbar bleibt.

Unhöfliche, häßliche und unsensible Dinge werden aus unterschiedlichen Gründen geäußert – die Menschen sind neidisch, haben einen schlechten Tag, können Sie nicht ausstehen oder sind einfach dumm. Wenn Sie jedoch das Opfer solcher verbaler Gemeinheiten sind, dann werden Sie kaum über die Gründe dafür nachdenken. Statt dessen spüren Sie den Angriff und sind ganz einfach verletzt.

Eine sehr gute Freundin von mir hatte mit zweiundvierzig noch immer nicht den Mann ihrer Träume getroffen. Sie war eine sehr liebevolle und mütterliche Frau, zudem finanziell sehr erfolgreich, und sie wünschte sich ein Kind.

Chloe konnte niemanden finden, mit dem sie ein Kind hätte haben wollen, und wollte allen juristischen Problemen um das Sorgerecht aus dem Weg gehen. Deshalb beschloß sie, sich von einem unbekannten Spender künstlich befruchten zu lassen. Neun Monate später brachte sie ein Baby zur Welt, das inzwischen zu einem intelligenten, selbstbewußten, bezaubernden kleinen Mädchen herangewachsen ist.

Chloe hatte nie Probleme damit, Fragen zu beantworten, die ihre Freunde oder Bekannten ihr im Hinblick auf die möglichen Schwierigkeiten, ein vaterloses Kind großzuziehen, stellten. Womit sie allerdings Probleme hatte, waren Fremde, die ihr, nachdem sie hörten, was sie getan hatte, intime Fragen stellten.

Eines Tages ging sie mit ihrem Freund zu einer Verabredung mit einem anderen Paar. Ihr Freund, der das, was Chloe getan hatte, vorbehaltlos akzeptierte, erzählte dem anderen Paar von der künstlichen Befruchtung. Die Frau äußerte in einem feindseligen und unhöflichen Ton: »Ugh, das könnte ich nie tun – das ist ekelhaft. Was wäre, wenn das Sperma mit Aids infiziert wäre? Und übrigens – was werden Sie Ihrer Tochter erzählen, wenn sie fragt, wer ihr Vater ist?« Sie kicherte und fügte sarkastisch hinzu: »Werden Sie ihr erzählen, daß ihr Vater ein Reagenzglas voller Spermien war?«

Chloe war schockiert – so wie alle anderen am Tisch auch. Am liebsten hätte sie der Betreffenden spontan eine Ohrfeige gegeben. Ihr zweiter Impuls war, zu sagen: »Meine Beste, wie wollen Sie *Ihrem* Kind beibringen, daß Ihre Seele ebenso häßlich ist wie Ihr Äußeres?« Statt dessen äußerte sie in ruhigem Ton: »Wenn meine Tochter alt genug ist, dann werde ich ihr die Wahrheit sagen.« Und da sie nicht den Bruchteil einer Sekunde länger mit dieser taktlosen und abscheulichen Frau zusammenbleiben wollte, bat sie ihren Begleiter, sie nach Haus zu bringen.

Oft machen Menschen vergiftende Bemerkungen nicht in der Absicht, den anderen wirklich zu verletzen, sondern einfach, weil sie ignorant sind oder meinen, etwas »Amüsantes« sagen zu müssen. Häufig wirken sie dabei nicht humorvoll, sondern gedankenlos und unsensibel. Zwar bin ich der Überzeugung, daß die meisten Menschen nicht beabsichtigen, andere zu verletzen oder unglücklich zu machen. Ich bin aber ebenso sicher, daß sie dann, wenn sie es tun, unter allen Umständen in ihre Schranken verwiesen werden müssen.

Zwar war Chloes unmittelbare Reaktion, der Frau eine Ohrfeige zu versetzen, eine durchaus passende Rachephantasie. Der zweite Impuls, also die Frage, ob diese Frau ihrem Kind wohl sagen würde, daß ihre Seele ebenso häßlich sei wie ihr Äußeres, wäre aber der Situation sehr viel angemessener gewesen.

Bösartige Kommentare toxischer Menschen entschieden zurückzuweisen ist eine Fähigkeit, die Sie später mit Hilfe meiner »Zehn Techniken« lernen werden.

Ständig ins Fettnäpfchen treten

In Chloes Fall hatte die taktlose Frau offensichtlich ein Problem damit, daß eine andere Frau die Entscheidung getroffen hatte, sich künstlich befruchten zu lassen. Die Vorstellung rief eine feindselige Reaktion in ihr hervor.

Die meisten Menschen sind jedoch nicht so offensichtlich aggressiv. Sie sind vielmehr einfach beschränkt und unsensibel und treten deshalb in sämtliche vorhandenen Fettnäpfchen. Sie sagen etwas Dummes, obwohl sie das gar nicht beabsichtigen. Die meiste Zeit sind sie einfach nur neugierig. Sie möchten etwas wissen, aber sie haben nicht das Format oder den Mut, beim Herausfinden der Information entsprechend diplomatisch vorzugehen. Sie sind nicht grundsätzlich schlecht oder bösartig. Sie sind sich lediglich, während sie ihre Gedanken ohne jede Zensur heraussprudeln, der Gefühle ihrer Mitmenschen nicht bewußt. Daß ihre Bemerkungen unhöflich oder unsensibel oder verletzend sein könnten, kommt ihnen überhaupt nicht in den Sinn.

Wenn sie sich schließlich doch bewußt werden, daß das, was sie äußerten, dumm war, dann ist es häufig zu spät. Dies ist den meisten von uns gelegentlich schon einmal passiert. Entweder waren wir es selbst, die ins Fettnäpfchen traten, oder jemand anders hat uns durch eine taktlose Bemerkung gekränkt – so wie es bei Amy der Fall war.

Amy hatte in letzter Zeit zugenommen, weil sie so viel Arbeit hatte, daß sie ihren sehr rigorosen Fitneßtrainingsplan nicht hatte einhalten können. Eines Tages begegnete sie beim Mittagessen Danielle, die sie eine Weile lang nicht gesehen hatte. Anstatt Amy ins Gesicht zu sehen und ihr »Guten Tag« zu sagen, streckte Danielle die Hand aus und klopfte ihr mit den Worten: »Und – wann kommt denn das Baby?« auf den Bauch. Amy war schokkiert – wieviel um Himmels willen hatte sie bloß zugenommen, daß Danielle etwas so Schreckliches sagte!

Obwohl Amy tief getroffen war, schaffte sie es, zu lächeln, Danielles Hand von ihrem Bauch zu heben und zu erwidern: »Das Baby kommt, wenn ich eines Tages heirate und schwanger werde.« Danielle lief puterrot an. Hätte sie in diesem Moment in ein Mauseloch schlüpfen können, dann hätte sie es bestimmt getan.

Aber das ist den meisten von uns schon einmal passiert: wir haben eine taktlose Bemerkung gemacht, ohne es zu beabsichtigen.

Roxanne hatte es endlich geschafft, sich einmal mit Rob zu verabreden, in den sie schon seit Jahren verliebt war.

Die Verabredung war von einem gemeinsamen Freund arrangiert worden, nachdem Rob sich von seiner Frau hatte scheiden lassen. Alles lief wunderbar, bis Rob sagte: »Weißt du was, Roxanne – du siehst meiner Schwester unheimlich ähnlich.« Roxanne war über diese Bemerkung nicht gerade begeistert, aber sie lächelte und reckte neugierig den Kopf. Sofort zog Rob ein Foto seiner Schwester hervor, um es ihr zu zeigen. Als sie das Foto sah, platzte Roxanne mit der Bemerkung heraus: »Um Himmels willen, nein – die ist ja furchtbar häßlich.« Robs Gesicht versteinerte sich, und er steckte das Foto rasch in seine Brieftasche zurück. Während er Roxanne nach Haus fuhr, sprach er kaum ein Wort mit ihr. Auf dem ganzen Weg versuchte Roxanne immer wieder, sich zu entschuldigen, aber Rob war überhaupt nicht mehr ansprechbar. Er nahm von dem, was sie sagte, kein einziges Wort auf, und das war das Ende ihrer potentiellen Beziehung.

Hinterhältige Komplimente –
was sagen sie wirklich aus, und was
bedeuten sie?

Ein Kompliment ist ein Geschenk, ein Schlüssel, der die Tür zur Kommunikation öffnen und ein tiefes Verständnis und einen intensiven Gedankenaustausch zwischen zwei Menschen ermöglichen kann. Wird es in einem freundlichen Ton geäußert und ist es wirklich ehrlich gemeint, dann kann es der Zement sein, der eine Beziehung zusammenhält. Wird es jedoch mit Sarkasmus, Neid oder Boshaftigkeit geäußert oder folgen auf die freundlichen Worte gar einige grobe verbale Schläge ins Gesicht, dann ist es hinterhältig und gemein.

Einmal war ich in Dallas, Texas, um einen Vortrag zu halten. Der Wagen, der mich zum Vortragssaal bringen sollte, fuhr vor, und meine weibliche Begleiterin und ich wollten gerade einsteigen. Wir bemerkten beide einen Penny, der neben einem Reifen auf der Straße lag.

Meine Begleiterin sagte in ihrem näselnden Dallas-Tonfall: »Sieh, da ist ein Penny. Heb ihn lieber gut auf, er wird dir bestimmt Glück bringen. Und heute hast du mit Sicherheit eine Menge Glück nötig.« Was für eine boshafte Person! dachte ich. Hätte sie mit freundlicher Stimme gesagt: »Schau, da ist ein Penny. Heb ihn auf – er bringt dir bestimmt Glück!«, dann wäre meine Reaktion ganz anders ausgefallen. Vielleicht hätte ich dann Lust gehabt, mich auf der Fahrt zum Vortrag mit ihr zu unterhalten. Aber da sie mir ein so hinterhältiges Kompliment gemacht hatte, ließ ich sie völlig links liegen.

Jemand kann in einem Atemzug nette Dinge zu Ihnen sagen – »Sie sind unheimlich attraktiv, und Sie kleiden sich immer so schick. Sie sind wirklich eine tolle Erscheinung« – und dann die Aussage völlig entwerten: »Aber Ihr Haar sieht furchtbar unordentlich aus; Sie sollten es sich wirklich hochstecken.« Eine solche Formulierung ist für hinterhältige Komplimente typisch. Der Sprechende schmiert Ihnen erst Honig um den Bart und gibt Ihnen ein gutes Gefühl, aber dann äußert er etwas Häßliches, was Sie schockiert und kränkt.

Vielleicht denken Sie, er meine es gut mit Ihnen und wolle Ihnen nur einen freundlichen Rat geben, aber in Wirklichkeit drücken diese hinterhältigen Komplimente nichts anderes aus als: »Ich kann Sie nicht ausstehen« oder: »Ich bin neidisch auf Sie« oder: »Ich mag Sie nicht« oder: »Sie haben nicht alle Tassen im Schrank« oder: »Was glauben Sie eigentlich, wer Sie sind?« oder: »Man muß Sie in Ihre Schranken weisen« oder: »Sie sind kein bißchen besser als ich.«

An der Stimme und dem Tonfall des Sprechenden werden Sie die wahren Gefühle hinter dem Kompliment erkennen. Häufig zeigt sich die Aufrichtigkeit eines Kompliments nicht an dem, *was* gesagt, sondern daran, *wie* es gesagt wird. Eine sarkastische, laute oder monotone Stimme drückt meistens feindselige Gefühle aus.

Wie wir uns selbst mit unseren inneren Dialogen vergiften

Manchmal haben wir uns so sehr daran gewöhnt, daß andere uns mit ihren vergiftenden Kommentaren attackieren, daß wir das akzeptieren oder uns sogar dabei wohl fühlen. Also treten wir in die Fußstapfen unserer verbalen Folterer und sagen schreckliche Dinge zu uns selbst.

Wie oft haben wir zu uns selbst gesagt, daß wir fett, blöd, häßlich oder ekelhaft seien? »Ich habe so etwas Dummes getan – ich bin eben blöd«, oder: »Ich sehe zum Kotzen aus« und so fort.

Ich nenne diese selbsterniedrigenden Aussagen »vergiftendes Gehirnfutter«. Je häufiger Sie zu sich selbst derart schreckliche

Dinge sagen, desto stärker setzen diese sich in Ihrem Kopf fest und werden zu einem Teil dessen, wie Sie über sich selbst denken.

Früher ermahnten uns unsere Großmütter: »Zieh keine Fratze, wenn die Uhr schlägt, sonst bleibt sie dir im Gesicht stehen.« Vielleicht hat Ihre Mutter oder Großmutter das behauptet, um Sie daran zu hindern, Grimassen zu schneiden. Nach einer Weile erkannten Sie, daß das nicht stimmte – die »Fratze« ist niemals »stehengeblieben«, und Sie haben weiterhin lustig Ihre Grimassen geschnitten.

Als Sie jedoch älter wurden, zeigte sich, daß die Warnung doch ihre Berechtigung hatte! Ihr Gesicht wird tatsächlich dadurch geprägt, daß Sie fortwährend die Stirn runzeln oder einen mürrischen Gesichtsausdruck haben. Dies ist einer der Gründe, warum manche Leute sehr viel älter aussehen, als sie wirklich sind.

Und ebenso werden die Menschen, die ein fröhliches Gesicht machen, auf ihre Umgebung im Laufe der Jahre immer angenehmer wirken.

Mag sein, daß Ihre Großmutter unrecht hatte, als sie sagte, die Fratze würde »stehenbleiben« – aber die Meinung, die Sie über sich selbst haben, und die Sätze, die Sie zu sich selbst sagen, werden sich mit Sicherheit in Ihre Gesichtszüge einprägen.

Wenn Sie sagen: »Das kann ich nicht« oder: »Ich bin nicht gut genug«, dann werden Sie es gewiß niemals können, und Sie werden auch niemals gut genug sein.

Und wenn Sie insgeheim meinen: »Ich werde diesen Korb nie treffen«, »Ich werde diesen Golfball niemals richtig schlagen«, »Ich werde es niemals schaffen abzunehmen«, »Ich werde nie eine gute Beziehung haben«, »Ich werde nie reich sein«, »Ich werde nie einen guten Job finden« dann – das garantiere ich Ihnen – wird ganz bestimmt all das eintreffen. Das, was Sie sich selbst zuflüstern, wird Sie verfolgen und zu einer sich selbst erfüllenden Prophezeiung werden.

Wenn Sie sich ständig selbst kritisieren, werden andere das mitbekommen und es Ihnen gleichtun. Da die toxischen Kommentare aus Ihrem eigenen Munde kommen, müssen sie wohl wahr sein, denn wer weiß besser über Sie Bescheid als Sie selbst? Wenn Sie überall herumposaunen: »Ich bin ein Trottel« oder: »Meine Oberschenkel sind so fett« oder: »Mein Haar ist so schrecklich dünn«, dann geben Sie anderen damit die Erlaubnis, dasselbe zu sagen und Sie so schlecht zu behandeln, wie Sie selbst es tun.

Als ich noch Internatsschülerin war, gab es in unserem Studentinnenwohnheim eine goldene Regel: Wenn ein Junge von sich selbst behauptet, er sei blöd, dann solltest du ihm glauben, weil er es wahrscheinlich wirklich ist. Denn wer sollte es besser wissen als er? Diejenigen jungen Damen, die die Selbsteinschätzung dieser »Blödmänner« ignorierten und erwiderten: »Nein, du bist überhaupt nicht blöd. Du bist ein richtig netter Typ«, fanden am Ende stets heraus, daß der Junge doch recht gehabt hatte.

Manchmal sagen wir negative und toxische Dinge über uns selbst, um bescheiden zu wirken. Aus welchem Kulturkreis wir auch kommen mögen: unsere Eltern haben uns dazu erzogen, nicht aufzuschneiden und uns immer brav zurückzuhalten. In Wirklichkeit wird unsere Selbstbeschimpfung von anderen durchaus nicht positiv, sondern eher negativ wahrgenommen, und sie bilden sich eine schlechte Meinung über uns.

Eine meiner Freundinnen war entsetzt über den »Kosenamen«, den ihr Freund sich für sie ausgedacht hatte: »Donnerschenkelchen«. »Denn«, so sagte sie, »wenn er mir unaufgefordert sagt, wie schrecklich dick meine Beine sind, dann müssen sie wirklich schlimm aussehen, und wahrscheinlich denken alle anderen das auch.«

»Unaufgefordert?« fragte ich. Ich wies sie darauf hin, daß sie ständig über ihren Körper jammerte, und vor allem über ihre »fetten« Oberschenkel.

»Wirklich?« fragte sie. »Mir war gar nicht bewußt, daß ich so häufig darauf zu sprechen komme.«

»Doch, das tust du«, erwiderte ich. »Du redest so viel und so offen über deinen Körper, daß andere sich wahrscheinlich berechtigt fühlen, dasselbe zu tun, und auf diese Weise noch weiter auf deinem Selbstwertgefühl herumtrampeln. Dein Freund will dich wahrscheinlich gar nicht ärgern, sondern nur ein bißchen necken; schließlich öffnest du ihm dafür Tor und Tür.«

Mein Kommentar bewirkte ein böses und zugleich heilsames Erwachen, da sie sich nie zuvor bewußt gewesen war, wie schlecht sie sich selbst behandelte.

Wenn Sie ständig vergiftende Dinge über sich selbst sagen, dann kann das nicht nur Ihre persönlichen, sondern auch Ihre geschäftlichen Beziehungen beeinträchtigen.

Wir müssen erkennen, daß das, was wir über uns selbst sagen, definitiv einen Einfluß darauf hat, wie andere uns wahrnehmen und was sie ihrerseits über uns sagen.

Das »Ich hab' doch nur Spaß gemacht«-Syndrom

Ist es Ihnen auch schon einmal passiert, daß jemand etwas Schockierendes oder Bizarres zu Ihnen sagte, dann wartete, bis Sie entsetzt die Augen aufrissen, und schließlich behauptete, er habe doch nur »Spaß gemacht«? Aber Sie standen da und hatten ein Gefühl, als wären Sie von einer Dampfwalze überrollt worden.

Sigmund Freuds Theorie, es gebe keine Witze, sondern nur »die Wahrheit«, trifft genau den Kern der Sache. Menschen, die etwas Boshaftes sagen oder Ihnen etwas Böses antun und hinterher behaupten, sie hätten doch nur »Spaß gemacht«, sagen sehr viel über sich selbst aus. Sie zeigen Ihnen, wie negativ die Gefühle sind, die sie Ihnen gegenüber hegen.

Leute, die sich hinter dem »Ich hab' doch nur Spaß gemacht«-Muster verschanzen, möchten häufig Ihre Aufmerksamkeit auf sich lenken oder bei Ihnen eine bestimmte Reaktion hervorrufen. Möglicherweise erreichen sie das auch, aber Sie werden wahrscheinlich so verärgert sein, daß Sie möglichst wenig mit ihnen zu tun haben möchten.

Wenn Ihr Freund Joseph Sie anlächelt und fragt, wie alt Ihr Hund Waldi sei, dann lächeln Sie zurück und sagen: »Fünf.« Wenn er erwidert: »Aber ist das nicht ein Alter, in dem man Hunde einschläfern kann?«, runzeln Sie die Stirn, kneifen die Augen zusammen und fragen entsetzt: »Wie bitte?« Im selben Moment grinst Joseph von einem Ohr zum anderen und versucht, Ihren Zorn zu besänftigen, indem er sagt: »Ich hab' doch bloß Spaß gemacht!« In Wirklichkeit kann Joseph den Dackel Waldi nicht ausstehen. Ohne sich dessen bewußt zu sein, wünscht er sich, daß Waldi verschwinden möge, vor allem, wenn er versucht, Sie zu küssen, und der Hund ihn dabei ankläfft. Während er mit Ihnen zu schlafen versucht, springt Waldi natürlich auf dem Bett herum, und Joseph wäre deshalb überhaupt nicht traurig, wenn Ihr süßer Waldi möglichst bald tot umfiele.

Seine boshafte Bemerkung, gefolgt von dem »Ich hab' nur Spaß gemacht« spiegelt seine Abneigung gegen Ihren Hund und seine heimliche Weigerung, Ihre Liebe mit dem kleinen Tier teilen zu müssen. Wenn Sie Joseph mit dieser Tatsache konfrontieren, dann versucht er sofort, Sie ins Unrecht zu setzen, und sagt: »Was ist los mit dir, verstehst du denn überhaupt keinen Spaß?« Auf diese Weise flößt er Ihnen Schuldgefühle ein, weil es Ihnen angeblich an Humor mangelt.

Oft lassen wir uns von dem »Ich hab' doch nur Spaß gemacht«-Scherzbold in die Defensive drängen. Ein solcher Mensch ist meistens innerlich unsicher und verletzt und unfähig, seine Verletzlichkeit zu artikulieren und seine Gefühle anderen mitzuteilen. Er greift Sie an und stempelt Sie als »Spielverderber« ab, weil Sie seine Unverschämtheit registrierten und sich dagegen wehrten. Schließlich hat er doch nur »Spaß gemacht«. Das war die Situation, in der Ursula herausfand, wie zornig und unsicher Gil im Grunde seines Herzens war. Er erklärte, sie habe eigentlich sexyer ausgesehen, *bevor* sie sich den Busen habe vergrößern lassen, fügte aber sofort hinzu, er habe doch nur »Spaß gemacht«. Ursula war entsetzt, und nichts, was Gil sagte, konnte seine ursprüngliche Bemerkung wieder entkräften. Zwar protestierte er: »Du hast überhaupt keinen Sinn für Humor – was ist los mit dir?«, aber es gelang ihm nicht, sie in die Defensive zu drängen. Statt dessen kam sie hartnäckig immer wieder auf das Thema zurück, bis sie schließlich in einen heftigen Streit gerieten und Ursula vorschlug, daß sie ihre Verlobung lösen sollten.

Dann, nach stundenlangen Diskussionen, gab Gil zu, daß er Angst hatte, Ursula zu verlieren. Er befürchtete, daß die Männer jetzt, da sie einen größeren Busen hatte und sich sexy kleidete, häufiger nach ihr schauen würden. Gil war zutiefst eifersüchtig und unsicher und hatte Angst, von einem anderen Mann, den Ursula attraktiver fände, verdrängt zu werden. Tatsächlich gefiel ihm ihre neue tolle Figur, aber er fühlte sich durch die Konkurrenz der anderen Männer so bedroht, daß er einen verbalen Dolch in Ursulas Busen stieß und ihn dann mit den Worten: »Ich hab' doch bloß Spaß gemacht« abrupt wieder herauszog.

Es war Ursulas Hartnäckigkeit zu verdanken, daß sie es schließlich schafften, die Hintergründe dieser Kränkung zur Sprache zu bringen. So konnte die verbale Stichwunde am Ende doch noch heilen.

Wenn jemand sagt: »Ich hab' doch nur Spaß gemacht«, dann sagt er in Wirklichkeit: »Ich mache keinen Spaß: ich bin voller Ressentiments, fühle mich unsicher oder bin einfach wütend auf dich« – und das ist wahrhaftig kein Spaß.

Hören Sie genau zu

Toxische Menschen verraten sich durch ihre toxischen Kommentare.

Faith, eine meiner Klientinnen, war eine attraktive und talentierte Schauspielerin, die an sich selbst glaubte. Leider war ihr Agent, Jake, durchaus nicht so zuversichtlich wie sie – das wurde durch eine Bemerkung deutlich, die er ihr gegenüber machte. Meine Klientin war zu einer Anhörprobe gegangen, und offensichtlich hatte der Besetzungsagent zu Jake gesagt: »Ich glaube nicht, daß sie überhaupt Talent hat.« Jake erzählte Faith das auf seine typisch undiplomatische Weise sofort weiter, und sie war zunächst völlig sprachlos. Dann sagte sie: »Mensch, Jake, gib mich nicht auf – ich werde denen schon zeigen, was ich kann.« Jake erwiderte: »Nein, mach dir keine Sorgen; ich geb' dich nicht auf – noch nicht.« Faith starrte ihn entsetzt an. Die Wahrheit war, obwohl sie sie nicht gerne hörte, am Ende doch ans Licht gekommen.

Positiv an dieser Geschichte ist, daß Faith sich von Jake trennte, bevor er sich von ihr trennte. Sie suchte sich einen von Hollywoods Topagenten, und jetzt klettert sie die Karriereleiter unaufhaltsam hinauf.

Sie sollten sich bemühen, nicht nur das zu hören, was Sie von einer bestimmten Person hören *möchten*, sondern vielmehr das, was tatsächlich gesagt wird. Wörter sind nicht belanglos. Wörter haben eine große Macht. Wenn Sie aufmerksam auf jedes einzelne Wort achten, können Sie sehr viel Wichtiges erfahren. Sie werden überrascht sein, wieviel verborgene Absichten Sie heraushören können.

Nicht nur Beleidigungen lösen toxische Reaktionen aus

Viele Menschen lösen eine ärgerliche Reaktion aus, obwohl sie nicht einmal etwas unmittelbar Provozierendes sagen. Sie beginnen nur einfach einen Satz mit Worten wie: »Du solltest« oder »Warum hast du nicht«, »Du hättest eigentlich«, »Du solltest lieber« oder »Warum kannst du nicht«, »Ich bin nicht deiner Meinung«, »Auf keinen Fall«, »Ich glaub's nicht« oder »Das ist nicht wahr« und treiben allein dadurch den Blutdruck ihrer Mitmenschen in die Höhe und lösen defensive Reaktionen aus.

Was der Betreffende danach noch sagt, wird dann meist nicht mehr gehört. Sein Gegenüber schaltet oftmals völlig ab oder wird dem Sprecher gegenüber verbal aggressiv.

Wenn jemand seine Sätze mit den oben genannten Worten anfängt, haben Sie es tatsächlich möglicherweise mit einer außerordentlich kritischen und rechthaberischen toxischen Persönlichkeit zu tun. Dies mußte auch Christina erfahren. Christina erzählte Mary, daß sie einen neuen spirituellen Weg gefunden habe. Marys Reaktion war: »Nun, wenn du den wahren spirituellen Weg suchst, dann solltest du es mal mit dem Buddhismus versuchen.« Christina reagierte auf diese besserwisserische Belehrung, indem sie den ganzen Abend lang schwieg; sie hatte einfach keine Lust mehr, sich mit einer solchen »Freundin« noch weiter zu unterhalten.

Die Wirkung, die Worte auf uns haben können, wird auch in der Bibel beschrieben, nämlich in den Sprüchen Salomons 18:21: »Leben und Tod stehen in der Macht der Zunge.«

In der Tat werden Menschen, die vergiftende Bemerkungen machten, häufig zu Opfern von Verbrechen. Immer wieder hören wir in den Nachrichten, daß jemand, der etwas Beleidigendes sagte, gewalttätig angegriffen wurde. Heutzutage kann eine vergiftende Äußerung Sie das Leben kosten.

Aber toxische Worte können auch tragische Selbstmorde zur Folge haben. Manchmal sind verbale Quälereien, Beleidigungen und ständige Sticheleien für einen Menschen einfach nicht mehr zu ertragen. Der oder die Angegriffene reagiert dann möglicherweise so wie die fünfzehnjährige Megan Pauley aus New Hampshire. In dem Abschiedsbrief, den Megan nach ihrem Selbstmord hinterließ, hieß es, sie könne die Quälereien ihrer Klassenkameradinnen nicht länger ertragen und habe das Gefühl, es sei besser zu sterben, als sich ständig weiter quälen zu lassen. Leider ist Megans Selbstmord kein Einzelfall. Selbstmorde von Teenagern nehmen überall auf der Welt zu, und dabei sind Quälereien durch Klassenkameraden – und das damit einhergehende mangelnde Selbstwertgefühl des Opfers – die wesentlichen auslösenden Faktoren.

Im Laufe der letzten Jahrzehnte wurde der gesellschaftliche Druck zur Anpassung immer stärker, und die »Strafe« für Menschen, die anders sind – und sei es auch nur, weil sie nicht die »richtigen« Kleidermarken tragen –, ist brutaler denn je zuvor.

Aber nicht nur Teenager leiden, wenn sie das Opfer ständiger Sticheleien werden. Erwachsene fühlen sich dadurch ebenfalls gekränkt – und oftmals sogar dauerhaft verletzt.

Als ich nach meiner Promotion im Forschungsbereich für medizinische Genetik im Harbor UCLA Medical Center arbeitete, hatte ich sehr viel mit Menschen zu tun, die erheblich kleiner sind als der Durchschnitt. Eines Tages begleitete ich eine solche kleine Frau in einen Untersuchungsraum. Während wir durch die Eingangshalle des Krankenhauses gingen, machten zwei Kinder Bemerkungen über sie und begannen hysterisch zu lachen, und auch die Mutter stimmte mit ein. Ich wandte mich zu den dreien um und sagte empört: »Ich bin wirklich erstaunt über Sie. Wie können Sie es wagen, sich über diese Frau lustig zu machen, weil sie klein ist? Es gibt nichts, was an dieser Frau zum Lachen wäre.« Sie verstummten, und die kleine Frau wandte sich mir zu und sagte: »Wissen Sie, Dr. Glass, ich weiß es wirklich zu schätzen, daß Sie für mich eingetreten sind. Aber ich muß Ihnen sagen: ich bin an so etwas gewöhnt. Ich habe solche Bemerkungen mein ganzes Leben lang gehört.«

Ihre Worte schnitten mir wie Messer ins Herz. Wie kann jemand sich damit abgefunden haben, daß ihm ständig häßliche Bemerkungen wie der feurige Atem eines Drachen entgegenschlagen? Eine Gesellschaft, die über das Unglück anderer lacht, stellt sich ein moralisches Armutszeugnis aus.

Man kann Menschen nicht ein ganzes Leben lang ärgern, quälen und herabwürdigen und erwarten, daß sie eine solche Behandlung stillschweigend akzeptieren. Entweder nehmen die Opfer solche Attacken einfach hin und werden mit der Zeit immer depressiver, oder sie lenken ihre Wut nach außen – und verlieren dabei oftmals die Beherrschung. Wenn aber eines Tages das Faß durch einen kleinen Tropfen zum Überlaufen gebracht wird, geschieht möglicherweise etwas Entsetzliches.

Kürzlich las ich einen Artikel über einen Mechaniker der Londoner Untergrundbahn, der immer wieder versucht hatte, seine Kollegen davon abzubringen, ihn wegen seines Stotterns zu verspotten. Schließlich griff er einen von ihnen an und verwundete ihn, tötete einen zweiten und beging dann Selbstmord.

Christus sagt im Neuen Testament (Matthäus 15, Vers 11): »Nicht was in den Mund hineingeht, besudelt den Menschen, sondern das, was aus ihm herauskommt.«

Wenn Sie einem anderen Menschen gegenüber etwas Vergiftendes äußern, dann müssen Sie auch die Verantwortung für die Konsequenzen übernehmen. Sie müssen sich darüber im klaren sein, daß der andere *Ihre Worte möglicherweise niemals vergißt.*

Mag sein, daß Sie vor Wut fast platzen und das Bedürfnis haben, dem anderen etwas wirklich Gemeines an den Kopf zu werfen. Es steht Ihnen frei, zu brüllen, zu kreischen und die häßlichsten Dinge zu äußern, aber Sie sollten sich dessen bewußt sein, daß Sie dadurch möglicherweise einen Freund verlieren. *Verletzende Worte bleiben im Gedächtnis und können nicht zurückgenommen werden.*

Wir *müssen* die Verantwortung für das übernehmen, was wir sagen, und dafür, wie wir unsere verbalen Waffen zum Einsatz bringen. Genau wie wirkliche Geschosse können vergiftende Worte nicht nur verletzen, sondern tatsächlich töten – andere oder uns selbst.

Kapitel 3

Was bringt toxische Menschen dazu, so zu handeln, wie sie handeln?

Neid und Eifersucht –
die Wurzeln allen zwischen-
menschlichen Gifts

Neid und Eifersucht sind primitive Reaktionen. Warum wohl bellt ein Hund das kleine Kind an, das Sie gerade umarmen und zärtlich streicheln? Warum töten wilde Tiere andere Tiere aus ihrem Rudel, die mehr erbeutet haben als sie selbst? Warum fallen Dreijährige, die bereits sauber waren und sprechen konnten, in die Babysprache zurück und machen ins Höschen, wenn ein neues Baby kommt?

Der Grund dafür sind Gefühle von Neid und Eifersucht, Unzufriedenheit und Minderwertigkeit, die dadurch hervorgerufen werden, daß der andere etwas Besonderes besitzt, Erfolg hat oder geliebt wird – und das Bedürfnis, all das ebenfalls und ganz für sich allein haben zu wollen. Die Reaktionen toxischer Menschen werden oftmals durch Neid ausgelöst; und auch Sie sollten sich darüber klar sein, daß Sie bisweilen Neid empfinden und sich entsprechend toxisch verhalten.

Als ich neun Jahre alt war, beobachtete ich einmal einen solchen Fall von archetypischem Neid. Ich schaute mir eine Fernsehsendung an, in der eine Kinder-Schönheitskönigin gekrönt werden sollte. Zwei kleine Kandidatinnen standen vor den Kameras und hielten sich ängstlich bei den Händen, während im Hintergrund ein Trommelwirbel die Proklamation der Siegerin ankündigte. Schließlich kam der große Augenblick, und der Name der Gewinnerin wurde ausgerufen. In diesem Moment ballte die Verliererin die Faust und boxte ihre Rivalin mitten ins Gesicht – vor allen Zuschauern. Die Gewinnerin begann hysterisch zu kreischen. Die Verliererin kreischte hysterisch, weil sie verloren hatte. Ich zu Hause begann hysterisch zu lachen, weil ich fand, daß das das Komischste war, was ich je gesehen hatte. Nicht einmal der Showmaster schaffte es, die Mädchen zu trennen, und ihre jeweiligen Mütter begannen sich anzuschreien und auf den hilflosen Moderator loszugehen.

Die Reaktion der kleinen Verliererin war sehr menschlich: sie mußte zusehen, wie jemand anders das bekam, was sie selbst gern gehabt hätte – und also fiel sie über ihre Konkurrentin her.

Wenn ich als Erwachsene auf diesen Vorfall zurückblicke, dann finde ich ihn überhaupt nicht mehr komisch. Statt dessen sehe ich ihn als ein trauriges Beispiel für jene allzu menschliche Krankheit, von der wir fast alle einmal befallen werden: den Neid.

Einer meiner Klienten, ein gutaussehender, intelligenter und sportlicher Mann, verabredete sich mit einer attraktiven jungen Frau. Da sie sich zueinander hingezogen fühlten, vereinbarten sie ein zweites Treffen, diesmal um Squash zu spielen. Die Frau, die früher in der Nationalliga gespielt hatte, gewann ständig, und ihr Partner wurde immer ärgerlicher. Als sie ihm einmal den Rücken zuwandte, warf er ihr gezielt den Ball an den Kopf. Zwar stellte er das Ganze als einen Unfall dar und entschuldigte sich überschwenglich, aber insgeheim frohlockte er, daß sie auf Grund der kleinen Verletzung nicht mehr weiterspielen konnte. Als er mir die Geschichte erzählte, kicherte er zufrieden und betonte, daß er froh gewesen sei, verhindert zu haben, sich von »einer Frau« im Sport besiegen zu lassen.

Ich fühlte mich bei seiner Erzählung ziemlich unbehaglich. Dieser schwache Mensch hatte sich von seinen Neidgefühlen auf eine Frau bestimmen lassen, die zufällig eine bessere Sportlerin war als er selbst. Er konnte es nicht akzeptieren, daß sie ihn in den Schatten stellte, und also tat er genau das, was das vierjährige Mädchen getan hatte: er fügte ihr körperlichen Schaden zu.

Neidische Racheakte gibt es nicht nur auf der körperlichen, sondern auch auf der psychischen Ebene: Demütigungen, grausame Worte und bösartiges Verhalten.

In unserer Gesellschaft gibt es reiche und weniger begüterte Menschen. Viele von uns halten die einen für die Gewinner und die anderen für die Verlierer. Und in jedem Leben gibt es Siege und Niederlagen: Manchmal sind wir die Gewinner und manchmal die Verlierer. Es gibt kein schöneres Gefühl, als zu gewinnen – und kein unangenehmeres, als zu verlieren. Als Verlierer fühlen wir uns deprimiert, geschlagen und wertlos und fügen uns darüber hinaus oftmals noch selber Schaden zu, indem wir zuviel essen oder trinken oder mit Hilfe von Drogen oder gefährlichen Aktivitäten der Realität zu entfliehen versuchen. Häufig lassen wir unsere Wut und Frustration über unsere Niederlage an anderen aus – gewöhnlich an den Menschen, die uns am nächsten stehen und die wir am meisten lieben. Deren negative Reaktion auf unser Verhalten wiederum bewirkt, daß wir uns noch schlechter fühlen: so setzt sich der Teufelskreis immer weiter fort.

Mitansehen zu müssen, wie andere »gewinnen«, verstärkt unsere Gefühle von Frustration. Unser Nachbar hat möglicherweise ein großes Haus, eine Tochter, die in Harvard studiert, eine Frau, die ihn liebt, und einen neuen Sportwagen. Er ist gesund und fit, zieht sich gut an, hat eine Menge Geld und macht zweimal im Jahr mit seiner Familie an exotischen Orten Urlaub. Er gibt tolle Parties, zu denen massenhaft Leute eingeladen sind, die ihn wirklich zu mögen scheinen, und er und seine Frau erwecken ständig den Eindruck, als hätten sie eine Menge Spaß am Leben. Er lächelt ständig, und jeder, mit dem Sie über ihn sprechen, scheint ihn zu mögen. Warum nur können wir selbst ihn nicht ausstehen?

Weil er eben *alles* hat – oder zumindest *denken* wir, er habe alles. Anstatt sich *mit* ihm zu freuen und sich motiviert zu fühlen, uns selbst mehr anzustrengen, versuchen wir oftmals, ihm zu schaden.

Vielleicht versuchen wir, ihn mit sarkastischen Bemerkungen zu kränken, oder wir beteuern mit honigsüßer Stimme, wie sehr wir uns über seinen Erfolg freuen. Aber unser Gesicht und unsere Körpersprache verraten unsere wahren Gefühle. Er spürt sehr genau, was wir wirklich empfinden – und fühlt sich verletzt. Vor allem dann, wenn wir ihn angeblich gern haben und ihn als einen Freund betrachten.

Jennifer verriet ihrer besten Freundin, Marilyn, ein Geheimnis: sie war schwanger. Die beiden Frauen hatten in der Vergangenheit oftmals über ihren Wunsch gesprochen, ein Kind zu haben, und gemeinsam gejammert, daß »ihre biologische Uhr«

ticke. Dann endlich wurde Jennifer schwanger. Sie konnte es nicht erwarten, es Marilyn mitzuteilen – und natürlich ging sie davon aus, daß diese sich von Herzen mit ihr freuen würde.

Aber Jennifer erlebte eine böse Überraschung! Anstatt sich zu freuen, schluckte Marilyn ein paarmal gequält und brachte mit steifer Miene und monotoner Stimme hervor: »Das ist aber toll. Ich freue mich für dich!« Ihre Stimme und Körpersprache signalisierten ganz deutlich, daß sie etwas ganz anderes fühlte. Man brauchte nicht Sigmund Freud zu sein, um zu erkennen, daß Marilyn sich ganz und gar nicht darüber freute, daß Jennifer glücklich war und ein Baby bekommen würde. Statt dessen wurde ihr schmerzlich bewußt, daß sie selbst noch immer nicht schwanger war. Marilyn war neidisch auf ihre Freundin – und Jennifer nahm das sehr deutlich wahr. Aber anstatt das zu tun, was die meisten Menschen tun würden – sich verärgert von der Freundin zurückzuziehen –, nahm Jennifer Marilyn liebevoll und tröstend in die Arme.

Gefühle von Neid und Eifersucht treten gewöhnlich dann zutage, wenn wir uns unzulänglich fühlen – wenn uns etwas fehlt oder wir das Gefühl haben, daß jemand anders mehr hat als wir selbst.

Neid und Eifersucht sind die Faktoren, die die meisten Beziehungen zerstören. In einer Umfrage mit 105 Personen, die ich selbst leitete, wurden die Interviewten gefragt: »Was hat Ihre Freundschaft mit einem Menschen, den Sie sehr mochten, am Ende zerstört?« Mehr als 75% antworteten, es sei die Eifersucht ihres früheren Freundes/ihrer früheren Freundin gewesen. Dies ist besonders offensichtlich in Liebesbeziehungen, in denen einer der beiden Partner fürchtet, vom anderen verlassen zu werden. Er wird besitzergreifend und häufig verbal oder physisch aggressiv.

In vielen Gesprächen mit Psychologen und Ehe- und Familienberatern stellte ich die Frage: »Was ist gewöhnlich der Grund dafür, daß ein Ehepartner den anderen verprügelt?« Die übereinstimmende Meinung lautete, daß der prügelnde Partner gewöhnlich unter Minderwertigkeitsgefühlen leidet, eifersüchtig wird und schließlich zur Gewalt greift, um mehr Kontrolle über die Beziehung zu gewinnen. Manchmal wird der eifersüchtige Partner auch verbal gewalttätig und äußert verletzende Kritik.

Vielleicht ist das der Grund dafür, daß so viele mächtige und einflußreiche Geschäftsleute, die große Firmen mit Tausenden von Angestellten leiten, mit verbal aggressiven Ehefrauen verheiratet sind. Diese Frauen sind ständig damit beschäftigt, an ihren Ehemännern herumzunörgeln, um sie kleinzumachen und im häuslichen Bereich so viel Macht wie möglich zu gewinnen.

Kritik kann, wenn sie mit freundlichen Worten und in einem liebevollen, hilfreichen Ton geäußert wird, etwas sehr Positives sein. Wichtig ist dabei, *wer* Sie kritisiert – und warum. Soll die Kritik dazu dienen, daß Sie etwas an sich selbst oder Ihrem Leben verbessern können? Ist sie ehrlich gemeint und in Ihrem besten Interesse? Wenn das der Fall ist, dann werden Sie sie dem Kritiker sicher nicht übelnehmen. Statt dessen werden Sie ihn möglicherweise sogar noch mehr respektieren, weil er Sie mit der Wahrheit konfrontiert hat. Ein wohlwollender Kritiker wird seine Kritik meist in ermutigende Worte kleiden und Ihnen seine Sympathie ausdrücken.

Aber natürlich gibt es auch die Menschen, die Sie kritisieren, weil sie Sie im Grunde nicht mögen oder neidisch auf Sie sind. Sie haben eine hämische Freude daran, Ihnen unter die Nase zu reiben, was alles mit Ihnen nicht in Ordnung ist.

Wer immer kritisch mit dem Finger auf Sie zeigt, muß sich auch an die eigene Nase fassen. Denn schließlich weist zwar ein Finger auf Sie, aber drei Finger weisen auf den Kritiker zurück. Ein Mensch, der Sie kritisiert, *muß seine Gründe dafür überprüfen*. Wenn er sich selbst gegenüber ehrlich ist, wird er oftmals herausfinden, daß seine Kritik durch Neid motiviert ist – möglicherweise haben Sie etwas, das ihm selbst fehlt.

Warum hassen sie Sie, wenn Sie schön oder erfolgreich sind?

Vor einigen Jahren gab es einen Werbespot für ein Shampoo, in dem die Schauspielerin Kelly LeBrock auftrat. Sie warf ihren Kopf mit dem schön schwingenden Haar von einer Seite zur anderen und sagte: »Hassen Sie mich nicht, weil ich schön bin.« Dann fuhr sie fort, die Vorzüge des Produkts zu beschreiben, das, so behauptete sie, der Grund für ihre Schönheit sei. Nun ja, das Shampoo mag ihr zwar gutgetan haben, aber schön war sie ohnehin. Aber immerhin war dies eine sehr effektive Werbekampagne; der Zuschauer empfand Sympathie für die Frau, die eine so ungewöhnliche Aussage machte, und schaute sich den Werbespot gebannt an.

In unserer Gesellschaft wird der äußeren Erscheinung sehr viel Bedeutung beigemessen. Vielleicht hatte diese Einstellung ihren Ursprung in Hollywood, wo »die Reichen und die Schönen« leben, und verbreitete sich dann über die ganze Welt.

In Hollywood ist Schönheit fast alles. Dort herrschen gewiß keine demokratischen Verhältnisse, sondern Sie werden vor allem danach beurteilt, wie Sie aussehen und sprechen und wer Sie sind. Ihr Leben hängt davon ab. Ich habe wunderschöne, üppige Neunzehnjährige gesehen, die hysterisch weinend in mein Büro in Beverly Hills stürzten, weil irgendein Produzent oder Regisseur ihnen gesagt hatte, sie müßten, wenn sie die Rolle haben wollten, erst einmal acht Kilo abnehmen. Vor Wut und Frustration beginnen diese jungen Frauen unkontrolliert zu essen und zwingen sich dann, das Essen wieder zu erbrechen. Sie nehmen Abführpillen. Sie lassen sich das Fett absaugen und die Nase operieren. Sie lassen sich die Zähne richten und polieren. Sie lassen sich die Brüste liften und Implantate einsetzen, sie machen eine Schälkur – all das, um schöner zu werden. Wenn sie am Ende das richtige Gewicht, die richtige Nase, die richtigen Zähne und den richtigen Teint haben, dann sind sie ironischerweise oftmals »*zu* schön« und werden für die Rolle, die sie haben möchten, nicht genommen.

Wer schön ist, erweckt sehr widersprüchliche Gefühle. Ein Mensch, der immer schöner *wird*, erregt häufig Haß und Abneigung. Manche Menschen, die sich äußerlich verändert haben, fühlen sich mit ihrer neu gewonnenen Attraktivität nicht wohl, weil sie im Grunde ihres Herzens unsicher sind.

Die fünfundvierzigjährige Frieda wurde mit einem Wolfsrachen geboren, der niemals operativ geschlossen wurde. Es war schwierig, ihre stark näselnde Sprache zu verstehen. Nachdem sie mich in einer Talkshow gehört hatte, vereinbarte sie einen Termin mit mir. Als sie in mein Büro kam, fiel mir auf, wie ungepflegt sie aussah. Ihre Zähne waren schadhaft, und sie wirkte, als hätte sie lange Zeit kein Bad genommen. Sie hatte langes, strähniges, fettiges Haar und eine schlechte Haut, und sie trug eine altmodische Brille. Zudem war sie stark übergewichtig und trug wenig schmeichelhafte Kleidung.

Ich entschloß mich, mit ihr gemeinsam nicht nur an ihrer Sprache zu arbeiten, sondern ihr zu helfen, ihr gesamtes Image zu verbessern. Sie war Fließbandarbeiterin und hatte keine Rücklagen, um für die Verbesserung ihrer äußeren Erscheinung viel Geld auszugeben. Also rief ich einen Freund, den Schönheitschirurgen Dr. Henry Kawamoto, und einen anderen Freund, den Zahnarzt Dr. Henry Yamada, an, die sich einverstanden erklärten, sie als einen »Modellfall« kostenlos zu behandeln. Nachdem ich auch mit anderen, die ihr helfen konnten, über sie gesprochen hatte, kümmerte sich ein befreundeter Dermatologe um ihre Hautprobleme, ein befreundeter Friseur schnitt ihr eine pflegeleichte, schmeichelhafte Frisur, und mein Optiker überprüfte ihre Sehstärke und stattete sie mit einer attraktiven Brille aus – all das kostenlos. Ich investierte viele Stunden, um ihre Rede- und Kommunikationsfähigkeiten zu verbessern, ganz zu schweigen von den vielen Stunden, in denen ich mit ihr gemeinsam versuchte, ihr Selbstbild zu verbessern, damit sie mehr mit ihrem Leben anfangen und ihre Träume realisieren könne. Ich arbeitete eine gesunde Diät und ein Fitneßprogramm für sie aus und zeigte ihr, wie sie ihr Gesicht mit Make-up verschönern konnte. Schließlich ging ich mit ihr in eine Discount-Designerboutique und zeigte ihr, wie man ein paar hervorragende Kleidungsstücke auswählt, die sich mit anderen kombinieren lassen, und welche Accessoires man dazu trägt.

Frieda sah großartig aus, klang großartig, fühlte sich großartig und war bereit, ein neues Leben zu beginnen.

Einige Monate später bekam ich einen verwirrenden Anruf von Dr. Kawamoto. Frieda war für eine Nachuntersuchung in seine Praxis gekommen; zwar könne sie jetzt ohne Schwierigkeiten sprechen, so sagte er, aber ihre Sprechweise und ihre Kommunikationsfähigkeit hätten sich wieder verschlechtert. Er sagte auch, sie sähe so aus, wie sie vor der Operation ausgesehen hatte – ungepflegt, übergewichtig und schlecht gekleidet –, und fragte sich, was wohl diesen Rückschritt bewirkt haben mochte.

Ich war schockiert, griff zum Telefon und rief Frieda an; sie antwortete mir mit der monotonen, näselnden Stimme, an deren Verbesserung wir so viele Stunden lang gearbeitet hatten. »Frieda, was ist passiert?« fragte ich sie entsetzt. »Wir haben beide so hart gearbeitet, um dir zu helfen, deine Sprache und dein Image zu verbessern.« Ohne zu zögern erwiderte sie: »Tja, meine Freunde mochten mich eben lieber so, wie ich vorher war.«

Ich fühlte mich, als hätte man mir den Boden unter den Füßen weggezogen. Nicht nur machte es mich traurig, darüber nachzudenken, wie viele Stunden und wieviel persönliches Engagement einfach vertan worden waren, sondern ich war auch sehr enttäuscht, daß Frieda nicht mutig und stark genug war, zu erkennen, daß ihre sogenannten Freunde einfach neidisch und mißgünstig waren. Offensichtlich fühlten sie sich durch ihre neu gewonnene Attraktivität und ihr Selbstbewußtsein bedroht.

Leider gibt es nur allzu viele Menschen, die sich ähnlich verhalten: Sie fühlen sich durch positive Veränderungen so sehr bedroht, daß sie sämtliche Anstrengungen des Betreffenden sabotieren. Dies ist vor allem dann der Fall, wenn jemand versucht, sich von einer Drogen-, Alkohol- oder Lebensmittelsucht zu befreien.

Auf der anderen Seite gibt es aber auch toxische Menschen, die Sie nur dann mögen, wenn Sie großartig aussehen oder sich großartig fühlen.

Warum mögen sie Sie nur dann, wenn Sie Erfolg haben oder gut aussehen?

Tara haßte den Zweieinhalb-Zentner-Mann, in den Zane sich in den acht Jahren ihrer Ehe verwandelt hatte. Sie fühlte sich von seinem massigen Körper sexuell abgestoßen. Sie konnte kaum atmen, wenn er auf ihr lag, und sein Keuchen, sein heftiges Schwitzen und sein Bauchumfang widerten sie an. Bei jeder Gelegenheit nörgelte sie an ihm herum, er solle abnehmen. Aber so sehr sie auch nörgelte, schmeichelte oder drohte: alle ihre Bemühungen waren fruchtlos. Als er aber eines Tages nicht mehr in sein Auto einsteigen konnte, entschloß er sich zur Teilnahme an einer Gewichtsabnahme-Gruppe, in der er siebzig Kilo verlor.

Als Zane sein Programm beendet hatte, war er sogar noch attraktiver als zu der Zeit, als Tara und er geheiratet hatten. Er hatte sehr viel männlichere Gesichtszüge und wundervoll starkes, graumeliertes Haar. Er trainierte mit Gewichten und wurde unglaublich sexy. Die Frauen begannen, gnadenlos mit ihm zu flirten. Leute, die ihm zuvor keine Minute Zeit hatten widmen wollen, knüpften Gespräche mit ihm an. Freunde luden ihn häufiger ein, und sein Beleuchtungsgeschäft florierte wie nie zuvor.

Zane wurde immer selbstbewußter und – ein bißchen machohaft. »Ich habe ein Monster geschaffen«, begann Tara zu fürchten. Sie wußte nicht, wie sie mit dieser neuen und verbesserten Ausgabe von Zane umgehen sollte. Zunächst umschmeichelte sie ihn und wollte ständig mit ihm schlafen; seine Reaktion war allerdings eher lauwarm. Wütend über diese Zurückweisung verfiel sie erneut in ihre alte Nörgelei – aber diesmal bemängelte sie seine Kleidung, seine Verschwendungssucht und so weiter. Zane hatte nicht vergessen, wie schlecht sie ihn behandelt hatte, als er dick war, und diesmal war er nicht bereit, das ständige Genörgel zu tolerieren. Es ärgerte ihn, daß sie erst jetzt, da er schlank war, Lust hatte, mit ihm zu schlafen. Schließlich reichte er die Scheidung ein.

Wir alle können Zanes Gefühle ein wenig nachempfinden. Die Menschen möchten nicht nur geliebt und gemocht werden, weil sie gut aussehen. Wenn sie entdecken, daß das der Fall ist, dann sind sie gekränkt und verärgert.

In der amerikanischen Sendung *Donahue* wurde einmal beispielhaft deutlich, wie zornig Menschen werden können, wenn jemand nur auf ihr gutes Aussehen anspricht. Die Mitarbeiter der Sendung steckten eine schöne, schlanke Frau in einen Latex-»Dickmacher«-Anzug, zogen ihr Kleidung in Übergröße an und filmten sie, wie sie auf eine anonyme Verabredung hin einen Mann in einem Restaurant traf. Schon nach wenigen Minuten erklärte der Mann, daß die junge Frau ein Fitneßtraining machen und nur bestimmte kalorienarme Lebensmittel essen solle. Sein Benehmen wurde immer unangenehmer; ständig redete er auf die Frau ein und begann sogar, ihr Gewicht zu diskutieren. Er entschied, was sie essen könne und was nicht, und bestellte das Essen für sie.

Am nächsten Tag erschien der Mann in der *Donahue*-Sendung, bei der er, so meinte er, an einer Diskussionsrunde zum Thema »Würden Sie mit einem dicken Menschen ausgehen wollen?« teilnehmen sollte. Er wollte über seine Erfahrungen zu dem Thema berichten und seine persönliche Meinung äußern.

Plötzlich erhob sich eine der Zuschauerinnen, eine schöne, schlanke Frau, und setzte sich neben ihn auf die Bühne. Donahue fragte den Mann, ob dies der Typ Frau sei, mit der er sich gern verabreden würde. Der Mann lächelte und legte besitzergreifend den Arm um sie; die Frau schüttelte ihn wütend ab.

Überflüssig zu sagen, daß diese schlanke Schönheit die Frau war, die den »Dickmacher«-Anzug getragen hatte. Als sie über die Erfahrungen berichtete, die sie mit dem Mann gemacht hatte, während sie »dick« war, wurde sie immer wütender. Trotzdem versuchte er ständig, seinen Arm um sie zu legen. Schließlich schrie sie ihn an: »Sag dem Kerl, er soll seine Hände wegnehmen, oder ich verlasse sofort die Bühne.«

Der Betreffende war allen, die sich die Show ansahen, äußerst unsympathisch. Es war quälend, beobachten zu müssen, wie jemand einen anderen Menschen allein wegen seines Aussehens unhöflich behandelte und wie er ihn dann, als er gut aussah, umwarb.

Ärger und Zorn sind in diesem Fall durchaus verständliche Reaktionen: niemand möchte nur deshalb geliebt werden, weil er gut aussieht. Leider ist dies in unserer Gesellschaft nur allzu häufig der Fall.

Warum hassen sie Sie, wenn Sie keinen Erfolg haben?

In Hollywood wird ein Schauspieler, der es bis an die Spitze geschafft hat, zu allen Prominenten-Parties eingeladen, bekommt einen Platz in den besten Restaurants und wird ständig von Paparazzi fotografiert. Wenn aber dieselbe Person in einer Fernsehserie mitwirkt oder in einem Film, der am Ende kein Erfolg wird, dann wendet sich plötzlich das Blatt. Ein großer Teil der Einladungen bleibt aus, die guten Plätze in den Restaurants werden plötzlich rar, und die Paparazzi verlieren das Interesse.

Eine meiner Klientinnen erreichte mit ihrem Song den ersten Platz der Hitparade. Ihre Konzerte waren ausverkauft, und sie bekam zahlreiche Angebote von Film und Fernsehen. Sie war jeden Abend auf einer anderen Party und wurde behandelt wie eine Schönheitskönigin. Ihr nächstes Album allerdings wurde ein Flop, und viele ihrer früheren Bewunderer begannen, sie von einem Tag zum anderen ziemlich unfreundlich zu behandeln. Leider schaffte sie es nicht, noch ein zweites Mal an die Spitze zu kommen. In Hollywood sagt man: Du bist nur so gut wie dein letzter Film. Wenn du durchfällst, dann werden die Leute dort keine Minute Zeit mehr für dich haben.

Aber auch außerhalb der Filmwelt kann es vorkommen, daß die Leute Sie nur deshalb schlecht behandeln, weil Sie einen Mißerfolg hatten. Möglicherweise werden sie Sie sogar, nachdem sie Sie wegen Ihres Erfolgs abgelehnt haben, schließlich wegen Ihres Mißerfolgs hassen.

Donald Trump besaß alles – er war reich, berühmt, angesehen, selbstbewußt, intelligent und hatte eine tolle Frau. Die Presse überschüttete ihn mit Lob – bis er eine Affäre mit Marla Maples begann. Sie verlief ganz und gar nicht diskret: Es kam so weit, daß Marla und Ivana, Donalds damalige Frau, sich auf den Skihängen von Aspen lauthals anschrien – vor Donald und dem Rest der Welt.

Nach jenem Vorfall sah es für jedermann so aus, als sei Donalds Stern in die Toilette gestürzt. Plötzlich verwandelte sich nicht mehr alles, was er berührte, in Gold. Er verlor viele Millionen Dollar, seinen guten Ruf und schließlich seine Frau. Ivana ging aus dem Skandal als strahlende Siegerin hervor; sie schuf sich ein Leben in Reichtum und Erfolg, mit massenhaft Kleidung, mit Büchern und Vorträgen, einem aktiven sozialen Leben – und einem neuen Mann. Alle schienen sich auf ihre Seite zu stellen.

Die Leute begannen, Donald zu kritisieren und zu beschimpfen. Er war ihr Held gewesen. Zwar heiratete er »die andere«, aber viele seiner früheren Bewunderer hatten das Gefühl, Marla habe ihn mit ihrer Schwangerschaft dazu gezwungen.

Warum waren so viele Menschen bereit, Donald, als er am Boden lag, auch noch einen Fußtritt zu versetzen? Weil Donald ein Held gewesen war, der den amerikanischen Traum lebte, und diesen Traum dann wie eine Seifenblase platzen ließ. Die Menschen, für die er stellvertretend ein glamouröses Leben lebte, fühlten sich enttäuscht. Zunächst hatte er eine Vorbildfunktion gehabt, und dann zeigte sich, daß er genauso war wie wir – und also wurden wir wütend. Wir wollten einen *Helden*.

Wenn Sie einen Mißerfolg erleiden, dann kann es sein, daß die Menschen Sie ablehnen, weil Ihr Mißerfolg ihnen einen möglichen eigenen Mißerfolg bewußtmacht.

Die toxischen Bemerkungen, die die Menschen über ihre obdachlosen, übergewichtigen, arbeitslosen, kranken oder wenig erfolgreichen Mitmenschen machen, sind Ausdruck von Angst. »Das könnte mir genauso passieren«, befürchten sie. Anstatt Mitgefühl zu zeigen und eine hilfreiche Hand auszustrecken, ist es sehr viel bequemer, das Mitgefühl in Feindseligkeit zu verwandeln oder es einfach zu ignorieren. Auf diese Weise verdrängen sie Gefühle von Verletzlichkeit, die in ihnen hochkommen könnten.

Warum hassen sie Sie, nachdem sie Sie wirklich gut kennen?

In den USA sagt man: »Zu große Vertrautheit hat oftmals Verachtung zur Folge.« Eigentlich sollte Vertrautheit Liebe hervorrufen. Warum sind die Menschen, die Sie am besten kennen, am Ende diejenigen, die Sie am schlechtesten behandeln? Warum benehmen Menschen sich gegenüber völlig Fremden so viel besser als gegenüber Menschen, denen sie nahestehen? Am Ende läuft diese ganze Problematik auf einen Mangel an Selbstachtung hinaus.

Der amerikanische Komiker Groucho Marx sagte einmal: »Einem Club, in dem *ich* Mitglied wäre, würde ich bestimmt nicht beitreten.« Jeder, der *ihn* gerne zum Freund hätte, so dachte er, wäre bestimmt kein guter Menschenkenner!

Mag sein, daß wir über seine Bemerkung lachen, aber eigentlich ist sie überhaupt nicht lustig. Mangelndes Selbstwertgefühl ist in vielen Fällen der Grund, warum Familien, Freundschaften und Ehen Schaden nehmen und oftmals zerbrechen.

Wenn Sie sich in Ihrer eigenen Haut nicht wohl fühlen oder meinen, Sie seien es nicht wert, geliebt zu werden – wie können Sie dann einen anderen Menschen lieben? In meiner Praxis habe ich zahlreiche Geschichten über Menschen gehört, die zu Beginn einer Freundschaft oder Beziehung großzügig, liebevoll und offen waren und sich dann in die reinsten Terroristen verwandelten.

Meine Klientin Dolores machte eine solche Jekyll-und-Hyde-Erfahrung mit einem Mann, der sie in ihrer Verlobungszeit wie eine Königin behandelte. Dominic überschüttete sie mit Überraschungsgeschenken. Er führte sie in die schönsten Restaurants aus und las ihr jeden Wunsch von den Augen ab. Er war sehr zärtlich und rief sie fünfmal täglich an, nur um ihr zu sagen, daß er sie liebte. Er ließ ihr das Badewasser einlaufen und überraschte sie mit einem Abendessen bei Kerzenschein.

Nachdem sie geheiratet hatten, änderte sich das gründlich. Dominic wurde egoistisch, mürrisch, pessimistisch und feindselig. Erst nach vielen Stunden Eheberatung erkannte er, daß er das Gefühl hatte, Dolores nicht verdient zu haben. Er hatte ihre Beziehung unbewußt sabotiert, indem er schreckliche und unsensible Dinge tat. Nachdem er sich nach Kräften bemüht hatte, Dolores in sein Leben hineinzuziehen, bemühte er sich nun ebenso intensiv, sie wieder loszuwerden. Mit der zusätzlichen Unterstützung durch eine Einzeltherapie gelang es Dominic schließlich, mehr Selbstachtung und Selbstliebe zu entwickeln und diese positiven Gefühle dann auch auf seine Beziehung zu Dolores zu übertragen.

Dominic und Dolores hatten Glück, daß sie in der Lage waren, ihre Beziehung zu retten, aber in den meisten Fällen kann ein Mensch, dessen Gefühle und Handlungen auf Selbsthaß und innerer Unsicherheit basieren, einem anderen Menschen gegenüber keine wirklich positiven Gefühle entwickeln, sei dies nun in einer intimen Beziehung, am Arbeitsplatz oder in der Familie. Dies ist der Grund, warum so viele Familien Nichtfamilienmitglieder mit Respekt und Freundlichkeit behandeln, sich aber im engsten Kreise häßlich, gemein und respektlos verhalten. Sie empfinden gegenüber ihren nächsten Verwandten denselben Haß und dieselbe Verachtung wie für sich selbst. Der Kern des Problems ist ein Mangel an Selbstrespekt, Selbstliebe und Selbstachtung.

Sie können nicht allen gefallen, deshalb ist es wichtig, daß Sie sich selbst gefallen

Toxische Menschen hassen Sie, wenn Sie Erfolg haben und schön sind. Aber sie hassen Sie auch, wenn Sie eine Niederlage erleiden. Was Sie auch machen – in den Augen der anderen ist es meistens falsch. Die Menschen werden Sie wegen Ihres Erfolgs oder Ihrer Niederlagen entweder bewundern oder ablehnen, und es gibt *nichts*, was Sie dagegen tun können.

Der verstorbene Ricky Nelson, ein Teenageridol der 50er Jahre, versuchte in den frühen 70er Jahren ein Comeback und wurde, da er nicht seine altbekannten Lieder sang, im Madison Square Garden ausgebuht. Er hatte die Situation einfach falsch eingeschätzt: die Zuhörer waren gekommen, um die alten, vertrauten Melodien zu hören. In seinem Kummer komponierte er schließlich über diese Erfahrung einen Song: »The Garden Party«, der zu einem Hit wurde. »You can't please everyone, so you've got to please yourself« (Sie können es nicht jedem recht machen, deshalb müssen Sie es sich selbst recht machen), hieß es in dem Lied. Diese Worte sollte sich jeder einprägen und sie sich immer dann, wenn er sich abgelehnt oder ausgeschlossen fühlt, ins Gedächtnis rufen. Ich werde Ihnen später Techniken zeigen, die Sie in die Lage versetzen, mit toxischen Handlungen umzugehen, die durch Neid oder geringe Selbstachtung motiviert sind.

Viele von uns versuchen, allen zu gefallen und sich bei allen beliebt zu machen, aber wahrscheinlich wird es immer den einen oder anderen Menschen geben, der uns ablehnt. Möglicherweise haben wir auf den Betreffenden aus einem Grund, den wir selbst nicht kennen, eine toxische Wirkung. Und umgekehrt sind seine Handlungen für uns ebenfalls toxisch.

Schon Kinder müssen eines lernen: solange sie sich selbst, unabhängig von ihrem Aussehen und ihren besonderen Eigenschaften, lieben und akzeptieren, ist es gleichgültig, was andere Menschen über sie sagen oder denken.

Wenn wir uns eine solche innere Einstellung bis in unser Erwachsenenalter hinein bewahren könnten, dann wären wir gewiß sehr viel glücklicher und würden weniger Enttäuschungen erleiden. Es kommt im Leben vor allem darauf an, daß wir uns selbst gefallen.

»Ich kenne nicht den Schlüssel zum Erfolg, aber der Weg zum Mißerfolg besteht darin, zu versuchen, jedermann zu gefallen«, sagte Bill Cosby einmal. Wie recht er doch hat!

Kapitel 4

Wie Sie von toxischen Menschen angesteckt werden

Woran Sie erkennen, dass jemand eine toxische Wirkung auf Sie haben kann

Vor einigen Jahren gab ich in Sacramento, Kalifornien, ein Seminar für eine Gruppe von Regierungsangestellten. Unter anderem sagte ich: »Wenn es in Ihrem Alltag Menschen gibt, die Sie nicht unterstützen und Sie nicht mit der Achtung und dem Respekt behandeln, die Sie verdienen, dann werfen Sie sie aus Ihrem Leben hinaus. Lassen Sie es nicht zu, daß diese darin Wurzeln schlagen.«

Nach dem Seminar kam ein großer, gutaussehender Herr mit Tränen in den Augen auf mich zu und sagte: »Dr. Glass, wie können Sie behaupten, daß man solche Menschen aus seinem Leben hinauswerfen soll? Was ist mit meinen Freunden – manche von ihnen habe ich schon seit zwanzig oder dreißig Jahren! Zählt das denn gar nicht?«

Ich konnte seine Gefühle zwar gut nachempfinden, aber ich erwiderte: »Wissen Sie, wenn jemand Sie schlecht behandelt, Sie kleinmacht und Sie nicht das sein läßt, was Sie eigentlich sein könnten, dann ist jede Sentimentalität fehl am Platze. Ihre Gefühle und Energien sollten Sie sich für Menschen aufsparen, die in Ihrem Leben eine positive Kraft sind und die Sie mit Freundlichkeit, Achtung und Respekt behandeln. Wenn man Sie sabotiert und Ihnen schadet, dann ist Weichheit und Freundlichkeit ganz und gar unangebracht.«

Der Herr versuchte weiterhin, seinen Standpunkt, daß man toxische Menschen nicht loslassen solle, zu verteidigen. Er ließ sich nicht von seiner Meinung abbringen; wenn ein Mensch schon seit langer Zeit eine wichtige Rolle in deinem Leben spielt, so meinte er, dann solltest du ihn nicht einfach gehen lassen.

Ich fragte ihn: »Gibt es irgend jemanden in Ihrem Leben, an den Sie dabei denken?«

»Ja, allerdings«, antwortete er verlegen. »Was ist, wenn es sich bei dieser toxischen Person um meine Frau handelt? Heißt das, daß ich meine Frau loswerden muß? Während Ihres ganzen

Vortrags«, so erzählte er mir, während ihm die Tränen die Wangen hinunterliefen, »habe ich an meine Frau gedacht. Seit wir vor zwanzig Jahren heirateten, hat sie ständig an mir herumgenörgelt. Sie erzählt mir immer wieder, was für ein Verlierer ich sei, daß ich nichts richtig machen könne und zwei linke Hände und linke Füße hätte. Ständig keift sie mit mir herum.« Sie hätten praktisch keine sexuelle Beziehung mehr, erzählte er mir weiter, weil sie ihm immer wieder gesagt habe, was für ein schrecklich schlechter Liebhaber er sei. Ständig kritisiere sie ihn, und selbst wenn er irgend etwas Besonderes erreiche, beispielsweise eine Gehaltserhöhung oder einen Preis bekomme, höre er kein anerkennendes Wort von ihr. Statt dessen putze sie ihn ständig herunter und nehme ihm, wann immer er sich freue oder Begeisterung zeige, sofort den Wind aus den Segeln.

Er erzählte mir, daß sie es mit einer Eheberatung versucht hätten, daß seine Frau aber ständig weiter an ihm herumkritisiere. Schließlich entgegnete ich ihm, wenn sämtliche Möglichkeiten zur Rettung seiner Ehe erschöpft seien, dann müsse er sich fragen, ob er noch weitere zwanzig Jahre in einer Atmosphäre derartiger Mißachtung und Gehässigkeit leben wolle. Er brauche nicht länger in seiner Opferrolle zu verharren, so versicherte ich ihm. Er habe durchaus Alternativen, und es sei nötig, daß er einiges in seinem Leben endgültig verändere.

Schließlich wurde er hellhörig. Er erkannte, daß seine Frau für ihn keine Verbündete und keine Freundin, sondern vielmehr eine extrem toxische Persönlichkeit war, die ihm das Leben schwer machte und auch noch den Rest von Selbstachtung, der ihm verblieben war, zu zerstören versuchte.

Zum ersten Mal in seinem Leben war dieser Mann sich selbst gegenüber wirklich ehrlich. Das kann eine tief erschütternde, beängstigende Erfahrung sein, vor allem, wenn man sich jahrelang selbst betrogen und die Tatsachen verdrängt hat. Der Realität ins Auge zu sehen und zu erkennen, daß der Mensch, den Sie zu lieben glaubten, möglicherweise eine toxische Wirkung auf Sie hat, ja, daß er sogar eine Gefahr für Ihre geistige, körperliche und emotionale Gesundheit bedeutet – das kann bestürzend sein.

Wer ist toxisch?

Ein toxischer Mensch ist jemand, der versucht, Sie zu zerstören. Ein toxischer Mensch raubt Ihnen Ihre Selbstachtung und Würde und vergiftet den Kern Ihrer Persönlichkeit. Er schwächt Ihre Widerstandsfähigkeit und kann Sie geistig oder körperlich krank machen. Toxischen Menschen fehlt es an unterstützenden, aufbauenden Kräften. Sie sehen nur Ihre Mängel. Sie sind eifersüchtig und neidisch und mißgönnen Ihnen Ihren Erfolg. Wenn Ihnen etwas gelingt, dann registrieren sie das mit Feindseligkeit; und ihre Unsicherheit und Minderwertigkeitsgefühle führen sie dazu, daß sie Ihre Bemühungen sabotieren, ein glückliches und produktives Leben zu führen.

Toxische Menschen kommen in vielerlei Gestalt daher und üben ihre Wirkung auf unterschiedliche Weise aus.

Jeder kann ein toxischer Mensch sein. Die Zugehörigkeit zu einer sozioökonomischen Gruppe oder einer bestimmten Altersgruppe, einem bestimmten Kulturkreis, einer Religion oder auch ein bestimmter Bildungsstand sind dabei nicht ausschlaggebend. Auch nicht der IQ. Auch ein Genie kann ein toxischer Mensch sein.

Toxische Menschen können in jedem Bereich Ihres Lebens auftauchen – vielleicht in Ihrer Familie oder an Ihrem Arbeitsplatz.

Einige sind Ihnen gegenüber vielleicht unverblümt feindselig, während andere versuchen, Ihnen hinter Ihrem Rücken zu schaden. Wiederum andere verhalten sich möglicherweise honigsüß und freundlich und sagen Ihnen schmeichelhafte, positive Dinge, während sie Sie zugleich neidisch und giftig anfunkeln.

Wir können sehr viel von dem großen Philosophen Konfuzius lernen, dessen Lehren die Entwicklung Chinas tiefgreifend beeinflußten. Schon im fünften Jahrhundert vor Christi sagte er: »Wenn unsere Freunde anmaßend, falsch oder opportunistisch sind, dann schaden sie uns.« Dies ist eine wichtige Definition toxischer Menschen.

So wie viele der konfuzianischen Wahrheiten ist auch diese auf unsere Zeit und unseren Kulturkreis anwendbar. Toxische Menschen waren bereits vor zweieinhalbtausend Jahren schädlich, und sie sind es auch heute noch – in jedem Bereich unseres Lebens.

Warum gibt es toxische Menschen?

Ich bin der Überzeugung, daß die meisten Menschen gut, nicht böse sind. Wir Menschen kommen als unschuldige, süße, liebevolle, glückliche, wißbegierige und sanftmütige Wesen zur Welt. In wissenschaftlichen Untersuchungen wurde nachgewiesen, daß Babies Gefühle von Haß und Neid nicht kennen.

Wir werden nie mit Gewißheit sagen können, ob Menschen auf Grund von Umwelteinflüssen (beispielsweise ihrer Erziehung), ihrer spezifischen biologischen Struktur (ihrer Gene) oder durch ein Zusammenspiel verschiedener Faktoren »toxisch« werden. Wir werden nie genau erfahren, warum der eine Mensch »toxisch« wird und der andere nicht.

Bernie, ein Produzent aus Hollywood, wuchs in einem sehr schwierigen Elternhaus auf. Sein Vater quälte ihn seelisch und körperlich und landete schließlich wegen Mordes an einem Nachbarn im Gefängnis. Seine Mutter, von Bernies Vater ständig mißhandelt, war das ewige Opfer. Die Folge war, daß Bernie niemals lernte, Frauen – oder sonst irgend jemanden – zu respektieren.

Zwar machte er sich im Showbusineß einen Namen, stieß aber praktisch jeden, dem er im Laufe seiner Karriere begegnete, vor den Kopf. Er verbrannte Brücken, betrog Leute um Zigtausende Dollar und zahlte seine Schulden nie zurück. Er war ein erbärmlicher Vater und ein schreckenerregender Ehemann und mißhandelte seine Familie verbal, emotional und körperlich.

Als er vor kurzem an Magenkrebs starb, hinterließ Bernie nicht nur eine Menge Schulden, sondern auch sehr viele Feinde. An dem Tag, als er das Zeitliche segnete, rief seine Sekretärin verschiedene Berühmtheiten an, die Bernie gekannt hatten, und bat sie, die Grabrede zu halten. Alle lehnten ab. Tatsächlich gab es niemanden, der sich überhaupt bereit erklärte, zur Beerdigung zu kommen.

Seine Kinder freuten sich, daß sie endlich von ihm befreit waren, und seine Ex-Ehefrau war froh, daß er endlich seinen Frieden gefunden hatte. Auch seine Sekretärin war erleichtert, da sie seinen Schikanen nicht länger ausgesetzt war. Der einzige Wermutstropfen war die Tatsache, daß sie sich jetzt einen neuen Job suchen mußte.

Bernies Sekretärin erzählte mir, daß sie nach über zweihundertfünfzig Anrufen hatte feststellen müssen, daß es keinen einzigen Menschen gab, der bereit war, zum Beerdigungsgottesdienst ihres Chefs zu kommen. Sie selbst meinte, es sei ein Segen, daß der »Idiot endlich unter der Erde sei«, und niemand sei bereit, einen weiteren Gedanken an ihn zu verschwenden.

Wenn ein Mensch stirbt, dann sollten wir uns eigentlich mit Wärme an das positive, segensreiche Wirken zu seinen Lebzeiten erinnern können. Bernie dagegen hinterließ nichts anderes als ein Arsenal von Giften, die das Leben aller Menschen, mit denen er in Berührung gekommen war, verseucht hatten.

Ob nun ein Mensch deshalb toxisch ist, weil er unter schrecklichen Verhältnissen und einem Mangel an elterlicher Liebe aufwuchs, sollte für Sie persönlich keine Rolle spielen. Was wirklich eine Rolle spielt, ist, ob jener Mensch auf Sie eine vergiftende Wirkung hat. Wie auch immer der Ruf dieses Menschen sein und welche Wirkung auch immer er auf andere haben mag – für Sie ist einzig und allein wichtig, daß Sie mit der Achtung und dem Respekt behandelt werden, die Sie verdienen.

Toxische Menschen und Krankheit

Wenn Sie lange Zeit mit einem toxischen Menschen zu tun haben und es zulassen, daß Sie allmählich von ihm vergiftet werden, dann kann es leicht geschehen, daß Sie krank werden. Sein negativer Einfluß kann Ihre körperliche Widerstandsfähigkeit schwächen. Wenn Sie nicht einige der Techniken anwenden, die ich später beschreiben werde, wenn Sie Ihren Ärger verdrängen und sich mit dem toxischen Menschen nicht auseinandersetzen, dann kann es sein, daß Sie eine schwere oder sogar tödliche Krankheit entwickeln.

Ärger und Feindseligkeit beeinflussen die Produktion des Hormons Norepinephrin. Jemand, der ständig Streß und Feindseligkeit spürt, wird dieses Hormon möglicherweise im Übermaß produzieren; dies führt zu erhöhtem Blutdruck und/oder zu Blockaden, die Herzattacken oder Schlaganfälle zur Folge haben. Wissenschaftler haben herausgefunden, daß bei Krebs- und Herz-Kreislauf-Erkrankungen eine hohe Korrelation zur Verdrängung negativer Gefühle besteht.

Dr. Deepak Chopra beschreibt in seinem Buch *Ageless Body, Timeless Mind*, daß die Überlebenschance bei Krebs und Herzkrankheiten für Menschen, die unter emotionalen Belastungen leiden, wesentlich niedriger als normal ist. Kürzlich las ich ein Zitat des Komikers Woody Allen: »Eines meiner Probleme besteht darin, daß ich alles in mich hineinfresse. Ich kann Wut einfach nicht herauslassen – statt dessen entwickle ich einen Tumor.« Ich konnte darüber wahrhaftig nicht lachen. Seine Worte beschreiben eine allzu traurige Wahrheit und erinnern mich an meine Klientin Madelyn, eine frühere Maskenbildnerin. Ich glaube, daß Madelyns Tendenz, Ärger nicht auszudrücken, dazu beitrug, daß sie einen Gehirntumor entwickelte. Sie suchte mich wegen einer Sprechtherapie auf, da nach der Entfernung des Tumors ihre Zunge und ihre Stimmbänder gelähmt waren. In einer unserer Sitzungen fragte ich sie, wie ihr Leben verlaufen war, bevor der Gehirntumor entdeckt wurde.

Sie habe immer alles für sich behalten, antwortete sie; wenn sie wütend oder verletzt gewesen sei, habe sie mit niemandem darüber gesprochen. Sie hatte ihren Ärger und ihre Wut ständig verleugnet, weil sie sich schuldig fühlte und niemanden verletzen wollte.

»Wissen Sie, Dr. Glass«, sagte sie eines Tages, »ich habe unglaublich viel aus dieser Erfahrung gelernt. Ich werde niemals wieder so feige sein und es den Leuten nicht sagen, wenn sie mir auf die Nerven fallen. Ich bin wütend, und zum ersten Mal in meinem Leben gebe ich mir die Erlaubnis, wütend zu sein. Ich brauche nicht länger das brave, stille kleine Mädchen zu sein. Am liebsten möchte ich diese Szene in dem Film *Network* nachspielen, als Peter Finch aus dem Fenster brüllt: »Ich bin stinkwütend, und ich werde es nicht länger ertragen.«

Madelyn fuhr fort: »Ich bin stinkwütend auf meinen Vater, der sich nicht um mich kümmerte und mir niemals Liebe oder Zuneigung zeigte. Ich bin wütend auf meine beste Freundin, die immer meint, sie müßte mit mir rivalisieren, vor allem, wenn Männer in der Nähe sind. Und ich bin wütend auf meinen Freund, der, als ich krank war, nie Zeit für mich hatte. Das einzige, woran er Interesse hat, ist er selbst.«

Plötzlich begann sie, heftig zu schluchzen. Sie habe sich nie zuvor so erleichtert gefühlt, brach es aus ihr heraus. Zum ersten Mal in ihrem Leben war Madelyn fähig, ihre Gefühle herauszulassen, vor allem ihren Ärger.

Wie traurig, daß es eines Gehirntumors bedurfte, bis Madelyn endlich ihre Wut auf die toxischen Menschen in ihrem Leben spüren konnte.

Das Zusammensein mit einem toxischen Menschen kann zu verschiedenen psychosomatischen Krankheiten führen: die Betroffenen leiden möglicherweise unter Kopfschmerzen, Übelkeit, Rückenschmerzen, einem Kloß im Hals, Hautproblemen, Asthma und allergischem Husten, wann immer sie sich in der Nähe jenes Menschen aufhalten. Oder sie zeigen psychische Reaktionen, beispielsweise Antriebslosigkeit oder Depression. Wenn

Sie mit einem toxischen Vampir zusammen waren, dann haben Sie oftmals das Gefühl, man habe Sie aller ihrer Energie beraubt. Diese Zustände emotionaler Schwächung können zu verschiedenen selbstdestruktiven Verhaltensweisen führen: Lebensmittelmißbrauch, Bulimie, Anorexie oder Alkohol- oder Drogenmißbrauch.

Vielleicht möchten Sie kein Unruhestifter sein oder sich mit der Situation nicht auseinandersetzen. Möglicherweise sagen Sie: »O nein, es ist nichts – es berührt mich gar nicht«, zeigen aber am Ende dennoch eine selbstzerstörerische Reaktion, um mit Ihrem seelischen Schmerz fertig zu werden.

Roger flog zur Weihnachtszeit mit seiner Verlobten an die Ostküste, um seine Eltern zu besuchen, die er mehrere Jahre lang nicht gesehen hatte. Nach einem köstlichen Abendessen im Kreise der Familie gingen Roger, seine Verlobte, seine Eltern und alle seine Brüder und Schwestern zum Weihnachtsbaum und tauschten ihre Geschenke aus. Roger, der wußte, daß sein Vater ein großer Golffan war, hatte für ihn einen sehr teuren Golfpullover aus Cashmere ausgesucht. Als er ihm das Geschenk überreichte, riß sein Vater das Einwickelpapier auf, musterte den Pullover und gab ihn Roger mit den Worten: »Das brauche ich nicht« wieder zurück. Roger nahm sein Geschenk sprachlos wieder in Empfang, und während des ganzen Abends wechselten die beiden Männer kein weiteres Wort. Niemand zeigte irgendwelche Gefühle, und der Vorfall schien vergessen zu sein.

Später an jenem Abend sagte Darlene, Rogers Verlobte: »Ich kann es nicht fassen, wie schrecklich schlecht dein Vater dich behandelt hat! Bist du nicht wütend? Oder verärgert? Hat dich das, was er gemacht hat, denn überhaupt nicht verletzt?«

»Nein«, sagte Roger. »Das ist kein Problem. Ich bin nicht wütend. So ist er eben. Es hat mich überhaupt nicht gestört.« Darlene war überrascht und entsetzt zugleich; sie war wütend auf Rogers Vater, der seinen Sohn so schlecht behandelte, und zugleich wütend auf Roger, der seine Gefühle so einfach verdrängte.

Das Ereignis warf seine Schatten auf andere, ähnliche Situationen voraus. Wann immer Darlene und Roger einen Konflikt hatten, entzog sich Roger ihr; er brachte nie seine Gefühle zum Ausdruck, sondern ging einfach fort. Sie begann, darüber nachzudenken, ob sie Roger tatsächlich heiraten und sich mit diesem Mangel an Kommunikation abfinden wolle. Auch nach monatelangem Drängen und Bitten weigerte sich Roger, mit ihr zusammen eine Paartherapie zu machen, in der sie hätten lernen können, miteinander zu kommunizieren. Er leugnete, daß es überhaupt ein Problem gab, und bestand darauf, daß mit ihm alles in Ordnung sei. Schließlich faßte Darlene den vernünftigen Entschluß, die Beziehung nicht weiter fortzusetzen. Sie empfand Roger als toxisch, weil er sich weigerte, sie wissen zu lassen, wie er sich fühlte.

Als Darlene eines Tages einen Anruf bekam, daß Roger mit achtunddreißig Jahren wegen eines Herzanfalls ins Krankenhaus eingeliefert worden war, war sie nicht überrascht. Von unausgedrücktem Zorn und Schmerz ermüdet, hatte sein Herz vorzeitig zu schlagen aufgehört. Roger war – im *Grunde* seines Herzens – ein zorniger Mann gewesen. Er war zornig auf seinen Vater. Er war zornig auf Darlene, weil sie ihn verlassen hatte. Aber vor allem war er zornig auf sich selbst, weil er nicht fähig war, seinem Zorn Ausdruck zu verleihen – bis es zu spät war.

Wenn Sie Zorn, Schmerz oder ein Gefühl der Demütigung in sich hineinfressen und diese Gefühle anderen nicht mitteilen, dann kann das sehr ernste körperliche Störungen zur Folge haben.

Toxische Stimmungen sind ansteckend

Waren Sie schon einmal in schlechter Stimmung, ohne zu wissen, warum? Vielleicht hatten Sie es mit einem toxischen Menschen zu tun. Sensible Menschen imitieren bisweilen die Stimmung, die Körperhaltung und den Gesichtsausdruck – und damit auch einige charakterliche Merkmale – eines toxischen Menschen.

In Amerika sagt man: Wer mit Hunden ins Bett geht, kriegt Flöhe. Nun, dasselbe gilt für die ansteckende Wirkung negativer Stimmungen. Wenn Sie mit jemandem zusammen sind, der ständig schlechte Laune hat, dann werden Sie selbst am Ende schlecht gelaunt sein und diese schlechte Laune Ihrerseits auf andere übertragen. Genau das geschah bei Alex und seinem Bruder Walt.

Walt, ein sehr gut verdienender und erfolgreicher Mann, machte Bankrott, und seine Frau verließ ihn. Er zog von New York nach Kalifornien, um in der Zeit, bis er wieder auf die Füße kommen würde, bei seinem Bruder zu leben. Leider brachte er nicht nur seinen Besitz, sondern auch seine negativen Energien und schlechten Stimmungen mit.

»Seitdem er bei uns wohnt, läuft alles schief«, gestand mir Alex. »Ich bin fast immer deprimiert und schlecht gelaunt. Meine Frau und ich streiten uns ständig. Ich bin nervös, unglücklich und niedergeschlagen. Gewöhnlich habe ich sehr viel Energie, aber jetzt fühle ich mich wie ausgebrannt, zornig und müde. Ich leide unter Schlafstörungen und esse zu viel. Gestern morgen stieg ich auf die Waage und mußte feststellen, daß ich, seitdem Walt bei uns eingezogen ist, neun Kilo zugenommen habe. Und das in sieben Wochen!«

Als Alex mir diese Geschichte erzählte, fragte ich ihn, warum Walt nicht irgendwo anders wohnen könne. Er antwortete, er wolle Walt nicht verletzen und bekäme gewiß Schuldgefühle, wenn er ihn einfach vor die Tür setzte. Daraufhin fragte ich Alex, wie er sich wohl fühlen würde, wenn seine Ehe zerbräche, seine Arbeit litte und er sein Heim und alles, wofür er so hart gearbeitet hatte, verlöre.

Er verstand, worauf ich hinauswollte, und sagte: »Na ja, ein paar Schuldgefühle werde ich wohl noch verkraften.« Als er von unserem Beratungsgespräch nach Hause zurückkam, setzte er sich mit Walt zusammen. Er gab ihm etwas Geld und erklärte ihm, er müsse ausziehen und allein leben. Überraschenderweise schien Walt nur allzu glücklich zu sein, diesem Wunsch nachzukommen.

Nachdem Walt ausgezogen war, kam es Alex vor, als sei eine schwarze Wolke, die ihn zuvor eingehüllt hatte, endlich davongezogen. Er bemerkte, daß auch seine Frau und seine Kinder plötzlich besser gelaunt waren. Die ganze Stimmung in seinem Haus war fröhlicher und energischer. Da sein Energiepegel anstieg, konnte Alex wieder produktivere Arbeit leisten. Er setzte sich jeden Morgen auf seinen Heimtrainer und hatte die neun Kilo Übergewicht bald wieder verloren.

Aber wenn Walt ihn anrief, fühlte Alex sich erneut deprimiert und lustlos. Da er inzwischen überzeugt war, daß Walt ihn mit seiner finsteren Stimmung ansteckte, traf er die bewußte Entscheidung, die Kommunikation mit seinem Bruder stark einzuschränken; er wollte einfach nicht mehr länger für ihn sorgen und ihm ständig aus der Patsche helfen, so wie er es sein ganzes Leben lang getan hatte. Er war entschlossen, sich nicht mehr durch Walts negative Energien zum Opfer machen zu lassen.

Wenn Sie wie Alex das Gefühl haben, durch einen toxischen Menschen in eine schlechte Stimmung hineingezogen zu werden, dann sollten Sie sich so weit wie möglich von diesem Menschen fernhalten. Sie werden, genau wie Alex, entdecken, daß Sie häufiger lachen, häufiger singen und dem Leben insgesamt positiver gegenüberstehen.

Wie Ihre schlechtesten Seiten ans Licht kommen

Wenn Sie es mit einem toxischen Menschen zu tun haben, treten häufig Ihre am wenigsten sympathischen Seiten zutage. So machen Sie beispielsweise kaum noch den Mund auf oder reagieren gereizt, fühlen sich von allem, was der Betreffende sagt, brüskiert, werden plötzlich aggressiv oder machen ihm gegenüber kränkende Bemerkungen.

Carla und Peter waren Kollegen. Sie teilten sich ein Büro, und jeder wußte vom anderen, was dieser gerade tat. Carla war gewöhnlich gut gelaunt, außer wenn sie einen Anruf von ihrem toxischen Exfreund Larry bekam, mit dem sie schon mehrfach »Schluß gemacht« hatte. Larry war hartnäckig bemüht, Carlas Zuneigung zurückzugewinnen. Sie entschloß sich, seine Anrufe nicht mehr zu erwidern, und trug ihrer Sekretärin auf, seine Anrufe nicht mehr durchzustellen und eventuelle Botschaften nur aufzuschreiben. Gelegentlich schaffte es Larry jedoch, Carla direkt an den Apparat zu bekommen.

Wann immer einer dieser unangenehmen Anrufe kam, wußte Peter sofort, wer am anderen Ende der Leitung war. Carlas Gesicht verfinsterte sich, sie runzelte die Stirn und preßte die Lippen zusammen.

Wahrscheinlich haben auch Sie diese Reaktion schon einmal beobachtet – bei Freunden oder Kollegen, die einen Anruf von jemandem bekamen, den sie nicht mochten oder mit dem sie nicht sprechen wollten. Auch wenn der Angerufene ruhig und freundlich reagiert, sieht man, wie seine Gesichtszüge sich anspannen, wie er die Lippen schürzt, die Augen rollt, die Stirn runzelt, mit dem Kopf nickt oder mit irgendeiner Geste ausdrückt: »Bringen wir's hinter uns.« Vielleicht spricht der Angerufene mit ironischer Stimme und demonstriert dadurch, daß er nur ungern mit dem Anrufer zu tun hat.

Peter war immer schockiert, wenn er mit anhören mußte, wie seine freundliche und fröhliche Kollegin Carla ihrem geschiedenen Ehemann kaltschnäuzig erklärte, er sei ein Verlierer und sie habe die Nase voll von ihm. Ebenso überraschend war das »Du kannst mich mal …«, das plötzlich über ihre zarten Lippen kam. Gott sei Dank schlug sie diese Töne niemals bei jemand anders an.

Larry förderte Carlas schlechteste Seite zutage und rief Reaktionen hervor, die für sie ganz und gar untypisch waren. Carla war über ihre eigene Grobheit selbst nicht glücklich, aber sie schaffte es nicht, sich zurückzuhalten; Larry reizte sie einfach über alle Maßen.

Sie können ein wunderbarer Mensch sein, eine freundliche, sensible, fürsorgliche, sanfte Seele – aber wenn Sie mit einer toxischen Persönlichkeit zusammen sind, erkennen Sie sich möglicherweise selbst nicht mehr. Deshalb ist es wichtig zu wissen, daß es Menschen gibt, die das Schlechteste in Ihnen herausbringen können – und es auch tatsächlich tun. Möglicherweise werden Sie sich dann sogar zu Handlungen hinreißen lassen, deren Sie sich am Ende selber schämen.

Der Freund des einen ist des andern Giftschrank

Ein Mensch, der auf Sie eine toxische Wirkung hat, ist nicht notwendigerweise für alle anderen Menschen ebenfalls toxisch. Vielleicht entsteht das Gift nur durch das Zusammentreffen Ihrer beider Persönlichkeiten. Möglicherweise gibt es bestimmte Leute, die Ihnen, abhängig von Ihrer besonderen, individuellen Persönlichkeit, »gegen den Strich« gehen. Vielleicht haben Sie vor allem Schwierigkeiten mit Angebern und besonders dominanten Menschen; Ihre beste Freundin dagegen haßt vor allem die Zugeknöpften und die Rechthaber, hat aber keine Schwierigkeiten mit den Angebern und den Dominanten.

Bei dem im folgenden geschilderten Szenario können Sie deutlich erkennen, wie ein toxischer Mensch, abhängig vom Standpunkt des Betrachters, auf unterschiedliche Weise wahrgenommen wird. Drei meiner Freundinnen, Shoshana, Nancy und Alicia, und ich saßen zusammen beim Mittagessen, als Shoshana uns erzählte, wie sehr ihr vor dem bevorstehenden Besuch ihrer Schwägerin graue. Ich reagierte darauf mit der Frage: »Was ist sie für ein Mensch – in sich gekehrt, mürrisch und launisch?« Alicia warf ein: »Sie ist wahrscheinlich eher schrill und eine richtige Nervensäge, oder?« Nancy dagegen wollte wissen: »Ist sie egoistisch und hinterhältig?«

Nach dem Gespräch teilte ich meinen Freundinnen meine Beobachtungen mit. Das, was ich als typisch »toxisch« empfand (»in sich gekehrt, mürrisch und launisch«), unterschied sich völlig von dem, was auf Alicia toxisch wirkte (»schrill und eine Nervensäge«) und das wiederum unterschied sich von einigen Charakteristika, die Shoshana und Nancy auf die Nerven gingen (»egoistisch und hinterhältig«). Alle gaben mir lächelnd recht. Zwar empfinden wir alle bestimmte Charaktereigenschaften als toxisch, aber jeder erlebt einige Eigenschaften als noch toxischer als andere.

›Was dem einen seine Eule, ist dem anderen seine Nachtigall‹, sagt man in Norddeutschland. Und was für den einen verstaubtes Gerümpel sein mag, ist für den anderen vielleicht eine wertvolle Antiquität.

Es ist wichtig zu erkennen, daß das, was für Sie persönlich toxisch ist, für Ihre Mitmenschen durchaus nicht notwendigerweise toxisch zu sein braucht.

In den Augen ihrer Freunde und Bekannten sind Larry und Carla wunderbare Menschen. Wenn Sie Carlas Freunde fragten, ob sie ein toxischer Mensch sei, dann würden diese Sie wahrscheinlich auslachen und sagen: »Nein, überhaupt nicht. Carla ist die liebste, freundlichste, großzügigste Frau der Welt.« Und wenn Sie Larrys Freunde fragten, ob er ein toxischer Mensch sei, dann würden sie Ihnen sagen, er sei »ein unheimlich netter, warmherziger Typ mit einem großen Herzen und einem wunderbaren Sinn für Humor.«

Wenn aber Carla und Larry zusammentreffen, dann bringen sie aneinander die unangenehmsten Seiten hervor. In Carlas Augen ist Larry dominant, respektlos, vulgär und schleimig. Carla verhält sich Larry gegenüber schroff, verletzend und feindselig und bringt auf diese Weise in *ihm* die schlechteste Seite hervor. Diese beiden anscheinend so wunderbaren Menschen sind füreinander außerordentlich toxisch und sollten sich, wenn sie ihrer Selbstachtung keinen Schaden zufügen wollen, so weit wie möglich voneinander fernhalten.

Die Tatsache, daß bestimmte Charakterzüge für einige Menschen toxisch sind und für andere nicht, wurde mir vielleicht am deutlichsten während meiner Vortragsreise nach Australien bewußt, auf der ich mein Buch *He Says, She Says, Closing the Commu-*

nication Gap Between the Sexes [dt. etwa: Er sagt – sie sagt. Für eine bessere Kommunikation zwischen den Geschlechtern] vorstellte.

Nachdem ich eines Morgens vor mehr als dreihundert Menschen in Brisbane einen Vortrag gehalten hatte, kam eine Frau auf mich und die australische PR-Agentin zu, die mich im Auftrag meines australischen Verlegers begleitete. Sie holte tief Luft und begann, mir anhand mehrerer Horrorgeschichten zu schildern, wie »schrecklich« Männer seien. Sie hatte verkniffene Gesichtszüge, eine starre Körperhaltung, und sie bewegte beim Sprechen kaum die Lippen. Mein erster Gedanke war: Was für eine verklemmte, kleinliche Frau. Ich war versucht zu sagen: »Warum so finster, Lady? Wenn Sie sich ein bißchen entspannten und sich selbst nicht so fürchterlich ernst nähmen, dann würden die Männer Sie vielleicht attraktiver finden, und Sie hätten nicht so viele Horrorgeschichten über sie zu erzählen.«

Da ich keine Lust hatte, ihr länger zuzuhören, ging ich nach draußen, um ein wenig frische Luft zu schöpfen, und überließ sie meiner PR-Agentin. Als diese sich ein paar Minuten später zu mir gesellte, erwähnte ich, daß die Frau eine toxische Wirkung auf mich gehabt hatte. Die Reaktion der Agentin überraschte mich. »Nun, *ich* fand sie sehr nett«, sagte sie. »Wir haben sogar unsere Telefonnummern ausgetauscht und wollen uns mal zum Mittagessen treffen, wenn ich wieder zu Hause bin.«

Während meiner gesamten Australien-Tour beschrieb mir die PR-Agentin die verschiedenen Journalisten, mit denen ich zu tun haben würde, und was ich von ihnen zu erwarten hätte. Seltsamerweise kam ich am Ende immer besonders gut mit denen zurecht, über die sie sich negativ geäußert hatte. Sie charakterisierte eine bestimmte Rundfunkjournalistin in Sydney als eine »Exzentrikerin«, die pausenlos redete, eine Frau, die ich wahrscheinlich abscheulich finden würde. Als ich die Journalistin dann kennengelernt hatte, fand ich sie großartig. Ich sah sie ganz und gar nicht so, wie meine PR-Agentin sie beschrieben hatte, sondern empfand sie als einen hochintelligenten, wunderbar sensiblen und spirituellen Menschen. Wir verstanden uns so gut, daß sie mich einlud, das nächste Mal, wenn ich nach Sydney käme, mit ihr auf ihrem Boot zu Mittag zu essen.

Beim Radiosender sollten wir ein Interview mit einem Ureinwohner Australiens machen. Ich hatte noch nie zuvor Aborigines gesehen, und die PR-Agentin versuchte, mich darüber »aufzuklären«, wie ungebildet und selbstdestruktiv diese Menschen seien. Nach einem kurzen Gespräch waren dieser Mann, ein Gitarrist in einer Band von Aborigines, und ich uns sofort sympathisch und tauschten unsere Adressen aus, so daß ich ihm mein Buch und er mir sein Album senden konnte.

Aus diesen Erfahrungen schloß ich, daß ich jeden, über den die PR-Agentin etwas Negatives sagte, am Ende besonders sympathisch finden würde. Das war eine weitere Bestätigung der Tatsache, daß das, was für den einen Menschen toxisch ist, es für den anderen nicht notwendigerweise auch sein muß.

In jedem Fall müssen Sie, wenn jemand über einen anderen Menschen etwas Negatives sagt, sich ein eigenes Urteil vorbehalten. Daß der andere jenen Menschen nicht mag, bedeutet durchaus nicht, daß Sie ihn auch nicht mögen werden. Nehmen Sie eine negative Äußerung, die über jemanden gemacht wurde, nicht als Evangelium. Ein angeblich toxischer Mensch könnte Ihr bester Freund werden!

Toxische Menschen aus Ihrer Vergangenheit

Im Laufe Ihres Lebens haben Sie immer wieder Menschen getroffen, die Sie nicht besonders mochten. Möglicherweise gibt es sogar Personen, die Ihnen so zuwider sind, daß Ihnen übel wird, wenn Sie nur an sie denken. Zwar hat man uns beigebracht, daß wir einander lieben und große Toleranz füreinander aufbringen sollten, aber das ist nicht die Realität. Die Realität ist vielmehr, daß es bestimmte Kategorien von Menschen gibt, die auf Sie ganz persönlich eine toxische Wirkung haben. Möglicherweise werden Sie entdecken, daß Sie im Laufe Ihres Lebens immer wieder an denselben Menschentypus geraten.

Chuck ist zwar viermal mit vier verschiedenen Frauen – Lori, Mandy, Tawny und Lisa – verheiratet gewesen, aber seine Freunde meinen, er habe im Grunde jedesmal dieselbe Frau geheiratet: die eine war ebenso selbstsüchtig und egozentrisch wie die andere.

Vielleicht haben Sie niemals ernsthaft darüber nachgedacht, aber es gibt durchaus Gründe dafür, warum Sie bestimmte Menschen nicht leiden mögen. Im Laufe Ihres Lebens werden Sie möglicherweise entdecken, daß gerade diese Menschen auf Sie eine zerstörerische Wirkung haben.

Um herauszufinden, welche Menschen für Sie ganz persönlich toxisch sind, machen Sie bitte die folgende Übung:

Wer hat eine toxische Wirkung auf mich?

1.   Stellen Sie eine Liste von fünf Männern und fünf Frauen auf, die Ihnen im Laufe der Zeit das Leben immer wieder schwer gemacht haben. Versuchen Sie, jeden dieser Menschen zu charakterisieren.

2.   Überlegen Sie, warum Sie mit diesen Menschen Schwierigkeiten haben. Schreiben Sie neben den entsprechenden Namen drei oder vier negative Eigenschaften. Wenn es Ihnen schwerfällt, die Eigenschaften zu definieren, dann schauen Sie sich die folgende Liste an.

3.   Vergleichen Sie die Listen, und schauen Sie nach, wie viele negative Charakterzüge diese Menschen gemeinsam haben.

aalglatt
abergläubisch
abstoßend
aggressiv
allwissend
altmodisch
anklagend
anklammernd
anmaßend
anspruchsvoll
arrogant
asozial
auffallend
aufrührerisch
ausdruckslos
ausweichend
bedrohlich
bedroht
bedrückt
beherrschend
beherrscht
beschränkt
bitter
bösartig
böse
deprimiert
derb
distanziert
dogmatisch
doppelzüngig
dumm
egoistisch
egomanisch
einfältig
eingeschüchtert

einschüchternd
einzelgängerisch
emotionslos
ermüdend
ernst
exaltiert
falsch
fanatisch
feige
feindselig
fluchend
fordernd
fragwürdig
furchterregend
furchtsam
gefühlsduselig
geheimniskrämerisch
geil
geizig
geltungsbedürftig
gemein
geschwätzig
gesellig
gesetzlos
gewalttätig
gleichgültig
grausam
grob
halsstarrig
harsch
hartnäckig
hastig
haßerfüllt
heiliger als der Papst
herablassend

herrisch
heuchlerisch
hilflos
hinterhältig
hinterlistig
honigsüß
hyperaktiv
ignorant
illoyal
indirekt
indiskret
infantil
innerlich unsicher
instabil
intrigant
irrational
jammernd
jovial
kalt
kampfeslustig
kann nicht allein sein
klatschsüchtig
kleinlich
konservativ
kopflastig
kriecherisch
kritiksüchtig
kritisch
künstlich
langsam
langweilig
launisch
laut
leblos
leer

lethargisch
liberal
machohaft
makaber
manipulativ
manisch
märtyrerhaft
masochistisch
mißtrauisch
moralisierend
mürrisch
narzißtisch
negativ
neidisch
neugierig
neurotisch
nicht vertrauens-
   würdig
oberflächlich
obszön
ohne
Selbstwertgefühl
opportunistisch
ordinär
paranoid
passiv
peinlich genau
perfektionistisch
pessimistisch
phantasielos
pingelig
promiskuitiv
provokativ
prüde
rätselhaft

rebellisch
rechthaberisch
reizbar
respektlos
rigide
rivalisierend
rückgratlos
rückschrittlich
rücksichtslos
sadistisch
saft- und kraftlos
sarkastisch
schamlos
scharf
scharfzüngig
schlagfertig
schlampig
schlau
schmutzig
schrill
schüchtern
schwach
schwierig
selbstdestruktiv
selbstgerecht
sentimental
sexy
skeptisch
sklavisch
snobistisch
sonnig
spießig
spöttisch
sprunghaft
ständig beleidigt

ständig in Bewegung
ständig in Opposition
stark
still
streitlustig
taktlos
tollkühn
trotzig
überangepaßt
überempfindlich
übergenau
überheblich
überschwenglich
übertrieben
   optimistisch
unabhängig
unberechenbar
undankbar
undurchschaubar
unehrlich
uneinsichtig
unerbittlich
unernst
unfreundlich
ungehobelt
ungepflegt
unglaubwürdig
unkommunikativ
unmännlich
unmoralisch
unordentlich
unrealistisch
unreif
unsauber
unscheinbar

84

unsensibel	verlogen	wahnsinnig
unterwürfig	vernünftig	weinerlich
unvernünftig	verrückt	witzelnd
unverschämt	verschwiegen	wuterfüllt
unweiblich	verschwörerisch	zänkisch
unzufrieden	verzweifelt	zerbrechlich
verführerisch	voller Schuldgefühle	zudringlich
verklemmt	voller Vorurteile	zwielichtig
verletzend	vulgär	

Möglicherweise sind Sie erstaunt, wie viele negative Charakterzüge die Menschen, die Sie als toxisch empfinden, gemeinsam haben.

Ich bat eine meiner Klientinnen, Jessica, diese Übung zu machen, und die Ergebnisse waren äußerst aufschlußreich.

Hier ist die Liste toxischer Frauen und toxischer Männer, die ihr im Laufe ihres Lebens bisher am meisten Kummer bereiteten.

Frauen, die Jessica nicht mochte, und ihre negativen Charaktereigenschaften

1. Sheri (Projektberaterin in ihrer Firma) – hart, hinterhältig, heuchlerisch, neidisch

2. Sharon (ihre Zimmergenossin im College) – hinterhältig, hart, verklemmt, rechthaberisch

3. Jan (ihre Jugendfreundin) – negativ, hart, rechthaberisch

4. Susan (eine Arbeitskollegin) – negativ, hart, neidisch

5. Diane (ihre Rechtsanwältin) – heuchlerisch, dogmatisch, hart, selbstgerecht

Männer, die Jessica nicht mochte, und ihre negativen Charaktereigenschaften

1. Gerald (einer ihrer Lehrer am College) – schwach, saft- und kraftlos, heuchlerisch, ein Verlierer

2. Charles (der Abteilungsleiter bei ihrer ersten Stelle) – kalt, gefühllos, verschwörerisch, geheimniskrämerisch

3. Mark (ihr Cousin) – schwach, rückgratlos, heuchlerisch, ein Verlierer

4. Stephen (ihr erster Freund) – schwach, saft- und kraftlos, geizig, ängstlich, ein Verlierer

5. Barry (ihr Vorgesetzter) – schwach, saft- und kraftlos, ein Verlierer

Offensichtlich spielen also bestimmte Eigenschaften, die Jessica bei Männern als toxisch empfindet, bei ihrer Charakterisierung toxischer Frauen keine Rolle. Deshalb ist es wichtig, daß Sie für Männer und Frauen verschiedene Listen aufstellen.

Jessica kann hinterhältige, harte, neidische und selbstgerechte Frauen nicht ausstehen, und sie hat wenig Sympathie für schwache, saft- und kraftlose Männer. In ihrer Frauenliste sind Sharon und Diane sowie Jan und Susan austauschbar. Aber alle Frauen haben bestimmte negative Charakteristika gemeinsam. Dasselbe gilt für Jessicas Männerliste. Die Negativeigenschaften von Gerald und Barry sind sogar identisch, und die Negativeigenschaften aller von Jessica genannten Männer ähneln sich weitgehend.

Nachdem Sie diese Liste aufgestellt haben, schauen Sie sich einmal an, welche Negativeigenschaften die von Ihnen genannten Männer und Frauen gemeinsam haben. Gibt es bestimmte Muster? Sind die Eigenschaften bestimmter Menschen nahezu identisch?

Mit Hilfe dieser Übung können Sie verschiedene Charakterzüge identifizieren, die darauf hinweisen, daß ein bestimmter Mensch eine toxische Wirkung auf Sie haben und Ihnen eine Menge Kummer bereiten könnte.

Jetzt, da Sie die Charaktereigenschaften der für Sie toxischen Personen identifiziert haben, können Sie bei Menschen, die Sie neu kennenlernen, darauf achten. Halten Sie sich von dieser Art Menschen fern, oder, wenn das nicht möglich ist, wenden Sie die zehn Techniken (s. Kapitel 6) an.

Wie diese Übung deutlich zeigt, ist es in Ordnung, nicht alle Menschen zu mögen, beispielsweise dann, wenn Sie sich mit ihnen nicht wohl fühlen und sie Ihnen nicht guttun. Es ist in Ordnung, nicht jedermann in Ihr Leben hineinzulassen. Schon Konfuzius riet: »Tun Sie sich nicht mit Menschen zusammen, die nicht so gut sind wie Sie selbst.« Möglicherweise empfinden Sie diesen Satz als ziemlich undemokratisch, aber es ist leicht, ihn in einer Weise umzuformulieren, die der heutigen Zeit entspricht: Wir sollten uns mit Menschen umgeben, die gut *für* uns sind.

Die Vorstellung, daß wir alle lieben und von allen geliebt werden sollen, ist sehr naiv, auch wenn viele von uns in diesem Sinne erzogen wurden. Es ist viel wahrscheinlicher, daß nicht alle Menschen Sie mögen, und auch Sie werden nicht alle Menschen sympathisch finden. Auch wenn ich mich selbst für eine angenehme Persönlichkeit halte, und auch wenn die meisten Menschen, denen ich begegne, dasselbe zu empfinden scheinen, bedeutet das nicht, daß jedermann mich mag – ja, noch nicht einmal, daß jeder gern mit mir zusammen ist. Ich weiß, daß die Energie, die ich ausstrahle, meine Art, zehn Dinge auf einmal zu machen, und meine Emotionalität möglicherweise einige Menschen abstoßen – ebenso wie sie auf viele Menschen anziehend wirken.

Selbst wenn Sie das Herz auf dem rechten Fleck haben, wenn Ihre Absichten ehrbar sind und Sie sich nach Kräften bemühen, Ihr Bestes zu geben, können Sie aus allen möglichen schwer definierbaren Gründen noch immer eine toxische Wirkung auf jemanden haben. Sie müssen erkennen, daß es da draußen Menschen gibt, die Sie nicht mögen, und daß Sie kaum etwas dagegen tun können.

Wenn Sie – widerwillig oder auch nicht – diese Tatsache akzeptieren: daß nicht jedermann Sie mögen wird und daß auch Sie nicht alle Menschen mögen, dann werden Sie es sehr viel einfacher finden, mit den toxischen Menschen in Ihrem Leben umzugehen.

Die neunundzwanzig toxischen Terror-Typen

Kommen Ihnen diese Typen bekannt vor? Woher kommt es, daß einige Tiere zu bestimmten Menschen hinlaufen, mit dem Schwanz wedeln, sie anspringen und abschlecken, während sie sich von anderen Menschen zurückziehen, sie anknurren, die Zähne fletschen oder sie ignorieren?

Auf einer sehr elementaren Ebene wissen Katzen, Hunde und andere Tiere instinktiv, wen sie mögen und wen nicht – wer ihnen guttut und wer nicht, wer eine Bedrohung ist und wer nicht, wer Angst vor ihnen hat und wer nicht.

Auch wir sind animalische Wesen – wenn auch ein wenig weiter entwickelte. Auch wir wissen instinktiv, wen wir mögen und wen wir nicht ausstehen können. Vielleicht sind wir noch nicht einmal fähig, in Worte zu fassen, warum wir jemanden nicht besonders mögen – es kann einfach »nur so ein Gefühl« sein.

In meiner Praxis als Kommunikationsexpertin habe ich Tausende von Stunden damit verbracht, mir Geschichten über »giftige« Menschen anzuhören. Nach einer Weile kristallisierten sich für mich neunundzwanzig toxische Persönlichkeiten heraus, die ich die »toxischen Terror-Typen« genannt habe.

Diese toxischen Terror-Typen wissen ganz bestimmt *nicht*, wie man Freunde gewinnt. Tatsächlich sind viele ihrer Charakterzüge so abstoßend, daß andere Menschen es hassen, mit ihnen zusammenzusein.

Wenn Sie die Beschreibungen der toxischen Terror-Typen lesen, dann sind Sie möglicherweise überrascht, in den verschiedenen Kategorien viele Leute wiederzufinden, mit denen Sie möglicherweise ebenfalls Schwierigkeiten haben. Ich habe einige ihrer Eigenschaften in der »Wer ist toxisch für mich?«-Übung aufgelistet, so daß Sie sehen können, wem Sie vor allem aus dem Weg gehen müssen. Vielleicht entdecken Sie, daß einige toxische Menschen in mehrere dieser Kategorien fallen. Und vielleicht sind Sie erschrocken und erstaunt, sich selbst in einigen dieser Kategorien wiederzufinden.

Wenn das tatsächlich der Fall sein sollte, dann ärgern Sie sich nicht. Vergessen Sie nicht: *Wissen ist Macht.* Die Erkenntnis, daß auch Sie ein bestimmtes toxisches Verhalten an den Tag legen, wird Sie befähigen, Ihre toxischen Charakterzüge zu verändern. Auf welche Weise Sie das tun können, werden Sie später in diesem Buch erfahren.

Das Lästermaul

• **Seine Freunde sind alle kahl – er hat kein gutes Haar an ihnen gelassen.**

• **In seiner Umgebung gibt es niemanden mehr, der aufrecht stehen kann – er macht alle Menschen nieder.**

• **Mit ihrer scharfen Zunge könnten Sie eine Gans tranchieren oder eine Hecke stutzen.**

Das Lästermaul ist arrogant, bösartig, gemein, haßerfüllt, rechthaberisch, herablassend, ängstlich, unsicher, verletzend, überkritisch, sarkastisch, respektlos, hinterhältig und ständig auf der Suche nach den Fehlern der andern.

Lästermäuler haben so wenig Selbstachtung, daß sie an Ihnen ständig etwas auszusetzen haben – und natürlich auch an allen anderen Menschen, denen sie begegnen. Es macht ihnen Spaß, andere zu provozieren und herunterzuputzen. Sie lieben es, sich über ihre Mitmenschen, vor allem Fremde, lustig zu machen. Wenn Sie mit einem Lästermaul irgendwo in einem Restaurant oder am Flughafen sitzen, dann hören Sie wahrscheinlich ständig Kommentare wie: »Guck doch bloß mal, wie fett die ist!« oder: »Was für ein häßlicher Typ!« – und natürlich sind auch Sie selbst Objekt ihrer harschen und sarkastischen Kritik.

Lästermäuler machen Ihnen häufig recht hinterhältige Komplimente. Sie sagen etwas Schmeichelhaftes, was aber im

Grunde eher beleidigend ist, beispielsweise: »In dem Kleid da siehst du *überhaupt nicht* dick aus.« Natürlich fragen Sie sich sofort, ob Sie sonst wohl dick aussehen. Das Lästermaul ist derjenige, der Ihnen, wenn Sie eine Gehaltserhöhung bekommen, sagt, wie großzügig die Firma doch sei, ihren Angestellten als eine Form des Leistungsansporns automatisch das Gehalt zu erhöhen. Wenn Sie während einer strengen Diät abnehmen, dann wird das Lästermaul sagen: »Du solltest nicht zu viel abnehmen, du bist schon ganz spitz im Gesicht.« Für einen solchen Menschen ist nichts jemals gut genug; er findet mit Sicherheit in jeder Suppe ein Haar.

Lästermäuler stehen unter dem Zwang, andere herunterzuputzen, damit sie selbst größer erscheinen. Diese Menschen, die unsicher und voller Selbsthaß sind, fühlen sich durch ihre Mitmenschen ständig bedroht. Ein Lästermaul glaubt, um den Kopf oben tragen zu können, müsse es ihn seinen Mitmenschen erst einmal abreißen. Ein solcher Mensch sucht nach Fehlern, die Sie und andere haben könnten, weil er, wie mein Freund Yogi Bikram Choudhury einmal sagte, die ganze Welt durch eine »Zerrbrille« sieht.

Ken ist das personifizierte Lästermaul. Mit ihm zu Abend zu essen kann ein so unangenehmes Erlebnis sein, daß Ihnen der Appetit vergeht. Er sagt: »Sieh mal – der Mann da frißt wie ein Schwein« oder: »die Kellnerin da hat einen Arsch wie ein Pferd« oder: »Siehst du die Frau da drüben. Ihre Titten sind bestimmt nicht echt – die werden bestimmt gleich explodieren.« Kens Sätze enden meist in einem hysterischen Gelächter, und seine Kommentare werden von Minute zu Minute geschmackloser und feindseliger.

Die Quasselstrippe

- Sie brauchte dringend einen Anfall von Maulsperre.

- Er kauft Dutzende von Büchern zum Thema *Wie man eine Rede hält* – aber was er braucht, wäre eines zum Thema *Wie man den Mund hält.*

- Wenn sie redet, würde ich mir am liebsten Watte in die Ohren stopfen.

- »Warum haben Sie seit Wochen nicht mit ihm gesprochen?« – »Es war nicht möglich, ihn auch nur eine Sekunde lang zu unterbrechen.«

- Er braucht zwei Stunden, um Ihnen mitzuteilen, daß er nicht viele Worte machen will.

Die Quasselstrippe ist auf eine nerventötende Weise geschwätzig; ein solcher Mensch ist ignorant, egoistisch, unsensibel für die Bedürfnisse anderer, narzißtisch, respektlos, unkommunikativ und langweilig.

Quasselstrippen sind »Talkaholics«, die einfach den Mund nicht halten können. Diese gedankenlosen Menschen belästigen alle, die zufällig in ihrer Nähe sind, mit allem, was ihnen gerade durch den Kopf geht, wobei das selten besonders tiefsinnig ist. Sie greifen zum Telefonhörer, rufen jemanden an und hören einfach nicht auf zu reden. Es ist, als würden diese Menschen sich ständig mit sich selbst unterhalten; ihre Zuhörer existieren für sie nicht. Quasselstrippen reden über alles und jeden. Es sind chronische Schwätzer, die unter »Munddiarrhöe« leiden und sich über alles mögliche verbreiten: ihr Leben, das Leben ihrer Familien oder das Leben Fremder, die Sie nicht kennen und nicht einmal gern kennenlernen würden. Ihre bedeutungslosen, endlos langen Geschichten sind für ihre Mitmenschen kaum von Interesse. Sie verwenden vielleicht eine Viertelstunde darauf, genauestens zu beschreiben, was sie in einem Lebensmittelgeschäft eingekauft haben. Da es ihnen an sozialer Sensibilität mangelt, achten sie kaum oder nur unzureichend auf Blicke, Ungeduld oder Ablehnung. Quasselstrippen sind zu egoistisch, um das Recht eines anderen Menschen, auch einmal zu Wort zu kommen, anzuerkennen.

Durch ihr ständiges Reden schafft es die Quasselstrippe, Sie zu zwingen, das zu tun, was Sie eigentlich *nicht* tun möchten: ihr zuzuhören.

Der Selbstzerstörer

• **Sein Leben hat nur diesen einen Sinn: anderen ein abschreckendes Beispiel zu sein.**

• **Jedesmal wenn ein beunruhigender Bericht über das Zigarettenrauchen veröffentlicht wird, kauft sie sich eine Schachtel mehr.**

• **Wenn er von einem bestimmten Lebensmittel erfährt, es sei gesundheitsschädigend, ißt er garantiert noch mehr davon.**

Der Selbstzerstörer ist ein ständiges Opfer; er ist unrealistisch, schwach, instabil, destruktiv, zurückweisend, negativ, verängstigt, egoistisch, leblos, verzweifelt, undankbar, makaber, deprimiert, trotzig, rebellisch und hilflos.

Selbstzerstörer hassen sich selbst so sehr, daß sie sich ständig niedermachen. Sie reden unablässig über das, was an ihnen nicht in Ordnung ist, und streuen sich fortwährend Asche aufs Haupt. Oft sagen sie Dinge wie: »Ich bin einfach zu blöd«, »Das

war total unmöglich von mir« oder: »Ich bin wirklich das Allerletzte.« Selbstzerstörer bemühen sich, sich herunterzuputzen, bevor irgend jemand anders es tun kann. Sie akzeptieren keine Komplimente und weisen jedes freundliche Wort zurück. Oft sind sie
so voller Selbsthaß, daß sie von Alkohol, Lebensmitteln, Drogen
oder Sex abhängig werden. Selbstzerstörer glauben nicht, daß sie
etwas Gutes und Positives in ihrem Leben verdienen. Ihre Selbstachtung ist ständig am Boden.

Das Ergebnis dieses selbstzerstörerischen Lebensstils ist
häufig ein früher Tod, wie es bei dem jungen Schauspieler River
Phoenix der Fall war. Die ganze Welt stand Phoenix offen, aber es
gelang ihm nicht, sein Leben in den Griff zu bekommen. Schließlich nahm er eine Überdosis Heroin und Cocain und starb auf
dem Gehweg vor einem Nachtclub, während die Passanten über
ihn hinwegstiegen.

Wenn im Leben eines solchen Menschen etwas schiefläuft,
dann beginnt er, sich selbst zu zerfleischen. In tiefster Seele sehnt
er sich nach dem Tod. Es ist quälend, mit einem Selbstzerstörer zusammen zu sein und zu beobachten, wie er sich vor den Augen
seiner Mitmenschen ruiniert. Diese Erfahrung machte auch Bernadette.

Bernadette hatte über ein Jahr lang mit Theodor ein Verhältnis. Sie hatte ihn kennengelernt, als er in einer tiefen Krise
steckte: er ließ sich gerade scheiden und war dabei, den Arbeitsplatz zu wechseln. Sie unterstützte ihn nach Kräften und war in
schwierigen Augenblicken immer für ihn da. Die beiden verstanden sich sehr gut; allerdings machte Bernadette sich häufig Sorgen, weil er zuviel aß, zuviel trank und eine Zigarette nach der anderen rauchte. Deshalb zögerte sie, als Theodor sie schließlich
fragte, ob sie ihn heiraten wolle.

Bernadette hatte bemerkt, daß Theodor immer etwas Selbstzerstörerisches tat, wenn irgend etwas in seinem Leben fehlschlug
oder wenn er nur ein wenig unter Streß geriet. So trank er beispielsweise manchmal eine ganze Flasche Bourbon oder stopfte
wahllos irgendwelche Lebensmittel in sich hinein: fünf doppelte

Scheiben Toastbrot mit Erdnußbutter und Marmeladengelee, Kartoffelchips, Salzbrezel, Schokoriegel und Erdnüsse. Darüber hinaus rauchte er zwei oder drei Packungen Zigaretten am Tag.

Bernadette riet ihm, seine Ängste im Fitneßstudio abzuarbeiten oder einen langen Spaziergang zu machen und anstelle der wertlosen Dickmacher einen gesunden Salat zu essen. Sie bot ihm an, sich nach einer Kur zu erkundigen, in der er sich sein übermäßiges Rauchen und Trinken abgewöhnen könnte. »Ich möchte dich *heiraten* – und dich nicht zu Grabe tragen«, sagte sie zu Theodor, denn sie liebte ihn und war um seine Gesundheit besorgt. Sie weigerte sich, in eine Ehe einzuwilligen, bevor er seine destruktiven Gewohnheiten nicht abgelegt hätte.

Er suchte sich einen Therapeuten, einen Sporttrainer, stellte das Rauchen und Trinken ein und informierte sich über gesunde Ernährung – dies alles hatte Bernadette ihm zur Bedingung gemacht. Ein halbes Jahr lang bemühte er sich, seine selbstzerstörerischen Gewohnheiten abzulegen – allerdings ohne Erfolg.

Eines Tages erhielt Bernadette einen Anruf aus der Notaufnahmestation des örtlichen Krankenhauses. Theodor hatte mit 42 Jahren einen tödlichen Herzanfall erlitten.

Selbstzerstörerisches Verhalten ist nicht nur tragisch für den Betroffenen, sondern es kann auch das Leben und die Gefühle der Menschen, die ihm nahestehen, stark beeinträchtigen.

Der Wegtaucher

• **Er ist der Mensch, den Sie bitten, zu bleiben, wenn Sie allein sein möchten.**

• **Sie ist ständig in Ihrer Nähe, bis Sie versuchen, ihr nahezukommen.**

• **Sobald Sie versuchen, ihren Standpunkt darzulegen, schaltet er sein Hörgerät ab.**

Der Wegtaucher schafft es nicht, sich mit den Tatsachen auseinanderzusetzen, er ist saft- und kraftlos, ständig in der Defensive, feige, unkommunikativ, verängstigt, unehrlich, illoyal, respektlos, sprunghaft, unmännlich, unweiblich, unzuverlässig, isoliert und sozial unangepaßt.

Der Wegtaucher hat nur eine Möglichkeit, mit Streß fertigzuwerden: vor ihm davonzulaufen. Unfähig, sein Leben in den Griff zu bekommen, läuft er vor ihm davon – so wie Gus es tat.

Beim Joggen blieb Gus an einer Ampel stehen und wartete darauf, daß sie grün wurde. Plötzlich bemerkte er, daß der Mann, der neben ihm gestanden hatte, in sich zusammensackte – offensichtlich hatte er einen Herzanfall erlitten. Anstatt Hilfe zu holen und dem Kranken in irgendeiner Weise beizustehen, lief Gus einfach weiter – ihm fiel nichts Besseres ein, als der Situation so schnell wie möglich zu entfliehen.

Gus war kein kaltherziger Mensch; er war nur so verängstigt, daß er mit der Situation nicht fertig wurde und einfach davonrannte.

Der Wegtaucher schafft es nicht, sich in irgendeiner Hinsicht festzulegen, er ist so schwach, daß er nicht einmal mit einem Minimum an Streß fertig wird.

Nachdem sie drei Jahre lang mit Dick ein Verhältnis gehabt hatte, erklärte Bree, sie wolle gern heiraten, und stellte ihm ein Ultimatum. Er verlor völlig den Kopf und tat das, was er am besten konnte: er tauchte irgendwohin ab, und Bree hörte nie wieder ein Wort von ihm.

Brees erste Reaktion war es, sich die Schuld dafür zuzuschieben, daß sie das Thema Ehe überhaupt zur Sprache gebracht habe. Ich hielt ihr entgegen, Dick würde wahrscheinlich jedes Mal, wenn er mit einer schwierigen oder entscheidenden Situation konfrontiert würde, fortlaufen und sich weigern, sich mit ihr auseinanderzusetzen, deshalb wäre sie sehr viel besser dran, wenn sie überhaupt nichts mehr mit ihm zu tun hätte. Zwar gab sie mir recht, aber sie fühlte sich noch immer tief gekränkt.

Da Wegtaucher sich vor jedem Konflikt drücken, erkennen sie nie, wieviel Unheil sie durch ihr ständiges Davonlaufen verursachen.

Der langsame Brüter

• **Er hat ihr jahrelang keine Aufmerksamkeit geschenkt – aber er würde jeden Mann, der das täte, erschießen.**

• **Sie tut so, als sei sie wieder versöhnt, während es unterschwellig noch immer in ihr brodelt.**

• **Die Zeit verweht alle Spuren – aber er wird mit Sicherheit welche zurücklassen.**

Der langsame Brüter ist instabil, unkommunikativ, intrigant, kritiksüchtig, unzuverlässig, schwach, undurchschaubar, hinterlistig, irrational, sprunghaft, voller Groll, schwach und unkontrolliert.

Diese Menschen gehören zu den unangenehmsten, da man nie weiß, woran man mit ihnen ist. Im Grunde sind es wandelnde Zeitbomben. Der langsame Brüter hat die Situation oberflächlich möglicherweise unter Kontrolle; er lächelt, ist ruhig und beherrscht und außerordentlich freundlich. Er wird Ihnen niemals sagen, daß er unzufrieden ist oder daß er sich über jemanden oder etwas geärgert hat. Nie wird er Ihnen deutlich sagen, Sie hätten seiner Meinung nach etwas Falsches getan. Diese Menschen erscheinen oberflächlich wie Brüder und Schwestern der Mutter Teresa, denen es niemals in den Sinn käme, auch nur einer Fliege etwas zuleide zu tun.

Aber dann plötzlich platzt die Bombe – möglicherweise gerade dann, wenn Sie ihm nur einfach guten Tag sagen oder ihn nicht wie gewohnt anschauen. Plötzlich überkommt ihn eine gewaltige Wut; er schreit Sie an und macht Sie für alles verantwortlich, was jemals in seinem Leben schiefgelaufen ist. Dieses Verhalten ist nicht nur schockierend, sondern auch äußerst bedrohlich.

Dr. Rearden, ein prominenter Wissenschaftler, hatte ein derartiges Erlebnis mit einer Assistentin, die drei Jahre lang für ihn gearbeitet hatte. Linda war still und sanft, eine hübsche, zierliche Frau, die sehr zurückhaltend war und ihre Arbeit sehr ernst nahm. Sie verhielt sich stets unauffällig und scheute den Kontakt mit ihren Mitarbeitern. Alle, denen sie begegnete, grüßte sie freundlich, auch wenn es ihr nicht leicht fiel.

Dr. Rearden war ein anspruchsvoller, energischer, optimistischer Mensch mit einem Schreibtisch voller Arbeit, die oftmals keinen Aufschub duldete. Häufig rief er seiner Assistentin aus seinem Büro zu: »Suchen Sie mir sofort die Nummer raus« oder »Bringen Sie mir sofort den Bericht« oder »Rufen Sie sofort die Gesundheitsbehörde an« oder »Machen Sie das bitte gleich.« Linda schien dieser Befehlston nichts auszumachen; drei Jahre lang tat sie widerspruchslos alles, was Dr. Rearden ihr auftrug.

Als er eines Tages jedoch wieder einmal in seiner gewohnten Art rief: »Hey, Linda, ich brauche diesen Bericht sofort. Lassen Sie alles andere liegen«, da stürmte Linda mit einem Blick wie ein wildes Tier in sein Büro. Mit hochrotem Gesicht schrie sie ihn an: »Ich habe von diesem Saftladen hier die Nase voll – und von Ihnen auch. Für wen halten Sie sich eigentlich! Nur weil Sie gelegentlich in der *Newsweek* erscheinen, sind Sie noch lange nicht der liebe Gott. Mich können Sie damit nicht beeindrucken! Ich hasse Sie wie die Pest!« Nachdem sie sämtliche Papiere vom Tisch des Arztes hinuntergefegt und dem Papierkorb einen Fußtritt versetzt hatte, stürmte sie hinaus – und wurde nie wieder gesehen.

Alle Mitarbeiter des Büros waren wie vor den Kopf geschlagen. Der fassungslose Dr. Rearden machte sich furchtbare Sorgen: nicht nur um sein eigenes Leben, sondern auch um das von Linda und allen Menschen, die ihren Weg kreuzten.

Der langsame Brüter ist so erfüllt von Wut, daß Sie Angst haben müssen, körperlich zu Schaden zu kommen – eine Gefahr, die man wahrhaftig nicht unterschätzen sollte. In extremen Fällen werden solche Menschen zu Amokläufern und töten scheinbar völlig grundlos unschuldige Menschen. Wenn Freunde und Bekannte nach einem solchen Blutbad im Fernsehen interviewt werden, dann hört man immer dieselben Kommentare: »Er war immer so nett.« – »Niemand hätte je vermutet, daß er so etwas Entsetzliches tun würde.« – »Sie war immer so lieb und sanft.«

Der langsame Brüter ist von allen toxischen Persönlichkeiten die unheimlichste. Langsame Brüter führen ständig ein mentales Verzeichnis über alles, was sie ärgert oder ihre Gefühle verletzt, und stauen ihre Gefühle in sich auf.

Das Klatschmaul

• **Er ist ständig damit beschäftigt, die Katze aus dem Sack zu lassen.**

• **Sie schafft es, mit ihrem Telefon mehr Schmutz aufzusaugen als mit ihrem Staubsauger.**

• **Er ist ein begnadeter Koch – in der Gerüchteküche.**

Das Klatschmaul ist indiskret, unsicher, kritiksüchtig, falsch, doppelzüngig, herablassend, ein Meister in der Schuldzuweisung, unverschämt, hinterhältig, rivalisierend, verletzend, selbstgerecht, oberflächlich, scharfzüngig, skeptisch, unaufrichtig, geltungsbedürftig, feindselig, intrigant, kritisch, illoyal, zudringlich, bösartig, aggressiv und wütend.

Das Klatschmaul liebt es, Geschichten zu verbreiten – sie sogar wunderbar auszuschmücken –, und manchmal ist das, was ein solcher Mensch erzählt, sogar völlig aus der Luft gegriffen.

Dies sind im Grunde fürchterlich neugierige Menschen, die Spaß daran haben, Ihnen etwas über das Unglück anderer zu erzählen. Sie haben Spaß daran, Ihnen darüber zu berichten, wie der Mann einer gemeinsamen Freundin beim Ehebruch erwischt wurde. Die Klatschbase erzählt Ihnen mit einem Lachen, wie ihre Freundin ihrem Mann eine Lampe an den Kopf warf und er eine Platzwunde davontrug.

Im Leben von Klatschmäulern spielt sich gewöhnlich wenig Interessantes ab. Sie haben vor allem das Bedürfnis, akzeptiert zu werden. Sie hoffen, dadurch, daß sie Ihnen solche besonderen Informationen zukommen lassen, Ihre Sympathien zu gewinnen.

Eine meiner Klientinnen, eine Klatschbase, wie sie im Buche steht, gab offen zu, daß sie das Klatschen deshalb so besonders liebt, weil es ihr ein Gefühl von Wichtigkeit verleiht. Ihre Freunde freuen sich auf ihren allwöchentlichen »Schmutz«-Report und ermutigen sie dazu, ihre Geschichten weiterzuverbreiten.

Klatschmäuler genießen es, die schmutzige Wäsche anderer Leute ans Licht zu zerren, aber sie würden niemals etwas über sich selbst preisgeben. Das einzige Thema, das sie tatsächlich mit Diskretion behandeln, ist ihr eigenes Leben. Diese hinterhältigen Menschen ziehen Sie mit ihrem Charme und ihrer Herzlichkeit in ihren Bann und geben Ihnen, während sie Ihnen geschickt die Informationen aus der Nase ziehen, das Gefühl, daß Sie ihr bester Freund seien. Von sich selbst geben sie allerdings niemals etwas preis: sie fürchten, daß auch sie zum Thema von Klatsch und Tratsch werden könnten.

Lynnettes Beruf bringt es mit sich, daß sie über das Kommen und Gehen vieler reicher und berühmter Leute Bescheid weiß. Sie benutzt dieses Wissen, um sich selbst ein Gefühl von Wichtigkeit zu geben. Zunächst einmal ist sie sehr entgegenkommend und interessiert sich rührend für alles, was Sie erleben. Sie scheint eine aufrichtige Freundin zu sein. Aber später stellen Sie entsetzt fest, daß Lynnette ihre heimliche Feindin ist – eine Schlange, die nur darauf wartet, Ihnen wertvolle Informationen zu entlocken, die sie an jeden, mit dem sie spricht, weitergeben kann.

Sie beginnt damit, daß sie Ihnen unter dem Siegel der Verschwiegenheit intime Klatschgeschichten über Menschen erzählt, die Sie beide kennen, oder sogar Geschichten über ihre reichen und berühmten Freunde. Also beginnen Sie ebenfalls, sich zu öffnen. Sie glauben, Sie seien die einzige, der sie diese sehr privaten Dinge erzählt, weil sie Sie mag, respektiert und Ihnen vertraut und Sie für einen ganz besonderen Menschen hält.

Und raten Sie mal, was dann passiert? Nicht nur, daß Lynnette das, was sie Ihnen mitgeteilt hat, allen anderen ebenfalls erzählt; sie wird auch allen anderen weitersagen, was Sie ihr anvertraut haben – wobei sie ein paar scharfe Gewürze aus ihrer Gerüchteküche hinzufügt.

Wenn Sie es mit einem Klatschmaul zu tun haben, dann dürfen Sie vor allem eines nicht vergessen: Der, der Ihnen etwas bringt, wird auch etwas weitertragen. Das heißt, daß jeder, der Ihnen Informationen über andere zuträgt, gewiß auch Informationen über Sie an andere weitergeben wird. Also sollten Sie auf der Hut sein.

Der wutschnaubende Stier

• **Diese Menschen sind so unangenehm, daß selbst ihre eigenen Schatten sie nicht ausstehen können.**

• **Er hat drei Telefone, damit er möglichst häufig den Hörer aufknallen kann.**

• **Er geht an die Dinge heran wie der Bohrer an den Zahn.**

Der wutschnaubende Stier ist schwierig, respektlos, kontrollierend, streitlustig, haßerfüllt, arrogant, angriffslustig, gehässig, harsch, rücksichtslos, verletzend, verkrampft, einschüchternd, sadistisch, scharfzüngig, unbeständig, machohaft, ohne Überblick, manisch, dickköpfig, selbstzerstörerisch, roh, gesetzlos, laut, unkommunikativ, bedrohlich, verletzend und deprimiert.

Wutschnaubende Stiere fühlen sich ständig angegriffen; sie sind permanent streitlustig – bereit zu einem Kampf oder einer Auseinandersetzung.

Sie lieben es, den Anwalt des Teufels zu spielen, selbst wenn sie mit Ihnen einer Meinung sind. Was auch immer Sie sagen – sie behaupten das Gegenteil.

Sie sind fortwährend damit beschäftigt, andere Menschen zu provozieren – aus keinem ersichtlichen Grund. Ihre eigene Unsicherheit und ihr verzweifeltes Bedürfnis zu demonstrieren, wie wichtig oder wie intelligent sie sind, bewirkt, daß sie ständig in Streitereien verwickelt werden.

Es gibt nichts, was ihnen nicht auf die Nerven geht. Es gibt nichts, was sie nicht kritisieren. Diese Menschen werden häufig gewalttätig und schlagen Dellen oder gar Löcher in Wände oder Türen.

Wutschnaubende Stiere sind ständig grundlos aufgebracht, selbst wenn Sie genau das tun, was sie möchten. Sie finden mit Sicherheit etwas zu kritisieren und greifen Sie an, bevor sie von Ihnen angegriffen werden. Sie haben vor allem Angst davor, daß Sie etwas tun oder sagen könnten, was ihnen ein Gefühl der Minderwertigkeit gibt. Deshalb brechen sie ständig Streitereien vom Zaun; sie hoffen, die Situation dadurch so weitgehend wie möglich unter Kontrolle zu bekommen.

Wutschnaubende Stiere haben oft eine sehr schwierige Kindheit gehabt. Als Erwachsene haben sie meist das Gefühl, das Leben spiele ihnen ständig übel mit. Ihre forsche, angriffslustige Art ist nur eine Maske für ihre Überempfindlichkeit.

Eine bestimmte Schauspielerin, begabt und schön, ist niemals zu dem Star geworden, der sie hätte werden können, weil sie mit allen Menschen Schwierigkeiten hat. Sie ist ihre eigene schlimmste Feindin – alle haben einen Horror davor, mit ihr zusammenzuarbeiten. Die Regisseure, ihre Kollegen und Kolleginnen und selbst die Produktionsfirmen können sie nicht ausstehen.

Warum? Weil sie ständig streitlustig ist. Sie ist ständig bereit, ohne Grund über jemanden herzufallen und sich allen Menschen, die Macht und Autorität haben, zu widersetzen. Auf diese Weise sabotierte sie ihre anfangs sehr vielversprechende Karriere.

Wutschnaubende Stiere sind respektlos und rebellisch. Sie provozieren Sie und arbeiten Ihren Zielen entgegen, nur um zu zeigen, daß sie recht haben – und zwar selbst dann, wenn sie nicht einmal wissen, wovon die Rede ist.

Das ewige Opfer

- **Er prophezeit ständig die entsetzlichsten Katastrophen.**

- **Sie liebt das Unglück so sehr, daß sie ihm den halben Weg entgegenläuft.**

- **Sie brauchen sie gar nicht erst zu fragen, wie es ihr geht, denn es geht ihr immer *schlecht*.**

- **Er findet in jeder Suppe ein Haar.**

- **Für ihn ist selbst das Paradies die reinste Hölle.**

Das ewige Opfer ist masochistisch, voller Schuldgefühle, von Sorgen geplagt, zerstörerisch, feindselig, rigide, egoistisch, unfreundlich, traurig, negativ, kleinlich, kritisch, paranoid, dickköpfig, störrisch, weinerlich, schwach, pessimistisch, phantasielos, selbstzerstörerisch, ängstlich, düster, feige, deprimiert, skeptisch, undankbar, mißtrauisch, schmollend, leblos, lethargisch, lustlos, defensiv und deprimiert.

Der Umgang mit einem solchen »Opfer« hat etwas Deprimierendes. Während dieser Mensch Ihnen ausmalt, wie schrecklich sein Leben ist und immer sein wird, spüren Sie deutlich, wie Ihre Energie den Bach hinuntergeht. Er bemüht sich, Ihr Mitleid zu erregen, hat aber nicht das geringste Interesse an Ihren Ratschlägen.

Er liebt es, in Selbstmitleid zu waten, und ist sicher, daß die Welt und alle Menschen ihm Unrecht getan haben. In seinem Leben läuft alles schief – vielleicht nur deshalb, weil er immer nur das halbleere, niemals das halbvolle Glas sieht.

Wenn etwas in seinem Leben mißlingt, dann wird das ewige Opfer, ähnlich wie der wutschnaubende Stier, alle anderen, nur nicht sich selbst, dafür verantwortlich machen.

Was ihre Gefühle von Unzulänglichkeit und ihre Überzeugung, daß das Leben ungerecht sei, angeht, so haben diese Menschen in der Tat eine sehr große Ähnlichkeit mit den wutschnaubenden Stieren. Aber anstatt sich mit Fäusten und einer scharfen Zunge für die angeblichen Ungerechtigkeiten zu rächen, schwimmen sie ständig in Tränen und tragen eine Leichenbittermiene zur Schau. Sie schieben die Verantwortung auf das Wetter, ihr Privatleben, ihr berufliches Leben, ihre Kindheit. Sie sind ständig in der Opferrolle, genießen ihr Selbstmitleid und versuchen, durch ihre Hilflosigkeit bei anderen Mitleid zu erregen.

Die ewigen Opfer sind ständig damit beschäftigt, sich Sorgen zu machen. Sie malen sich alles in den düstersten Farben aus. Beispielsweise sind sie, noch bevor sie das Haus überhaupt verlassen haben, sicher, daß sie sich auf der Party kein bißchen amüsieren werden, daß niemand ein Wort mit ihnen reden und daß alles schieflaufen wird.

Wenn Sie mit einem solchen Menschen eine kurze Zeit zusammen waren, dann werden Sie sich garantiert deprimiert und erschöpft fühlen, da er Sie all Ihrer Energie beraubt. Jeder Ratschlag, den Sie ihm zu geben versuchen, zielt ins Leere; das ewige Opfer sagt ständig: »Ja, ja« und fährt dann fort, Ihnen etwas vorzujammern. Es sieht ständig nur die hoffnungslose Seite der Dinge, und nichts, was Sie sagen oder tun, kann daran etwas ändern.

Der Verräter

• Wenn Sie ihn zum Freund haben, dann brauchen Sie keine Feinde mehr.

• Er rollt an einem Tag vor Ihnen den Teppich aus und zieht ihn Ihnen am nächsten Tag wieder unter den Füßen weg.

• Sie gehört zu den Leuten, die sich Ihre Pfanne leihen und die Gans darin braten, die sie Ihnen gestohlen haben.

Der Verräter ist verschlossen, hinterlistig, aalglatt, geheimniskrämerisch, unkommunikativ, unehrlich, honigsüß, destruktiv, egoistisch, falsch, doppelzüngig, undurchschaubar, unehrlich, intrigant, rückgratlos, heuchlerisch, verlogen, bösartig, zudringlich, oberflächlich, feige, nicht vertrauenswürdig und opportunistisch.

Für die meisten von uns ist der Verräter die toxischste aller Schreckensgestalten. In der Tat: in Dantes *Inferno* ist der letzte Kreis der Hölle für Menschen reserviert, die die abscheulichste aller Sünden begingen: Verrat. Nichts schmerzt mehr, als zu erfahren, daß jemand, dem Sie vertrauten, Sie hintergangen hat. Dies ist das ganz persönliche Hobby eines Verräters.

Diese toxischen Menschen sind auf eine aggressive Weise passiv; sie lächeln scheinheilig und tun so, als wären Sie ihr bester Freund, während sie Ihnen hinterrücks ein Messer zwischen die Rippen stoßen. Konfuzius, eine Autorität zum Thema ›Umgang mit Menschen‹ sagte: »Es ist schändlich, mit jemandem, gegen den man einen geheimen Groll hegt, freundschaftlichen Umgang zu pflegen.«

Diese chamäleonhaften toxischen Menschen sind so beängstigend, weil sie sich ständig ihrer Umgebung und dem, was die Leute angeblich hören wollen, anpassen. Sie sind bereit, alles zu tun, was nötig ist, um das zu bekommen, was sie wollen.

Sharon und Laura gingen zusammen zur Hochschule und machten ihren Abschluß als Graphikerinnen. Sie waren anscheinend die dicksten Freundinnen. Nachdem sie ihre Ausbildung beendet hatten, erzählte Laura ihrer Freundin von einer bestimmten Stelle, auf die sie sich beworben hatte. Sie sagte auch, wer bei der Jobvergabe eine Rolle spielte und wie sie vorgehen wollte. Sharon, Lauras Vertraute, stellte detaillierte Fragen, um zu demonstrieren, daß sie am Fortkommen ihrer Freundin interessiert sei. Aber in Wirklichkeit sammelte sie Informationen für sich selbst. Schließlich stellte sie sich hinter Lauras Rücken bei der Firma vor und bekam den Job. Als Laura das herausfand, war sie am Boden zerstört. Sharon schien Lauras Kummer nicht weiter zu berühren. Sie fuhr fort, scheinheilig zu lächeln, und bereute das, was sie Laura angetan hatte, nicht im geringsten.

Sie dürfen einem solchen hinterhältigen Menschen niemals vertrauen. Mit Sicherheit wird er das, was Sie ihm unter dem Siegel der Verschwiegenheit erzählt haben, gerade dann, wenn Sie es am wenigsten erwarten, gegen Sie verwenden. Solche Menschen sind Intriganten, die ständig versuchen, Sie an die Wand zu drängen. Im Grunde ihres Herzens mögen sie Sie nicht, oder sie haben nicht den Mut, einzugestehen, daß sie verärgert oder neidisch sind.

Der Verräter ist verschlossen und wird Ihnen niemals sagen, was er wirklich denkt. Er redet Ihnen häufig nach dem Munde; in diesem Punkt ähnelt er dem Klatschmaul.

Verräter sind Menschen, die mit ihren Blicken Gift versprühen und dabei honigsüß lächeln. Sie sagen schmeichelhafte Dinge, sind aber in Wirklichkeit gnadenlose Giftschlangen.

Das Weichei

- Er ist ständig bemüht, keinen Anstoß zu erregen.

- Er ist so mutig wie ein Hase.

- Sie ist so unentschlossen, daß ihre dreijährige Tochter noch immer keinen Namen hat.

- Sie sagt immer ihre Meinung – nachdem sie herausgefunden hat, was der andere denkt.

- Er ist so vorsichtig wie zwei Stachelschweine bei der Liebe.

Das Weichei ist auf passive Weise aggressiv, schwach, still, unterwürfig, unkommunikativ, abhängig, indirekt, eingeschüchtert, kriecherisch, furchtsam, unsicher, nicht vertrauenswürdig, geheimniskrämerisch, verängstigt, trottelig, voller Schuldgefühle, unentschlossen, konservativ, illoyal, unfähig, feige, reaktionär, ein Verlierer und ewiger Jasager.

Weicheier sind hinterhältige, aggressive Menschen, denen es an Mut und Rückgrat fehlt. Sie hängen ihr Fähnchen ständig nach dem Wind und haben Schwierigkeiten, auch nur die kleinste Entscheidung zu treffen. Sie wirken häufig sehr ruhig und angenehm und erscheinen deshalb auf den ersten Blick eher liebenswert. Später jedoch, wenn deutlich wird, daß ihr »Ja« eigentlich ein »Nein« bedeutet, fühlt man sich von ihnen eher abgestoßen. Möglicherweise sagen sie an einem Tag das eine und am nächsten genau das Gegenteil. Im Grunde wissen sie nicht, wer sie sind und was sie tun – und die anderen wissen es auch nicht. Dadurch wird es außerordentlich schwierig und frustrierend, mit ihnen zusammenzuarbeiten.

Mark ist der Prototyp eines Weicheis. Nachdem er zum Abteilungsleiter befördert worden war, wurde er nach wenigen Wochen gefeuert, weil er unfähig war, irgendeine Entscheidung zu treffen. Er hörte sich ständig Argumente und Gegenargumente an, wurde aber niemals aktiv.

Wenn sie ihre Probleme lange genug vor sich herschieben, so denken diese Menschen, dann werden sie sich von selbst lösen oder die Entscheidung wird ihnen abgenommen werden. Weicheiern fehlt es an Substanz, und sie sind unfähig, sich für irgend etwas oder irgend jemanden einzusetzen – sie selbst eingeschlossen. Sie verschwenden eine Menge Zeit, weil sie sich ihrer Fähigkeiten so wenig sicher sind, daß sie das Risiko, einen Fehler zu machen, nicht eingehen können. Wenn man sie zwingt, eine Entscheidung zu treffen, dann werden sie wütend.

Wenn ein Weichei eine Leistung erbringen muß, dann ist es vor Furcht und Angst wie gelähmt. Möglicherweise wird ein solcher Mensch selbst dann nicht aktiv, wenn es darum geht, einem anderen das Leben zu retten.

Weicheier vermeiden jede Konfrontation. Sie betrachten sich selbst als Opfer und wollen keinesfalls Unruhe oder Schwierigkeiten verursachen. Sie suchen ständig Trost und Sicherheit und laufen vor allen Schwierigkeiten davon.

Der Ausnutzer

• **Wenn er Sie braucht, ist er immer zur Stelle.**

• **Sie wird Ihnen das letzte Hemd wegnehmen und Ihnen dann noch das Unterhemd klauen.**

• **Sobald Sie kein Geld mehr haben, macht er sich aus dem Staub.**

Der Ausnutzer ist egoistisch, zudringlich, manipulativ, hinterhältig, kriecherisch, unoffen, indirekt, ein Schleimer, illoyal, intrigant, unehrlich, hinterlistig, undankbar, hartnäckig und honigsüß.

Ein klassisches Fallbeispiel bietet die Geschichte von einem Arzt in Beverly Hills und einer verwitweten Dame der Gesellschaft. Zwar war der Ehemann dieser Dame der Gesellschaft früher Multimillionär gewesen, aber als er starb, entdeckte sie, daß er ihr nur Schulden hinterlassen hatte. Plötzlich war sie arm wie eine Kirchenmaus, obwohl es so schien, als sei sie die reichste Prinzessin der Stadt.

Um den Lebensstandard, an den sie gewöhnt war, aufrechtzuerhalten, suchte sie systematisch nach einem reichen Mann und fand auch bald einen Arzt in Beverly Hills, von dem sie annahm, daß er reich sei.

Der Arzt suchte ebenfalls eine reiche Partnerin – jemanden, der ihm das Geld für seine acht Strafverfahren wegen Vernachlässigung der beruflichen Sorgfalt zur Verfügung stellen würde und darüber hinaus auch noch die ausstehenden Summen für defizitäre Investitionen und Versicherungsbetrug. Zudem lief seine Praxis nicht mehr gut, da sein Ruf allmählich Schaden gelitten hatte. Er hatte gehört, daß Emily unverschämt reich sei – was sie automatisch zur Frau seiner Träume machte.

Als sie einander in einem Raum, in dem sich eine Menge Leute drängten, zum ersten Mal begegneten, war es Liebe auf den ersten Blick, denn der Ruf, steinreich zu sein, war dem Arzt ebenso wie Emily vorausgeeilt. Als sie einen Monat später zum Traualtar schritten, hatten beide die Vorstellung, von nun an ein Leben in Saus und Braus führen zu können. Ich bin sicher, daß beide sich ins Fäustchen lachten, als der Pfarrer die Worte »in guten wie in schlechten Tagen« sprach.

Die Überraschung ließ nicht lange auf sich warten: Nach ein paar Monaten wurde offensichtlich, daß jeder von ihnen eine Menge Schulden hatte. Es kam zu gegenseitigen Beschuldigungen und Wutanfällen, und die Ehe endete so schnell, wie sie begonnen hatte.

Ausnutzern geht es ausschließlich um ihre eigenen Interessen. Diese Menschen freunden sich nur dann mit Ihnen an, wenn sie von Ihnen profitieren können. Diese Menschen werden alles tun, um voranzukommen. Wenn sie einen Menschen nicht länger ausnutzen können, dann lassen sie ihn ohne mit der Wimper zu zucken wie eine heiße Kartoffel fallen.

Der zähnefletschende Tyrann

• **Wenn er Ihre Meinung wissen will, dann schreibt er sie Ihnen ganz genau vor.**

• **Er ist so arrogant wie ein Hahn im Hühnerhof.**

• **Er ist wie ein Krokodil: Wenn er den Mund öffnet, dann müssen Sie damit rechnen, daß er Sie verschlingt.**

Der zähnefletschende Tyrann ist verletzend, kleinlich, ein Stinkstiefel, unkontrolliert, wütend, streitsüchtig, harsch, unfreundlich, unhöflich, nörglerisch, anspruchsvoll, gehässig, irrational, sadistisch, grausam, schwierig, trotzig, grob, arrogant, infantil, einschüchternd, roh, kritiksüchtig, kampflustig, machohaft, bedrängend, beleidigend, übellaunig, manisch, laut, asozial, bedrohlich, herablassend, unkommunikativ, reizbar und dickköpfig.

Der zähnefletschende Tyrann ist ein verbaler Terrorist, ein lauter, lästiger, unhöflicher, fordernder, dickköpfiger Besserwisser. Ein solcher Mensch ist ständig gereizt und bekommt völlig unvorhersehbare Wutanfälle. Er ist nur dann zufrieden, wenn er im Zentrum der Aufmerksamkeit steht.

Dr. Levack, ein Universitätsprofessor, ist das perfekte Beispiel für einen zähnefletschenden Tyrannen. Er kommandiert seine Sekretärin und seine Studenten herum und verlangt, daß alles immer »sofort« und genau so, wie er es sich vorstellt, gemacht wird. Wenn jemandem ein kleiner Fehler unterlaufen ist, dann brüllt er herum wie ein Stier. Wenn er einen Raum betritt, fangen bestimmt ein paar der Anwesenden an zu zittern. Er regt sich über alles schrecklich auf. Er ist permanent schlecht gelaunt und schreibt den Leuten mit seiner lauten, aggressiven Stimme nicht nur vor, *was* sie tun sollen, sondern auch, *wie* sie es tun sollen.

Als Dr. Levack nach einem Herzanfall im Krankenhaus lag, waren alle Mitarbeiter seiner Abteilung so froh, daß sie spontan eine Party feierten.

Zähnefletschende Tyrannen müssen unbedingt alles kontrollieren, ähnlich wie die Kontrollfreaks (s. S. 130), nur auf bösartigere Weise, da sie auch grausame und sadistische Tendenzen haben. Solchen Menschen ist vor allem daran gelegen, daß andere sich vor ihnen ducken. Sie haben Spaß daran, Menschen zu quälen und dann zuzusehen, wie diese sich wie geprügelte kleine Hunde winden.

Sie sind glücklich, wenn sie Sie zur Schnecke machen können. Im Umgang mit diesen Menschen kann man sehr leicht ein Magengeschwür bekommen. Sie sind die klassischen emotionalen Mißbraucher; niemand wird von so vielen Menschen so intensiv gehaßt wie sie. Konfuzius sagt: »Auch dann, wenn ein Tyrann einen strengen Befehl erteilt, gibt es meist niemanden, der ihm gehorcht.« Mag sein, daß diese Menschen gefürchtet und gehaßt sind, aber nichts kann andere dazu bewegen, ihren Befehlen freiwillig zu gehorchen.

Der Scherzkeks

- Seine Witze werden häufig mit einem gewaltigen Schweigen aufgenommen.

- Wenn er eine Party verläßt, sind die Anwesenden immer so komisch erleichtert.

- Sie haben ein Repertoire von drei Witzen, die sie immer und immer und immer wieder erzählen.

Der Scherzkeks ist lästig, innerlich unsicher, schwach, eine Nervensäge, niemals ernst, egoistisch, langweilig, verletzend, sarkastisch, sozial ungeschickt, derb, roh, verzweifelt um Aufmerksamkeit bemüht, oberflächlich, respektlos, laut, hartnäckig und unsensibel.

Es gibt nichts, was der Scherzkeks wirklich ernst nimmt. Er beginnt jedes Gespräch mit einem Witz. »Hast du schon den letzten Witz über Sowieso gehört?« fragt er als erstes.

Er schafft es, seine Mitmenschen zu schockieren, indem er sarkastische Witze macht und so tut, als wären diese verbalen Dolche nichts anderes als kleine Späßchen. Er reagiert auf Ihre Empörung, indem er vorwurfsvoll fragt: »Hast du denn überhaupt keinen Humor? Alle anderen haben darüber gelacht – was ist denn bloß los mit dir?« Sein Humor kann eine Waffe sein, mit der er seine untergründige Feindseligkeit zum Ausdruck bringt.

Bei einem gemeinsamen Frühstück sagt er vielleicht: »Hier, nimm noch eins von diesen Schinkenröllchen – die passen so gut zu dir« – eine ziemlich plumpe Anspielung. Wenn Sie Ihr Befremden ausdrücken, dann kichert er und sagt: »Mensch, hast du denn gar keinen Humor? Ich hab' doch nur Spaß gemacht.« Seine Feindseligkeit zeigt er nur indirekt, weil er zu feige ist, Ihnen offen zu sagen, was ihn stört.

Wenn Sie etwas ernsthaft diskutieren möchten, dann beginnt er vielleicht zu kichern, weil es ihm Unbehagen bereitet, mit schwierigen Themen umzugehen.

Konfuzius meinte genau dieses Phänomen, als er sagte: »Wenn ich den ganzen Tag lang mit einer Gruppe von Menschen zusammen bin und die Gespräche beschränken sich nur auf kleine, geistreiche Plänkeleien, so ist mir das zuwider.« So wie dem weisen Konfuzius ist den meisten von uns das Zusammensein mit einem Scherzkeks eher unangenehm. Unser Zorn wird unausweichlich mit einem Grinsen quittiert, da der Scherzkeks unfähig ist, mit starken Gefühlen umzugehen. Wenn er über irgend etwas verärgert ist, dann wird er es Sie niemals wissen lassen, sondern seine Verletztheit und seinen Ärger mit spaßigen Bemerkungen kaschieren. Der Scherzkeks umgibt sich mit einem schützenden Panzer von witzigem Geplänkel.

Jerry fiel zu jedem Anlaß ein Witz ein. Zwar waren die Leute gelegentlich durchaus amüsiert, aber meistens fiel Jerry ihnen schrecklich auf die Nerven, weil er nicht wußte, wann es Zeit war, mit dem Herumwitzeln aufzuhören. Er konnte niemals etwas ernst nehmen, und er begann jedes Gespräch mit: »Mensch, hast du *den* schon gehört …« Wenn man etwas Ernstes sagte, lachte er und kramte dann irgendeine dumme Geschichte hervor, die ihm im Gedächtnis haften geblieben war. Wenn die Leute Jerry von weitem sahen, wechselten sie meist auf die andere Straßenseite hinüber.

Eines Tages saß Jerrys Mitarbeiterin Catherine in ihrem Büro und weinte. Sie hatte sich am Abend zuvor endgültig von ihrem Freund getrennt, und an jenem Tag erschien ihr alles nur grau in grau. Jerry, der bemerkt hatte, daß sie deprimiert war, versuchte, ihren Kummer herunterzuspielen. Catherine fühlte sich dadurch durchaus nicht getröstet, sondern begann, nur noch heftiger zu weinen. Schließlich schrie sie Jerry an, er solle sofort ihr Büro verlassen, sie könne ihn nicht länger ertragen, da er sich so unsensibel verhalte.

Scherzkekse wie Jerry sind im Grunde ihres Herzens unsicher und haben nur sehr wenig Selbstachtung. Sie sehnen sich

114

so sehr danach, gemocht und akzeptiert zu werden, daß sie das Gefühl haben, sie müßten sich Ihren Respekt verdienen, indem sie sich wie ein Clown aufführen.

Arthur Miller sagte: »Jeder mag einen Witzbold, aber niemand würde ihm Geld leihen« – und meinte damit, daß niemand einen solchen Menschen respektiert.

Jerrys verzweifeltes Witzereißen trug ihm keine Sympathien ein. Am Ende fiel er allen Leuten auf die Nerven, weil er niemals fähig war, etwas ernst zu nehmen.

Das Trampel

•   **Nachdenken bedeutet für ihn, daß er erst danach anfängt zu denken.**

•   **Sie sagt nur wenig, aber das, was sie sagt, hat selten Hand und Fuß.**

•   **Wenn er irgendwo hintritt, dann meistens ins Fettnäpfchen.**

Das Trampel ist unsensibel, unzuverlässig, grob, enervierend, blöd, verletzend, ausdruckslos, phantasielos, nicht vertrauenswürdig, ungepflegt, unverschämt, rechthaberisch, schlampig, sozial ungeschickt, begriffsstutzig, distanzlos und unreif.

Das Trampel hat keine Ahnung von dem, was läuft. Diese Menschen sind gefühllose Klötze, die sich ihrer selbst und ihrer Umgebung nicht im geringsten bewußt sind und sehr häufig unhöfliche, kränkende Bemerkungen machen. Gewöhnlich halten sie kaum Blickkontakt, haben eine schlechte Körperhaltung, schütteln Ihnen nicht richtig die Hand und haben eine flache, tonlose Stimme. Ihre sozialen Fähigkeiten sind mehr als mangelhaft.

Im wesentlichen sind dies unterentwickelte Geschöpfe, die sich wie Vierjährige der Gefühle ihrer Mitmenschen nicht bewußt sind und mit allem, was ihnen durch den Kopf geht, einfach herausplatzen. Sie sagen ständig das Falsche. Auch wenn sie zufällig intelligent sind und etwas von ihrer Arbeit verstehen, mangelt es ihnen an Respekt und Höflichkeit, und oftmals sind sie nachlässig und schlampig.

In der Oberstufe ging Gordon in eine Privatschule für besonders Intelligente. Er war zwar intellektuell überdurchschnittlich begabt, aber es mangelte ihm völlig an sozialen Fähigkeiten. Als er seinen ersten Job als Computerprogrammierer bekam, beging er einen Fauxpas nach dem anderen und stieß damit jeden, mit dem er zu tun hatte, vor den Kopf. Er wechselte mehrfach den Arbeitsplatz, weil er immer wieder irgend jemandem auf die Zehen getreten war und dann gefeuert wurde. Er schien auf einem anderen Planeten oder zumindest in einem dichten Nebel zu leben. Auch nachdem er hintereinander an fünf verschiedenen Arbeitsstellen gefeuert worden war, hatte er noch immer keine Ahnung, wo sein Problem lag. Häufig ist das Trampel irgendein Fremder, der sich Ihnen unerwartet nähert und etwas völlig Bizarres äußert. Sie schauen ihn verblüfft an und fragen sich: »Wie kommt er nur darauf?« Aber glauben Sie mir, Trampel sagen ständig sehr seltsame Dinge.

Der notorische Lügner

• **Er verkauft sich ständig, aber er sagt nie genau, welche Qualität die Ware tatsächlich hat.**

• **Sie übertreibt nicht, sondern sie hat die Sache nur übertrieben im Gedächtnis behalten.**

• **Sie können die Hälfte dessen, was er Ihnen erzählt, durchaus glauben. Die Frage ist nur, welche Hälfte.**

Der notorische Lügner ist nicht vertrauenswürdig, unverschämt, falsch, ein Schleimer, ein Heimlichtuer, er ist unehrlich, distanzlos, besserwisserisch, schamlos, überschwenglich, undurchschaubar, kritiksüchtig, manipulativ, eine Nervensäge, klatschsüchtig, unberechenbar, unzuverlässig, schwach, unrealistisch, ein Attentäter aus dem Hinterhalt, doppelzüngig, egoistisch und unehrlich.

Notorische Lügner wissen nicht, ob sie lügen oder die Wahrheit sagen. Um ihr mangelndes Selbstwertgefühl zu kaschieren, haben diese Menschen in ihrem Leben so viel gelogen, daß sie ihre eigenen Lügen am Ende auch noch glauben. Sie würden mit Überzeugung auf die Bibel schwören, auch wenn ihr Gegenüber ganz genau weiß, daß sie nicht die Wahrheit sagen. Solche Menschen sind die Manipulatoren par excellence.

Besonders verwirrend ist die Tatsache, daß notorische Lügner Dinge sagen, in denen ein Fünkchen Wahrheit enthalten sein mag. Denn um Sie zu verwirren, mischen sie ihren Lügen bisweilen ein Körnchen Wahrheit bei. Möglicherweise enthält der notorische Lügner Ihnen einen wesentlichen Teil der Wahrheit vor, und wenn Sie ihn mit dieser Tatsache konfrontieren, dann besteht er darauf, Sie niemals angelogen zu haben.

Es mit einem Menschen zu tun zu haben, dem Sie nicht wirklich trauen und mit dem Sie niemals wirklich kommunizieren können, ist sehr frustrierend. Da Vertrauen die Grundlage jeder Kommunikation ist, ist es praktisch unmöglich, einen Lügner zu respektieren oder ehrlich und offen mit ihm zu reden.

Sharlene hatte ein Verhältnis mit Price und fand erst später heraus, daß er verheiratet war. Price bestand darauf, sie nicht angelogen zu haben; er hatte ihr gesagt, er sei »augenblicklich nicht mit seiner Frau zusammen«. Im technischen Sinne hatte Price tatsächlich *nicht* gelogen. Er hatte ihr nur eine äußerst unvollständige Information gegeben.

Cowboys haben ein Sprichwort: »Ein Mann, der dich anlügt, wird dich auch bestehlen.« Sharlene mußte die Wahrheit dieser Redensart einsehen, da Price ihr nicht nur ihre wertvolle Zeit, sondern auch ihre Würde und Selbstachtung stahl.

In Hollywood gibt es eine überproportional hohe Anzahl von Lügnern, die Ihnen die reinsten Phantasiegeschichten über sich und ihre Projekte erzählen. Der Grund dafür mag sein, daß sie in einer Branche arbeiten, in der man fortwährend mit Zurückweisung und Enttäuschungen rechnen muß, so daß die Selbstachtung ständig in Gefahr ist. Viele Schauspieler lügen, um sich selbst in einem guten Licht darzustellen und sich ein Gefühl der Wichtigkeit zu geben. Gewöhnlich übertreiben sie das Positive und unterschlagen das Negative. Solche Lügner sind gewöhnlich harmlos – sie lügen, um andere zu beeindrucken und ihren Wert herauszustreichen –, im Gegensatz zu Sharlenes verheiratetem Liebhaber, der log, um sie zu manipulieren. Notorische Lügner wie Price richten oftmals großes Unheil an: sie zerstören das Leben derer, die sie anlügen.

Notorische Lügner halten möglicherweise verbissen an ihrer Lügengeschichte fest, obwohl es massenhaft Beweise dafür gibt, daß sie nicht die Wahrheit sagen. Viele von ihnen haben es geschafft, ihren eigenen Verstand so sehr zu vergiften, daß sie ihre eigenen Lügengeschichten für wahr halten.

Der Einmischer

• **Ihr Schönheitschirurg konnte mit ihrer Nase alles machen – nur nicht sie daran hindern, sie in anderer Leute Angelegenheiten zu stecken.**

• **Er kümmert sich vor allem um das, was ihn nichts angeht.**

Der Einmischer erlaubt sich ständig Übergriffe, ist unverschämt, voller Vorurteile, frech, unsensibel, kontrollierend, intrigant, selbstgerecht, neidisch, schamlos, scharfzüngig, hinterlistig, klatschsüchtig, dogmatisch, überkritisch, zweifelnd, indiskret, geltungsbedürftig, sadistisch, verletzend, neugierig, ohne Überblick, unhöflich, lästig, hinterhältig, aggressiv und destruktiv.

Einmischer sind eine Mischung zwischen einem Klatschmaul und einem Aufhetzer (s. S. 137), nur noch toxischer. Sie stecken ihre Nase in Ihr (persönliches und berufliches) Leben und machen es Ihnen in vielen Fällen zur Hölle. Einmischer reden mit anderen so häßlich über Sie wie das Klatschmaul und hetzen andere gegen Sie auf wie der Aufhetzer. Zudem greifen sie konkret in Ihr Leben ein, indem sie mit Ihren Bekannten telefonieren oder Treffen mit ihnen verabreden, um über Sie zu sprechen.

In jeder Seifenoper kommt solch ein intriganter Einmischer oder eine Einmischerin vor, eine Frau, die versucht, jemandes Ehemann zu verführen oder jemandem das Kind wegzunehmen. Der Einmischer ist ständig damit beschäftigt, Menschen in Schwierigkeiten zu bringen oder ihr Leben zu ruinieren.

Da diese Menschen oftmals wenig erleben, versuchen sie, das Leben der andern zu leben, indem sie sich einmischen.

Jerome, Glorias Wohnungsnachbar, ist ein solcher typischer Einmischer. Wenn Gloria ihre Tür einen Spaltbreit offen läßt, dann steckt Jerome seine Nase hinein und fragt sie, was sie macht, wer gerade bei ihr ist und was sie gerade kocht. Häufig kommt er vorbei, ohne eingeladen worden zu sein, und versucht, sich in ihre Angelegenheiten einzumischen.

Eines Tages hatte Gloria am Swimmingpool eine hitzige Diskussion mit ihrer Freundin. Jerome schwamm zu den beiden Frauen hinüber, erklärte Gloria, daß sie im Unrecht sei, und unterstützte die Ansicht ihrer Freundin. Ein anderes Mal erhielt Gloria von der Hausverwaltung eine Rechnung über einhundert Dollar, weil ein Nachbar gemeldet hatte, daß Glorias Hund auf den Rasen der Anlage gepinkelt hatte. Sie war nicht überrascht zu erfahren, daß es Jerome gewesen war – und ebensowenig erstaunte es sie, daß er es gewesen war, der die Polizei rief, als sie einmal eine »laute« Party feierte.

Jerome, ein Schauspieler ohne Engagement, der praktisch kein eigenes Leben führte – außer daß er seine Nase in anderer Leute Angelegenheiten steckte –, war erfüllt von Neid auf die Menschen, die ein aktives, aufregendes und produktives Leben führten.

Der Geizhals

- **Er liebt es, wenn eine Frau teure Kleidung trägt – außer natürlich, wenn es sich um seine eigene Frau handelt.**

- **Er kommt nur dann, wenn es etwas umsonst gibt.**

- **Er hat meistens volle Taschen und leere Hände.**

Der Geizhals ist egoistisch, kleinlich, rigide, voller Schuldgefühle und ein Pfennigfuchser; er ist kontrollierend, engstirnig, beschränkt, phantasielos, ängstlich, halsstarrig, gehemmt, dickköpfig, innerlich leer, furchtsam, skeptisch, unreif, unsicher, schwach, rückgratlos, intrigant, neurotisch und ein ständiges Opfer.

Geizhälse haben eine so schlechte Meinung von sich, daß sie glauben, nur was billig oder umsonst ist, stehe ihnen zu. Sie geizen nicht nur mit ihrem Geld, sondern auch mit Komplimenten und mit Liebe und Zärtlichkeit. Ihre Gespräche kreisen häufig um Geld, um die Frage, wieviel sie für bestimmte Dinge bezahlt haben und wie sie es schafften, etwas herunterzuhandeln. Beim Handeln und Schachern sind sie von ihrer eigenen Schlauheit beeindruckt.

Diese engstirnigen Menschen sind so kleinkariert, daß sie oftmals den Wald vor lauter Bäumen nicht sehen. Sie sind so sehr damit beschäftigt, sich über Pfennigbeträge Sorgen zu machen, daß sie ein äußerst eingeschränktes Leben führen.

Geizhälse sind häufig die letzten, die in einem Restaurant nach der Rechnung greifen. Und wenn sie dann tatsächlich bezahlen, überprüfen sie jeden einzelnen Posten ganz genau und beginnen, mit dem Kellner herumzustreiten, selbst wenn es nur um ein paar Groschen geht.

Geizhälse stoßen am Ende jedermann vor den Kopf – wie im Falle von Jay sehr deutlich wird.

Jay bekam in einer neuen Firma einen führenden Posten und begann, jeden Tag jemand anderen zum Mittagessen mitzunehmen. Nach einer Weile hatte niemand mehr Lust, ihn zu begleiten. Schließlich fragte Jay einen seiner Mitarbeiter, warum er nicht mehr mitkommen wolle. Der Mann sagte ihm die Wahrheit: »Weil Sie so geizig sind und niemals die Rechnung übernehmen.«

Die Antwort dieses Kollegen machte Jay sehr betroffen. Endlich verstand er, warum Tina, seine frühere Freundin, sich von ihm getrennt hatte. Zwar hatte sie ihm seinen Geiz niemals direkt vorgeworfen, aber sie hatte dauernd Andeutungen gemacht, daß sie diese und jene Wünsche habe: einen Blumenstrauß, ein hübsches Schmuckstück oder ein schönes Kleid. Als ich mit Tina sprach, gestand sie mir, daß Jay sogar im Bett mit seinen Zärtlichkeiten gegeizt hatte.

Ein solcher Mensch mag viele gute Eigenschaften haben, aber sie werden, wie Konfuzius bestätigt, durch seinen Geiz völlig entwertet. »Mit einem Geizigen befreundet zu sein«, so sagt er, »ist nicht einmal eine Überlegung wert.«

Der Fanatiker

• **Er ähnelt einer Sommergrippe – man kann ihn einfach nicht loswerden.**

• **Er ist der moderne Sklave – nämlich der Sklave seiner eigenen Überzeugungen.**

Der Fanatiker ist dogmatisch, verbohrt, enervierend, kontrollierend, anklammernd, angriffslustig, engstirnig, intrigant, irrational, einschüchternd, oberflächlich, selbstgerecht, unsozial, neurotisch, fordernd, tollkühn, erschreckend, verletzend, lästig, kleinlich, unberechenbar, ein Drängler, ein ewiger Kämpfer, unrealistisch, unfreundlich, unvernünftig, voller Vorurteile, respektlos und defensiv.

Der Fanatiker ist ein Sklave, der mit Haut und Haaren an jemanden oder an etwas glaubt, ohne abweichende Gesichtspunkte auch nur in Erwägung zu ziehen. Wie der zähnefletschende Tyrann oder der Kontrollfreak steht er unter dem Zwang, ständig seine Meinung durchsetzen zu müssen. Seine Ansichten vertritt er mit Leidenschaft, und er stößt jedermann zurück, der sich seinen Meinungen nicht unterwirft. Fanatiker sind permanent darauf bedacht, Sie zu bekehren. Sollten Sie eine eigene Meinung haben oder mit ihm – und sei es auch nur in unwesentlichen Punkten – nicht übereinstimmen, dann wird er wütend, erklärt Ihnen, daß Sie völlig falsch liegen und betrachtet Sie als einen Verräter. Sie können mit ihm kein vernünftiges Gespräch führen, weil ihn nur sein eigener Standpunkt interessiert und er nicht bereit ist, Ihnen wirklich zuzuhören. Er scheint alle Antworten zu wissen und will jedes Gespräch beherrschen. Er ist unflexibel und voller Vorurteile, und dadurch wird es praktisch unmöglich, mit ihm einen Dialog zu führen, in dem es um einen wirklichen Meinungsaustausch geht.

Fanatiker sind wie Hunde, denen man einen Knochen vorgeworfen hat: Sie lassen niemals locker.

Edith versuchte, ein Leben entsprechend der christlichen Lehre zu führen, aber sie ging nur sehr selten in die Kirche, las selten die Bibel und verzichtete auf religiöse Reden. Maggie, die genau das Gegenteil tat, warf Edith vor, sie sei keine wahre Christin, wenn sie sich nicht genauso verhielte wie sie. Zwar versuchte Edith, ihr ihre persönliche Sichtweise zu erklären, aber ohne Erfolg: Maggies Stimme wurde immer lauter, und sie begann, Bibelsprüche zu zitieren.

Eines der eindrucksvollsten Beispiele für eine Fanatikerin wurde in dem Film *Fatal Attraction* gezeigt, in dem die Frau, die von Glenn Close gespielt wurde, ihren verheirateten Liebhaber ständig verfolgt und sich weigert, ihre Phantasie von einem gemeinsamen Leben aufzugeben – bis sie am Ende zu Tode kommt.

Der Narzißt

• **Ihm gefallen die Menschen, die sagen, was sie denken – solange ihre Gedanken mit seinen Ansichten übereinstimmen.**

• **Es gibt nur eins, was sie im Leben wirklich begehrt – sich selbst.**

• **Jedes Mal, wenn er in den Spiegel sieht, macht er eine Verbeugung.**

Der Narzißt ist egoistisch und egomanisch. Es mangelt ihm an Selbstvertrauen, er ist oberflächlich, innerlich unsicher, arrogant, langweilig, beschränkt, unsozial, ermüdend, lästig, schrill, egozentrisch, indiskret, ein Prahlhans und ein Angeber.

Narzißten haben nur ein Thema: sie selbst. Sie sind die egozentrischsten Menschen, denen Sie je begegnen werden; sie wollen nur über das reden, was unmittelbar mit ihnen selbst zu tun hat, und sie wollen nur das tun, was ihnen selbst nützt. Das, was Sie betrifft, ist für einen Narzißten nur dann interessant, wenn er selbst davon betroffen ist. Wenn er redet, dann hört man ständig die Wörter »ich«, »mein« und »mir«. Eine Unterhaltung mit einem Narzißten kann eine ziemlich frustrierende Sache sein, weil er im Grunde ständig monologisiert.

Die Geschenke, die diese Menschen am meisten schätzen, sind ein Spiegel und ein Tonbandgerät, denn sie lieben es, sich selbst zu betrachten und sich selbst reden zu hören. Es ist schwierig, zu einem Narzißten eine wirkliche Beziehung aufzubauen, es sei denn, Sie wären bereit, ihm in jeder Hinsicht zu schmeicheln. Narzißten tun nur Dinge, die unmittelbar mit ihnen selbst zu tun haben – alles andere interessiert sie nicht.

Der berühmte Hollywoodwitz über den Schauspieler, der sich auf einer Party mit einer Frau unterhält, die er eben erst kennengelernt hat, beschreibt dieses Verhalten perfekt. Nachdem er sich endlich bewußt geworden war, daß er volle zwei Stunden damit zugebracht hatte, seine vergangenen, seine gegenwärtigen und seine zukünftigen Projekte zu schildern und seiner Gesprächspartnerin zu versichern, was für ein großartiger Schauspieler er sei, sagte er schließlich: »Oh, Verzeihung, ich bin wohl furchtbar unhöflich. Ich habe die ganzen zwei Stunden nur über mich selbst geredet. Jetzt wollen wir aber mal über *Sie* sprechen. Wie *finden* Sie mich?« Dieser Mann ist der Inbegriff des Narzißten.

Es ist kaum möglich, mit jemandem in Kontakt zu kommen, der ständig über sich selbst, *sein* Kind, *ihren* Ehemann, *seine* Karriere und *ihren* Erfolg redet. Ein solcher Mensch hält sich offensichtlich für den Nabel der Welt, und alle anderen fühlen sich durch sein Gebaren entnervt oder gar abgestoßen. Wer so sehr mit sich selbst beschäftigt ist, wird unweigerlich zu einem Langweiler; er hat die unreife und egozentrische Weltsicht eines Zweijährigen.

Der Schmeichler

• **Wenn Sie längere Zeit mit ihr zusammen sind, können Sie durch ihr honigsüßes Gerede leicht Diabetes oder einen Insulinschock bekommen.**

• **Seine Schmeicheleien geben Ihnen das Gefühl, ein Pfannkuchen zu sein, über dem man gerade das Honigglas entleert.**

Der Schmeichler ist hinterhältig, verlogen, falsch, ein Schwafler, überschwenglich, unterwürfig, intrigant, doppelzüngig, heuchlerisch, zwielichtig, schamlos, hinterlistig, lästig, kriecherisch, honigsüß, zweideutig, neugierig, klatschsüchtig, prätentiös, enervierend, zudringlich, manipulativ, oberflächlich, kontrollierend, unehrlich, illoyal, opportunistisch und ein Ausnutzer.

Der Schmeichler ist der Manipulator par excellence – er geht Ihnen ständig um den Bart, aber nur, um das zu bekommen, was er möchte. Er überschüttet Sie mit überschwenglichem Lob und behandelt Sie so, als wären Sie sein bester Freund und er wäre bereit, alles für Sie zu tun.

Im Grunde seines Herzens findet der Schmeichler Sie möglicherweise nicht einmal besonders sympathisch, aber das wird er Ihnen natürlich niemals sagen. Er überschüttet Sie mit seinen Komplimenten, und wenn Sie versuchen, ihn daran zu hindern, dann wird er ungehalten und erklärt, Sie seien der schönste, beste und intelligenteste Mensch der Welt. Sie beginnen unwillkürlich zu lächeln, da Sie seine Komplimente natürlich gern glauben würden. Jetzt weiß er, daß er sein Ziel erreicht hat: nämlich Sie – wie so manchen anderen auch – in die Tasche zu stecken. Wenn Sie ihn durchschauen, dann fühlen Sie sich abgestoßen, da Sie deutlich erkennen, wie falsch er ist und wie er jeden, der ihm nicht nützen kann, abblitzen läßt.

Der Oberlehrer

• **Er ist strenger als der strengste Winter und unfreundlicher als der schlimmste Regentag.**

• **Zu seiner persönlichen Vollkommenheit fehlen ihm nur noch ein paar unangenehme Charakterzüge.**

Der Oberlehrer ist dickköpfig, kontrollierend, dogmatisch, voller Vorurteile, rigide, heuchlerisch, herablassend, unkommunikativ, langweilig, überkritisch, altmodisch, snobistisch, prätentiös, unreif, unvernünftig, negativ, hartnäckig, kritisch, taktlos, kleinlich und besserwisserisch.

Oberlehrer halten sich für perfekt. Sie sitzen ständig auf einem hohen Roß und sehen auf ihre Mitmenschen hinab. Dies sind rigide, verklemmte Menschen voller Vorurteile, die von anderen erwarten, daß sie ihre strengen Moralvorstellungen teilen. Sie schauen beispielsweise auf jeden herab, der raucht, trinkt, flucht, Sex vor der Ehe hat oder nicht so gepflegt angezogen oder so gut organisiert ist wie sie selbst. Gewöhnlich sind sie erfüllt von Zorn und Verachtung und anderen Menschen gegenüber wenig tolerant. Diese Menschen, die typischen Perfektionisten, sind übertrieben genau und wählerisch; es gibt nur Weniges, was ihren Anforderungen genügt. Ihre innere Einstellung ähnelt sehr stark der des Fanatikers, des zähnefletschenden Tyrannen und Kontrollfreaks, insofern, als alles nach ihrer Nase gehen muß.

Es ist sehr schwierig, mit einem Oberlehrer Umgang zu haben, und natürlich noch schwieriger, mit ihm zu leben, da nur sehr wenige Menschen seinen Erwartungen entsprechen. Im Grunde genommen ist sein Leben sehr arm; er kann niemals loslassen, das Leben genießen und sich einfach am Duft der Rosen freuen.

Seine Strenge und Unnachgiebigkeit soll dazu dienen, die Tatsache zu verschleiern, daß er nicht perfekt ist. Da er schließlich auch ein Mensch ist und deshalb Irrtümern und Bedürfnissen unterworfen, die mit seinen Moralvorstellungen möglicherweise nicht übereinstimmen, empfindet er sich am Ende selbst als Heuchler und entwickelt zwiespältige Gefühle sich selbst gegenüber; sein Selbstwertgefühl sinkt dadurch erheblich.

Der Snob

- Er mag Sie nur, wenn Sie dieselben Leute nicht mögen, die er auch nicht mag.

- Er will nur die Menschen kennenlernen, die ihn *nicht* kennenlernen möchten.

- Sie braucht einen Schönheitschirurgen, der sie endlich von ihrer Hochnäsigkeit befreit.

- Er trägt den Kopf so hoch, daß sich in seinem Nacken ein Doppelkinn gebildet hat.

Der Snob ist prätentiös, selbstgerecht, arrogant, herablassend, kritiksüchtig, überheblich, innerlich unsicher, schwach, gehässig, unkommunikativ, egoistisch, voller Vorurteile, kleinlich, unfreundlich, rigide, unvernünftig, respektlos, kleinkariert, unhöflich, oberflächlich und päpstlicher als der Papst.

Diese arroganten Menschen tun so, als wären sie allen anderen überlegen. Immerhin verleiht ihnen das ein Gefühl von Wichtigkeit, denn im Grunde ihres Herzens zittern sie vor Unsicherheit. Sie führen ständig die Namen von »wichtigen« Leuten im Mund und gehen, um sich selbst als wertvoll empfinden zu können, ausschließlich in die teuersten und schicksten Restaurants. Wenn Sie *nicht* zu den »wichtigen« Leuten gehören, dann wird ein Snob sich nicht einmal die Mühe machen, Ihnen »Guten Tag« zu sagen. Er reckt die Nase in die Luft und redet nur dann mit Ihnen, wenn Sie »cool« und »in« sind. Er ist fürchterlich herablassend. Snobs findet man häufig in Clubs, in denen man nur dann Mitglied werden kann, wenn man beliebt ist, das richtige Aussehen oder genügend Geld hat, um den Türsteher damit zu bestechen. Um sich überhaupt als funktionierende menschliche

Wesen zu empfinden, brauchen diese Menschen die Mitgliedschaft in einem solchen Club.

Snobs sind sehr extravagant und bestehen häufig darauf, eine Sonderbehandlung zu bekommen. Sie drängeln sich in jeder Warteschlange vor und benehmen sich wie verwöhnte Kinder, die ständig beachtet werden wollen. Ihre arrogante Haltung maskiert ihre Überzeugung, daß sie im Grunde weniger wert sind als andere. Sie sind extrem unsicher und äußerst verletzlich.

Manchmal sind Snobs selbst wenig begütert, dafür aber in Positionen, in denen sie mit den Reichen und Berühmten in Kontakt kommen. Dies zeigt sich vor allem in Gegenden wie Beverly Hills, wo der Assistent oder die Assistentin einer Berühmtheit oftmals eine solche »Ich bin besser als du«-Haltung zur Schau trägt.

Arrogantes Verhalten wird beispielsweise in dem Film *Pretty Woman* gezeigt, in dem Julia Roberts mit schäbiger Kleidung in einen Laden in der Rodeo Drive in Beverly Hills geht. Die snobistischen Verkäuferinnen behandeln sie wie den letzten Dreck, da sie annehmen, sie habe kein Geld. Ich selbst habe in Beverly Hills Ähnliches erlebt und muß sagen, daß diese fiktive Situation leider nur allzu häufig der Wahrheit entspricht.

Obwohl diese Verkäuferinnen sich selbst in ihren kühnsten Träumen nicht die Kleidung der Leute leisten könnten, die sie bedienen, sind sie unerträglich arrogant und machen sich dadurch überall unbeliebt.

Der Berufsrivale

• **Seit Jahren hat er um Überlegenheit gekämpft, jetzt ist es Zeit, daß er die Waffen endlich einmal niederlegt.**

• **Er würde niemals einen Mann verprügeln, der bereits am Boden liegt – statt dessen versetzt er ihm einen ordentlichen Fußtritt.**

- **Sie ist nur an den Freunden interessiert, deren Unterlegenheit ihr ein gutes Gefühl gibt.**

- **Er kann sich nicht großartig fühlen, wenn er nicht zugleich jemand anderen kleinmachen kann.**

Der Berufsrivale ist provozierend, fanatisch, unangenehm, paranoid, verletzend, ein Drängler, aggressiv, voller Groll, ein Saboteur, ein Intrigant, verkrampft, eingeschüchtert, ständig in Abwehrhaltung, ein Polemiker, bedrohlich, unzuverlässig, innerlich unsicher und ständig streitlustig.

Berufsrivalen betrachten jede Situation als eine Gelegenheit, Sie zu überflügeln oder intellektuell in den Schatten zu stellen. Für sie wird alles zu einem Wettkampf, ob es sich nun darum handelt, einen Job zu bekommen oder jemandem den Freund oder die Ehefrau wegzunehmen. Wenn Sie einem solchen Menschen von Ihrem Hund erzählen, dann erwidert er Ihnen, sein Hund sei aber viel größer, besser und intelligenter. Wenn Sie ihm berichten, wie viel und wie hart Sie heute gearbeitet haben, dann wird er behaupten, er selbst habe immer einen 18-Stunden-Arbeitstag.

Im Zusammensein mit einem Berufsrivalen können Sie sich niemals entspannen. Sie haben ständig das Gefühl, in einen Wettkampf verwickelt zu sein. Gewöhnlich hat ein solcher Mensch anderen gegenüber eine feindselige Einstellung, da er ständig mit ihnen rivalisiert. Wenn Sie beispielsweise über eine gemeinsame Freundin sagen, sie sähe gut aus, dann wird der Berufsrivale erwidern: »Eigentlich hat sie schon besser ausgesehen. Ich finde, sie macht einen erschöpften Eindruck. Schau dir doch nur mal ihre Tränensäcke an.«

Ewige Rivalen sind Angeber, die ständig mit ihren Leistungen, den gegenwärtigen wie den vergangenen, prahlen. Sie versuchen permanent, Ihnen zu vermitteln, sie seien sehr viel besser als Sie. In Wahrheit haben sie so wenig Selbstachtung, daß sie nur mit Ihnen in Kontakt treten können, indem sie ständig mit Ihnen rivalisieren.

Der Kontrollfreak

• **Sie nennen ihn »Herr General«, weil er ständig Befehle erteilt.**

• **Er heiratete seine Sekretärin in der Hoffnung, ihr alles diktieren zu können.**

• **Sie glaubt an Gesetz und Ordnung – solange sie die Gesetze und die Ordnung selbst definieren kann.**

Der Kontrollfreak ist zudringlich, destruktiv, rigide, manipulativ, arrogant, aggressiv, hinterhältig, unsensibel, selbstgerecht, streitlustig, dogmatisch, egoistisch, ein Drängler, unvernünftig, selbstsüchtig, ängstlich, bedrohlich, respektlos, unkommunikativ, dickköpfig, verbissen und unreif.

Kontrollfreaks können niemals loslassen. Ähnlich wie der zähnefletschende Tyrann fühlen sie sich wie gelähmt, wenn sie nicht ständig alles im Griff haben. Im Gegensatz zum zähnefletschenden Tyrannen versuchen sie jedoch nicht unbedingt, ihre Ziele durch Zwang und Einschüchterung durchzusetzen. Kontrollfreaks versuchen ihre Ziele oft auch dadurch zu erreichen, daß sie ihren Mitmenschen schmeicheln.

Kontrollfreaks haben Schwierigkeiten, in einem Team zu arbeiten und Aufgaben zu delegieren, da sie sämtliche Fäden selbst in der Hand behalten wollen. Wenn die Dinge anders laufen, als sie es sich vorstellen, werden sie wütend oder verlieren das Interesse. Ihr Leben ist voller Frustration und Enttäuschungen, da sie niemals lockerlassen können. Sie versuchen, alles zu erzwingen, und wenn die Dinge nicht so laufen, wie sie es sich gewünscht haben, dann geraten sie entweder in Panik oder werden sogar noch wütender und noch kontrollbesessener.

John unternahm zusammen mit seiner Freundin Jill eine Indonesienreise; aber in jenem exotischen Land lief nichts so, wie er es sich vorgestellt hatte. Je stärker er versuchte, die Dinge zu kontrollieren, desto mehr entglitten sie ihm. Flugzeugreservierungen, Läden, Hotels, das Essen, das Wetter – all das fiel ihm auf die Nerven, da so vieles nicht dem entsprach, was er gewohnt war. Er war nicht bereit, sich auf die fremde Kultur mit ihren anderen Werten und Verhaltensnormen einzustellen.

Wenn er die Dinge, wie belanglos sie auch sein mögen, nicht kontrollieren kann, dann verliert der Kontrollfreak völlig die Nerven. Eine meiner Klientinnen, Anita, ließ sich schließlich von ihrem Mann, einem typischen Kontrollfreak, scheiden, da er offenbar nicht einmal die einfachsten Probleme in den Griff bekam.

Eines Tages machten Anita und Phil eine zweistündige Autofahrt in die Wüste und hörten dabei Radio. Plötzlich gab der Apparat keinen Ton mehr von sich, und Phil schaffte es nicht, ihn zu reparieren. Nach einigen Minuten trat Phil wild auf die Bremse, sprang aus dem Wagen, riß ein Brecheisen aus dem Kofferraum, hebelte das Radio aus der Fassung, warf es auf die Erde und begann, mit dem Brecheisen darauf einzuschlagen.

Anita traute ihren Augen nicht. Sie war wie betäubt und wagte es nicht, irgend etwas zu sagen, da sie fürchtete, selbst Opfer seiner Zerstörungswut zu werden.

Ironischerweise sind Kontrollfreaks nicht fähig, sich selbst zu kontrollieren. Wenn sie einen Menschen, eine Situation oder sogar eine Sache – wie das Radio – nicht in den Griff bekommen, dann verlieren sie völlig die Beherrschung. Dies sind Menschen, die, wenn nicht alles nach ihrer Nase läuft, mit den Fäusten ein Loch in die Wand schlagen.

Man darf einen Menschen nicht derart rigide kontrollieren, daß er keine Bewegungsfreiheit mehr hat. Wenn man es doch tut, dann wird er emotional oder körperlich Schaden nehmen. Denken Sie an einen Schmetterling: Wenn Sie ihn festzuhalten versuchen, dann werden seine Flügel beschädigt und seine Schönheit und sein Leben zerstört.

Der Kritikaster

- **Er ist die meiste Zeit damit beschäftigt, sich zu beschweren.**

- **In seinen Augen ist selbst der liebe Gott ein unzulängliches Wesen.**

Der Kritikaster ist ewig unzufrieden; er schüchtert andere ein, findet immer ein Haar in der Suppe, ist gehässig, grob, weinerlich, unkommunikativ, haßerfüllt, ein Aufhetzer, er ist irrational, neidisch, ein Besserwisser, ein Sadist, er ist selbstgerecht, scharfzüngig, schamlos, verletzend, verbittert, lästig, unangenehm, unfreundlich, rigide, dogmatisch, emotional labil, pessimistisch, unvernünftig, voller Zweifel, streitlustig, unrealistisch, kleinlich, unzufrieden, gereizt, rebellisch, herablassend, kontrollierend, respektlos, zudringlich, verängstigt, bedrohlich, mißtrauisch, schlecht gelaunt und ein Perfektionist.

Kritikaster müssen Ihnen, um sich selbst wohl zu fühlen, ständig das Gefühl geben, daß Sie nicht in Ordnung sind. Sie kritisieren Sie unablässig und versuchen, Sie zu überzeugen, daß Sie eigentlich den Kriterien, zur Spezies Mensch zu gehören, nicht genügen. Es gibt nichts, was Sie dem Kritikaster recht machen können, deshalb fühlen Sie sich in seiner Gegenwart ständig unwohl. Er ist wie ein schlechter Vater, der seine Kinder dauernd ermahnt und kritisiert, auch wenn sie es gar nicht verdient haben.

Anstatt Sie um etwas zu *bitten, beschuldigt* er Sie. Das tut er, um Macht und Kontrolle über Sie zu gewinnen – ganz ähnlich wie der Kontrollfreak. Er meint, es sei seine Pflicht, etwas zu finden, was an Ihnen nicht in Ordnung ist – und was er dann mit scharfen Worten kritisieren kann. Ständig klagt er Sie an, etwa mit den Worten: »Du bist schuld daran, daß wir zu spät kommen« oder: »Du hast den Job deshalb nicht bekommen, weil du so fürchterlich verkrampft bist.«

Eines Abends wurde ich in einem Restaurant Zeugin des folgenden Gesprächs:

Er: Du bist schuld daran, daß wir zu spät gekommen sind.
Sie: Nein, du bist es.
Er: Nein du und dein verdammtes Schminken.
Sie: Nein du und deine blöden Telefongespräche.
Er: Du kommst immer zu spät, in deiner Familie kommen alle ständig zu spät. Hat dir nie jemand beigebracht, pünktlich zu sein?

Diese beiden Personen waren typische Ankläger und Kritikaster. Zwar war es der Mann, der mit dem Kritisieren anfing, aber beide versuchten, das Gespräch dafür zu nutzen, dem anderen seine angebliche Unzulänglichkeit vor Augen zu führen.

Kritikaster streben so verbissen nach Perfektion, daß sie niemals zufrieden sind. Ähnlich wie der Oberlehrer ist der Kritikaster ständig frustriert, weil es ihm nicht gelingt, eine unvollkommene Welt vollkommen zu machen. Deshalb nörgelt er ständig an allem herum und findet immer ein Haar in der Suppe – und sei es auch nur, daß Sie zum Fisch nicht den richtigen Wein gewählt haben.

Wer ständig mit einem solchen Menschen zusammen ist, wird früher oder später körperlich krank werden, da die ständige Kritik einfach nicht auszuhalten ist.

Kritikaster sind kleinliche Menschen, die auf Dauer jede Beziehung zerstören. Leider gibt es viele Ehen, die durch solche

Kritik unausweichlich zermürbt werden – möglicherweise ist das einer der Gründe für die hohen Scheidungsraten.

Der Besserwisser

• **Sie ist hochintelligent – ein wandelndes Lexikon. Aber sie weiß nicht, daß Lexika niemals zum Essen eingeladen werden.**

• **Sie weiß alle Antworten, aber niemand stellt ihr die Fragen.**

• **Wenn er nicht damit prahlen kann, etwas zu wissen, dann prahlt er damit, etwas nicht zu wissen.**

Der Besserwisser ist anmaßend, streitsüchtig, innerlich unsicher, sozial unangepaßt, ermüdend, ein Manipulator, ein Pedant, beschränkt, unkommunikativ, voller Vorurteile, egoistisch, selbstgerecht, ein Drängler, unfreundlich, lästig, rigide, unsensibel, verbissen, herablassend, sarkastisch, kontrollierend, verletzend, ein Schwätzer und ewiger Kritiker.

Aber etwas weiß der Besserwisser ganz bestimmt nicht: wie man mit Menschen umgeht. Zwar mag er den Eindruck erwecken, alles zu wissen und ein unglaublich starkes Selbstbewußtsein zu haben, aber im Grunde seines Herzens ist er unsicher. Sonst hätte er es nicht nötig, jedermann wissen zu lassen, wie intelligent er ist und wieviel Informationen er in seinem Hirn gespeichert hat.

Besserwisser reden gewöhnlich nicht *mit* Ihnen, sondern sie reden auf Sie ein. Häufig tun sie so, als würden sie Ihnen einen großen Gefallen tun, sich überhaupt zu einem Gespräch mit Ihnen herabzulassen. Sie genießen es, den Mund weit aufzureißen und die Ideen und Gedanken anderer blitzschnell abzuqualifizieren. Der typisch herablassende Ton des Besserwissers gibt Ihnen ständig das Gefühl, ein Trottel zu sein – was ihn selbst natürlich außerordentlich befriedigt.

Eine andere Taktik des Besserwissers besteht darin, Sie mit Daten und Informationen zu überschütten. Sie haben keine Chance, mit ihm in Konkurrenz zu treten – und noch weniger, sich mit ihm auf intelligente Weise zu unterhalten. Da er alles weiß, wird er nie etwas dazulernen – vor allem nicht im Gespräch mit Ihnen.

Der emotionale Eisbeutel

• **Er hat das Temperament eines feuchten Knäckebrots.**

• **Wenn er einem anderen Menschen Blut spendet, dann wird dieser Ärmste von dem vielen Eiswasser wahrscheinlich eine Lungenentzündung bekommen.**

Der emotionale Eisbeutel ist kalt, ruhig, distanziert, gefühllos, verschlossen, starr, unehrlich, gleichgültig, eingeschüchtert, beschränkt, innerlich unsicher, unzuverlässig, furchtsam, feindselig, unreif, rätselhaft, unkommunikativ, feige, unberechenbar, mißtrauisch und depressiv.

Beim Zusammensein mit einem emotionalen Eisbeutel spüren wir vor allem eines – seine Distanziertheit. Er setzt sein kaltes Schweigen auf ähnliche Weise ein wie der zähnefletschende Tyrann seine Drohungen. Er ist reserviert und verschlossen, ganz ähnlich wie der langsame Brüter – mit dem einen Unterschied, daß ein emotionaler Eisbeutel nie einen Gefühlsausbruch hat.

Sie wissen nicht, was dieser Mensch wirklich fühlt, da seine Stimme und seine Körpersprache völlig ausdruckslos sind. Sie können nicht erkennen, ob er glücklich oder traurig ist. Gewöhnlich ist sein Blick trübe oder leer, und er bringt seine Gefühle nur selten zum Ausdruck.

Möglicherweise sind diese Menschen in ihrem Job sehr erfolgreich, aber jeder, der auf einer persönlichen Ebene mit ihnen zu tun hat, fühlt sich enttäuscht und frustriert. Er geht emotional so wenig auf seine Mitmenschen ein, daß es quälend ist, mit ihm zusammenzusein. Er weigert sich, Ihnen zu sagen, was nicht in Ordnung ist oder warum er so schweigsam ist. Häufig benutzt er sein Schweigen als ein Mittel der Manipulation, vor allem, um Sie einzuschüchtern. Es macht ihm Spaß, zu beobachten, wie unwohl sie sich angesichts dieses Schweigens fühlen.

Vielleicht empfindet er dasselbe wie Sie, aber Ihnen das mitzuteilen würde ihm das Gefühl geben, seine Macht über Sie verloren zu haben. Er schafft es, Sie ständig über das im unklaren zu lassen, was in ihm vorgeht.

Der Paranoiker

•   **Sie können ihm nicht sagen, daß er übermäßig mißtrauisch oder paranoid ist, da er Ihnen ohnehin nicht glauben wird.**

•   **Er denkt, die Welt sei gegen ihn – und er hat recht.**

Der Paranoiker ist eingeschüchtert, rückgratlos, pessimistisch, furchtsam, ein Jammerlappen, selbstdestruktiv, depressiv, irrational, voller Vorurteile, beschränkt, schüchtern, grüblerisch, voller Groll, dogmatisch, geltungsbedürftig, innerlich unsicher, masochistisch, ein ewiges Opfer, einer, der immer ein Haar in der Suppe findet, feindselig, rigide, verstört, ängstlich, schwach, instabil, unrealistisch, mißtrauisch, ständig in Opposition, voller Zweifel und ohne Vertrauen.

Der Paranoiker glaubt kein Wort von dem, was Sie ihm erzählen, es sei denn, Sie hätten Beweise dafür – aber selbst dann hat er seine Zweifel. Häufig hat er einen mißtrauischen Gesichtsausdruck und versteht es, Ihre Ideen sofort abzuschmettern und Ihre Begeisterung zum Erkalten zu bringen. Er ist der typische Zauderer.

Paranoiker sind äußerst pessimistische und mißtrauische Menschen. Bevor etwas überhaupt in Gang gekommen ist, sind sie überzeugt, daß es *niemals* klappen wird – ganz ähnlich wie das ewige Opfer. Es ist sehr schwierig, mit diesen Menschen Umgang zu haben, weil sie so voller Zweifel und Mißtrauen sind. Vertrauen ist jedenfalls nicht ihre Stärke.

Einem Paranoiker nahezukommen ist fast unmöglich: ständig zieht er Ihre Absichten und Ihre Ehrlichkeit in Zweifel. Im Grunde seines Herzens glaubt er, Sie würden hinter seinem Rücken gegen ihn intrigieren.

Der Aufhetzer

• **Klatschgeschichten erzählt er weiter, aber ganz anders, als er sie gehört hat.**

• **Wenn etwas schon schlimm genug ist, dann versucht er, es noch schlimmer zu machen.**

• **Sie leidet unter akuter Indiskretion.**

Der Aufhetzer ist zerstörerisch, zudringlich, kontrollierend, indiskret, sadistisch, pessimistisch, wütend, feindselig, hinterhältig, voller Vorurteile, überkritisch, ein Schnüffler, verletzend, neidisch, rückgratlos, ein Drängler, unzuverlässig, nicht vertrauenswürdig, kleinlich, verlogen, verletzend, manipulativ, respektlos, streitsüchtig, kritisch, ein Streithammel und ein doppelzüngiger Mensch.

Aufhetzer sind Menschen, die sich einmischen, um anderen das Leben schwer zu machen. Sie möchten, daß Sie den Kopf vorrecken, damit sie voller Freude zusehen können, wenn er Ihnen abgeschlagen wird. Anders als der Zudringliche läßt sich ein Aufhetzer nicht selbst in eine Sache verwickeln. Statt dessen tut er völlig harmlos, obwohl er vielleicht genau weiß, daß das, was er dem anderen rät, das völlig Falsche ist.

Vielleicht ist sein eigenes Leben so erbärmlich langweilig, daß die einzige Möglichkeit, sich einen Hauch von Abenteuer zu verschaffen, darin besteht, andere Menschen verbal ein wenig »aufzumischen«. Häufig macht er irgendwelche vagen Andeutungen, etwa: »Oh, ich bin sicher, daß Ihr Mann Sie wirklich liebt, obwohl er den Nachmittag mit … äh … seiner Sekretärin verbracht hat« oder: »Ich möchte mich da nicht einmischen, aber sollte Robert nicht eigentlich ausschließlich für Sie arbeiten? Ich habe beobachtet, daß er für drei andere Leute im Büro tätig war.«

Aufhetzer haben Spaß an Chaos und Tragödien. Es sind Panikmacher, die Freude daran haben, Situationen zu manipulieren und aus einer Fliege einen Elefanten zu machen.

Sirvone, ein Friseur, lachte hysterisch, als er mir erzählte, wie er indirekt einen Streit zwischen einer seiner Kundinnen und ihrer halbwüchsigen Tochter provoziert hatte.

Mit besorgter Stimme hatte er seiner Kundin geraten, besser auf ihre Tochter aufzupassen. Er habe gehört, was sich an ihrer Schule abspiele, und wenn das Mädchen nicht besser beaufsichtigt werde, dann könne es leicht drogenabhängig oder schwanger werden. Seine eigene Tochter, so erklärte er, würde er unter solchen Umständen keinen Schritt vor die Tür gehen lassen. Die Tochter sei aber wahrscheinlich bereits in der Drogenszene bekannt und habe eine Menge sexuelle Erfahrungen.

Die Frau war so bestürzt, daß sie aus ihrem Frisiersessel hochschoß, ihre Tochter anrief und ihr verbot, an jenem Abend mit ihren Freundinnen auszugehen. Natürlich brach sofort ein schrecklicher Streit los. Als Sirvone mir die Geschichte erzählte, platzte er fast vor Schadenfreude – für mich ein Anzeichen dafür, wie gefährlich und toxisch dieser Mann tatsächlich war. Er genoß das Gefühl, die Frau in Angst und Schrecken zu versetzen.

Solche Menschen hetzen andere auf, um Kontrolle über sie zu erlangen oder sich in ihrem armseligen Leben wichtig fühlen zu können. Wenn sie die Handlungen anderer manipulieren können, dann fühlen sie sich mächtig und stark. Da sie ständig negative Reaktionen provozieren, gehören Aufhetzer zu den schlimmsten Unruhestiftern, die es gibt. Meist verfälschen sie die Wahrheit oder sie provozieren andere, Dinge zu tun, die diese normalerweise nicht tun würden. Sie legen ein Feuer und gießen dann Öl auf die Flammen, um sich dann den Brand aus der Entfernung anzusehen.

Aufhetzer sind Schwätzer, die Geschichten über andere verbreiten, um sie in Schwierigkeiten zu bringen. Wie die Klatschmäuler können sie niemals ein Geheimnis bewahren, aber anders als diese gehen sie soweit, eine Geschichte von vorn bis hinten zu erfinden. Es scheint der Sinn ihres Lebens zu sein, im Leben anderer Probleme zu schaffen.

Kurz gesagt: Dies sind wahrhaftige Teufel, die versuchen, aus jeder Situation das Schlechteste zu machen.

Klingt das vertraut?

Haben Sie in diesen neunundzwanzig Beschreibungen toxischer Terror-Typen einige Menschen aus Ihrem Umfeld wiedererkannt? Haben Sie den einen oder anderen identifiziert, und ist es vielleicht jemand, mit dem Sie leben oder zusammenarbeiten oder mit dem Sie befreundet oder liiert waren? Haben Sie in einigen dieser Beschreibungen möglicherweise sogar sich selbst wiedererkannt?

Sie haben vielleicht auch bemerkt, daß viele der toxischen Terror-Typen einige Charakterzüge mit anderen toxischen Terror-Typen teilen – obwohl jede einzelne dieser toxischen Persönlichkeiten ganz spezifische Charakteristika besitzt. Häufig sind verschiedene toxische Terror-Typen in einer Persönlichkeit vereint. Beispielsweise gibt es Menschen, die Klatschmäuler und Kontrollfreaks zugleich sind, oder jemand ist zugleich ein Lästermaul und ein Verräter aus dem Hinterhalt.

Nachdem Sie die neunundzwanzig toxischen Terror-Typen kennengelernt haben, sollten Sie in der Lage sein, genau zu verstehen, warum Sie bestimmte Menschen äußerst unsympathisch finden.

Mit einem toxischen Terror-Typen Umgang zu haben ist – wie ein Rechtsanwalt, den ich kürzlich in Phoenix traf, es so wunderbar formulierte –, »als würde man einen Teelöffel Batteriesäure probieren«.

Im nächsten Kapitel werden Sie erfahren, wie Sie diese ätzenden Menschen neutralisieren können, so daß sie eine weniger vergiftende Wirkung auf Sie haben.

Kapitel 6

Zehn Techniken, um mit toxischen Menschen fertig zu werden

Die zehn Techniken zum Umgang mit toxischen Menschen wurden von zahllosen meiner Klienten angewandt; sie entdeckten, daß sie beim Umgang mit den Dämonen in ihrem Leben sehr effektiv waren. Nachdem sie diese Techniken beherrschten, verbesserten sich ihre Gesundheit, ihre Geschäftsbeziehungen und ihre persönlichen Beziehungen, und sie wurden sehr viel optimistischer.

Technik eins: Spannungen ausatmen

Diese Technik ist die Grundlage aller anderen Techniken; sie hilft Ihnen, Ihre Gefühle zu kontrollieren.

Was geschieht, wenn Sie über jemanden wütend sind? Adrenalin ergießt sich in Ihr Blut, Ihr Herz schlägt schneller, und in Ihrem Schädel beginnt es zu hämmern, Ihr Gesicht rötet sich, und während Sie den Atem anhalten, treten Ihre Augen hervor. Wenn Sie aber die Technik »Spannungen ausatmen« anwenden, dann gelangt Sauerstoff in Ihr Blut, Sie entspannen sich, und das homöostatische Gleichgewicht Ihres Körpers wird wiederhergestellt. Sie atmen Kohlendioxyd aus, und der Sauerstoffgehalt Ihres Blutes steigt an. Sie sollten dazu wie folgt vorgehen:

1. Atmen Sie zwei Sekunden lang durch den Mund ein.

2. Halten Sie, während Sie an den toxischen Menschen denken, den Atem drei Sekunden lang an.

3. Atmen Sie die Luft so kraftvoll wie möglich aus, und denken Sie dabei an den Betreffenden, bis Sie »aus der Puste« sind.

4. Dann halten Sie wieder zwei Sekunden lang die Luft an.

5. Wiederholen Sie die Schritte eins bis vier; während Sie sich beim Ausatmen an die toxischen Handlungen und Worte erinnern, entlassen Sie die toxische Person aus Ihrem Körper.

6. Wiederholen Sie den Vorgang, und atmen Sie alle negativen Einflüsse jenes Menschen restlos aus. Nach dem dritten Mal atmen Sie wieder tief durch den Mund ein, füllen Ihre Lungen und atmen normal aus.

Vielleicht fühlen Sie sich, nachdem Sie diese Technik angewandt haben, ein wenig schwindelig. Sie brauchen sich deshalb keine Sorgen zu machen. Das ist normal. Wenn Ihnen schwindelig wird, dann sollten Sie sich setzen und in langsamen, rhythmischen Zügen ein- und ausatmen.

Auf jeden Fall werden Sie sich jetzt wahrscheinlich sehr viel weniger angespannt und wütend fühlen. Wenn das nicht der Fall ist, dann wiederholen Sie die Übung, bis Sie sich über den toxischen Menschen nicht länger ärgern.

Diese Technik ist sehr gut anwendbar, wenn jemand Sie wütend gemacht hat oder es Ihnen ganz einfach unangenehm ist, mit demjenigen zusammenzusein. Luft ausatmen kann dazu dienen, sich von übermäßigem Ärger zu befreien.

Ruhiges Ein- und Ausatmen hat auch eine sehr beruhigende Wirkung, wenn es darum geht zu verhindern, daß Sie ins Fettnäpfchen treten oder das Falsche sagen. Durch das erste Anhalten des Atems gewinnen Sie einige zusätzliche Sekunden Zeit zu *denken*, bevor Sie reagieren.

Als professionelle Beraterin, die mit unzähligen Klienten zu tun hat, habe ich diese Technik als sehr hilfreich empfunden, wenn es darum geht, sich mit Leuten auseinanderzusetzen, die ernste emotionale Probleme haben oder gar sehr unbeherrscht sind. Nicht nur, daß *ich* dadurch wieder ruhiger werde, sondern auch meine Klienten. Ich wende diese Technik auch an, um mich zu entspannen, wenn man mir nach einem Vortrag aus einer großen Zuhörermenge heraus Fragen stellt oder wenn ich im Fernsehen spreche. Sie hilft mir, meinen Sprechrhythmus zu kontrollieren, so daß ich nicht zu schnell rede, nicht stottere oder etwas Unpassendes sage. Sie wird auch Ihnen helfen.

Technik zwei: Humor

Sie können beim Umgang mit toxischen Menschen nicht nur aufsteigende Spannungen abbauen, sondern sich dabei auch noch amüsieren. Wie oft ist Ihnen eine kluge Antwort auf einen toxischen Kommentar erst Stunden später eingefallen? Wie oft haben Sie abends entspannt im Bett gelegen und über einen Vorfall nachgedacht – und sich dabei die bittersten Vorwürfe gemacht, weil Sie nicht zum richtigen Zeitpunkt gesagt haben, was Sie eigentlich hätten sagen wollen?

Mit Hilfe von Humor können Sie mit einem schwierigen Zeitgenossen auf freundliche Weise fertig werden und außerdem noch herzlich lachen.

Wenden Sie zunächst Technik eins – Spannungen ausatmen – an, und wenn Sie dann den Atem anhalten, dann lassen Sie sich etwas Lustiges einfallen, was Sie sagen könnten. Es macht nichts, wenn der andere Ihre Bemerkung ein wenig albern findet – wenn sie Sie nur selbst zum Schmunzeln bringt.

Ich wandte diese Technik bei einer Dinnerparty an, wo ich neben einem Herrn saß, der mir mit seiner ständigen Prahlerei auf die Nerven fiel. Er erzählte mir, er sei zwar ein großartiger Sänger, habe es aber niemals geschafft, ein Opernstar zu werden, und verdiene deshalb seinen Lebensunterhalt als opernsingender Lehrer. Während des ganzen Abendessens versuchte er, mich mit seinem Wissen über die Oper zu beeindrucken, was mich allerdings ziemlich kaltließ. Meine Kenntnisse beschränkten sich im wesentlichen auf *L'italiana in Algeri* von Rossini, weil ich den berüchtigten Sängern Rob und Fab der Gruppe Milli Vanilli beigebracht hatte, eine Passage für einen Kaugummi-Werbespot mit den Lippen zu synchronisieren. Dennoch lächelte ich und hörte ihm freundlich zu. Plötzlich, als ich zu einem zweiten Stück köstlichem, dick mit Käse belegtem Knoblauchbrot griff, funkelte er mich wütend an und sagte mit scharfer, abgehackter Stimme: »Wissen Sie was, ich habe gerade sieben Kilo abgenommen – daran sollten *Sie* sich mal ein Beispiel nehmen.«

Zunächst war ich völlig schockiert und konnte meinen Ohren kaum trauen. Dann meldete sich eine vorwurfsvolle innere Stimme, und ich dachte: Esse ich vielleicht *wirklich* zu viel? Ich atmete tief ein, hielt den Atem einen Moment lang an und dachte: Nein, die Technik »Spannungen ausatmen« wird in diesem Fall nicht klappen. Ich bin verdammt wütend, aber wahrscheinlich ist es jetzt das beste, wenn ich mich über ihn lustig mache. Vielleicht werde ich sogar noch Spaß dabei haben.

Ich entschloß mich, ihn mit seinem Lieblingsthema, der Oper, auf die Schippe zu nehmen. Ich sah ihm fest in die Augen, tat außerordentlich überrascht und rief aus: »Abnehmen?! Ich möchte gern siebzig Pfund *zu*nehmen. Ich will unbedingt wie eine dieser Opernsängerinnen aussehen – wissen Sie, wie die, die Hörner auf dem Kopf und lange Zöpfe haben« – und biß herzhaft in mein Knoblauchbrot. Den ganzen restlichen Abend sagte er kein Wort mehr zu mir – was ich auch beabsichtigt hatte. Ich hatte meinen Spaß gehabt und fühlte mich großartig dabei. Den Streß, mit diesem toxischen Menschen umgehen zu müssen, hatte ich mit Hilfe von Humor abbauen können.

Humor kann auch eingesetzt werden, um Ihr Selbstwertgefühl zu heben und Ihnen bei anderen Sympathiepunkte zu verschaffen.

Juan hatte Schwierigkeiten, in seiner neuen Schule akzeptiert zu werden. Äußerlich war er nicht sehr attraktiv; er war mit einer Hasenscharte und einem Wolfsrachen geboren worden: seine Nase war flach, seine Oberlippe vernarbt, und seine Stimme klang sehr nasal. Deshalb wurde er von den anderen Jungen auf dem Schulhof in den ersten Wochen gnadenlos gehänselt.

Eines Tages rempelte ein älterer Junge ihn an und sagte: »Heh, woher kommt denn diese häßliche Narbe in deinem Gesicht?« Juan sah dem Angreifer in die Augen und sagte: »Oh, das – das ist die Narbe von damals, als ich mich beim Rasieren geschnitten habe.« Die anderen Jungen mußten lachen: die Vorstellung, daß ein neunjähriger Junge sich rasierte, kam ihnen komisch vor.

Durch seinen Humor machte Juan sich bei den anderen Kindern sehr schnell beliebt. Er hatte schon früh gelernt, daß Lachen für ihn die Fahrkarte war, die aus der Hölle hinausführte, deshalb hatte er es sich angewöhnt, auf Hänseleien mit witzigen Bemerkungen zu reagieren. Bald wurde er der beliebteste Junge in seiner Klasse, und im nächsten Schuljahr wurde er zum Klassensprecher gewählt.

Manchmal können Sie eine toxische Bemerkung erwidern, indem Sie der Beleidigung eine weitere Beleidigung hinzufügen. Die toxische Person denkt vielleicht, sie sei besonders geistreich und intelligent, aber wenn Sie ihr etwas Witziges entgegnen, dann können Sie ihr einen heilsamen Schock versetzen.

Der Komödiant David Brenner hatte immer eine sehr entwaffnende Erwiderung parat, wenn jemand sich über seine Nase lustig machte. Er sagte: »Sie denken also, meine Nase sei groß – wissen Sie, als ich ein Kind war, dachte ich immer, sie sei mein dritter Arm.« In amerikanischen Radiosendungen kann man hören, wie Howard Stern sich über die Größe seines Penis und über sein Aussehen lustig macht.

Eines steht fest: Jemanden, der über sich selbst lachen kann, muß man unweigerlich gern haben. Wenn Ihnen keine witzigen und schlagfertigen Erwiderungen einfallen, dann kaufen Sie sich doch ein Buch über schlagfertige Antworten und prägen sich ein paar kurze Entgegnungen ein, die Sie besonders lustig finden.

Professionelle Komiker, die sich mit betrunkenen Zwischenrufern oder unangenehmen Zuschauern auseinandersetzen müssen, haben gewöhnlich eine ganze Reihe solcher Erwiderungen parat. Ein bekannter amerikanischer Fernsehkomiker pflegt solchen Zwischenrufern zuzurufen: »Genau das ist es, was dabei herauskommt, wenn Cousins heiraten.« Die Zuhörer brüllen vor Lachen, der Zwischenrufer schweigt betreten, und der Komiker kann mit seiner Darbietung fortfahren.

Ich habe für feindseligen, sarkastischen Humor zwar normalerweise wenig übrig, aber in einigen Fällen ist er durchaus angebracht. Manchmal müssen Sie Feuer mit Feuer bekämpfen. Wenn jemand Ihnen gegenüber eine toxische Bemerkung macht, dann können Sie ihm mit Hilfe von Humor vor Augen führen, wie dumm er sich verhält, und sich selbst dadurch von Ihrer Anspannung und Ihrem Ärger befreien.

Häufig möchten Menschen bei bestimmten Gelegenheiten etwas Humorvolles sagen, aber es fällt ihnen partout nichts Lustiges ein. Ich nenne Ihnen im folgenden einige schlagfertige Erwiderungen, die ich von verschiedenen Fernseh-Showstars hörte. Lernen Sie sie auswendig, so daß Sie sie jederzeit parat haben. Die Bemerkungen werden Ihnen helfen, das Gesicht zu wahren und sich gegen freche oder gar unverschämte Kommentare zu wehren. Suchen Sie sich diejenigen aus, mit denen Sie sich selbst am wohlsten fühlen.

1.   Jetzt haben Sie mich endgültig von der Reinkarnationslehre überzeugt – jetzt weiß ich, welcher Teil eines Affen Sie in einem früheren Leben gewesen sein müssen.

2.   Könnte es sein, daß Sie das Kind aus einer Ehe von zwei Cousins ersten Grades sind?

3.   Schauen Sie – ich würde mich niemals auf eine intellektuelle Auseinandersetzung mit Ihnen einlassen, denn ich greife grundsätzlich niemanden an, der unbewaffnet ist.

4.   Warum gehen Sie nicht einfach in den Zoo? Sie würden dort weniger auffallen!

5.   Ich glaube, es war in einem meiner Alpträume, daß ich Sie zuletzt getroffen habe.

6.   Ich weiß nicht, wie ich ohne Sie auskommen könnte, aber das wäre mir wirklich am liebsten.

7. Werden Sie Ihrer eigenen Gesellschaft nicht manchmal überdrüssig?

8. Je besser ich Sie kennenlerne, desto weniger gefallen Sie mir.

9. Ich werde mich nicht an Ihren Namen erinnern können, aber Ihre schlechten Manieren sind unvergeßlich.

10. Es passiert mir nie, daß ich ein Gesicht vergesse, aber in Ihrem Fall bin ich bereit, eine Ausnahme zu machen.

11. Reden Sie nur weiter, dann weiß ich jedenfalls, daß Sie nicht denken.

12. Zunächst habe ich Sie ein paar Sekunden lang nicht erkannt, und ich muß sagen, das war mir sehr angenehm.

Technik drei: Gedankenstopp

Manchmal sind Sie so wütend, daß Sie platzen könnten. Wenn Sie an einen bestimmten toxischen Mitmenschen denken, kommen sehr unangenehme Gefühle in Ihnen hoch. In dem Fall sollten Sie nicht nur die Technik »Spannungen ausatmen« anwenden, sondern sich in Ihrer Phantasie sofort das Wort *Gedankenstopp!* zurufen.

Diese Technik kann lebensrettend sein; sie hindert Sie daran, sich selbst verrückt zu machen, indem Sie eine toxische Situation gedanklich immer wieder durchspielen.

Vielleicht wachen Sie auf und fühlen sich großartig, bis die unangenehmen Erinnerungen an den toxischen Menschen Sie erneut heimsuchen. Während Sie im Geiste den quälenden Augenblick noch einmal durchleben, schlägt Ihre strahlende Stimmung um. Sie merken, daß Sie immer gereizter werden, während Sie sich bittere Vorwürfe machen – dafür, daß Sie nicht das gesagt haben, was Sie hätten sagen sollen, und daß Sie überhaupt mit einem so toxischen Menschen in Kontakt gekommen sind. Ihr Kopf arbeitet wie ein Vulkan, der kurz vor dem Ausbruch steht, und die toxische Person und die toxische Situation stehen Ihnen beständig vor Augen.

Genau so ging es Glenda. Nach einer dramatischen Trennung von Mario konnte sie lange Zeit die alptraumartigen Erinnerungen an ihre toxische Beziehung nicht abschütteln. Da sie so oft an Mario dachte, kamen ihre Ängste ständig wieder hoch. Ihre Trennung war schon über sechs Monate her, aber es schien, daß sie die negativen Gedanken, die sie von Tag zu Tag immer mehr schwächten, nicht abschütteln konnte. Als Glenda die Gedankenstopp-Technik lernte, nahm ihr Leben eine völlig andere Richtung. Endlich war sie fähig, sich aus den alten Grübeleien zu befreien. Immer, wenn Mario ihr in den Sinn kam, sagte sie zu sich selbst: »*Gedankenstopp!*« Danach hellte sich ihre Stimmung sehr bald auf, und nach einigen Wochen war sie in der Lage, ihr Leben auch ohne Mario zu meistern und nicht mehr über die Vergangenheit nachzugrübeln.

Die Gedankenstopp-Technik kann durch eine positive Affirmation noch untermauert werden. Beispielsweise können Sie sagen: »Gedankenstopp! Niemand kann mich kleinmachen!« oder: »Gedankenstopp! Ich mag mich. Ich bin wichtig. Ich bin ein wertvoller Mensch!« Und dann können Sie sich all das ins Gedächtnis rufen, was Ihnen hilft, sich selbst mehr zu lieben.

Technik vier: Spiegeln

Die Spiegeltechnik zwingt toxische Menschen, sich mit ihrem Verhalten auseinanderzusetzen.

Meine Klientin Debora, eine Rechtsanwältin, empfand diese Technik während ihrer Verhandlungen mit einem verbal feindseligen und aggressiven männlichen Strafverteidiger als sehr hilfreich. Bei Telefongesprächen ließ er sie kaum zu Wort kommen und wurde oftmals geradezu unverschämt. Eines Tages hielt sie den Hörer ein Stück weit vom Ohr ab und begann, während er sprach, wie ein Hund zu bellen.

Er unterbrach sich und fragte verdutzt: »*Was* haben Sie gesagt?« Debora legte den Hörer wieder ans Ohr und antwortete: »Ich sagte ...« und imitierte nochmals einen bellenden Hund. Dann hielt sie inne und erklärte: »Genau so klingen Sie – wie ein bellender Hund. Also, Mr. Jones, Sie und ich, wir beide haben eine sehr gute Ausbildung, und wir sind außerordentlich qualifizierte, zivilisierte Anwälte. *Verhalten* wir uns also auch so: reden wir ruhig und rücksichtsvoll miteinander, und hören wir auf das, was der andere uns mitteilen möchte, damit wir zu einer gütlichen Einigung kommen.«

Mr. Jones war sehr peinlich berührt, da er sich nicht bewußt gewesen war, wie unangenehm sein harscher Ton auf andere wirkte. Als Debora ihm sein Verhalten spiegelte, begann er, sich selbst mit anderen Augen zu sehen, und entwickelte die Bereitschaft, ihr zuzuhören und auf zivilisierte Weise mit ihr zu verhandeln.

Wenn Sie die Spiegeltechnik anwenden, dann sollten Sie darauf achten, Ihren Gesprächspartner nicht zu schockieren. Sie brauchen nur *anzudeuten*, wie unangenehm der Betreffende sich verhält – dadurch wird er sich seines Verhaltens bewußt und bekommt die Chance, es zu verändern.

Einmal ging ich in einen Schuhladen in Beverly Hills, aber es war weit und breit keine Verkäuferin zu sehen. Nachdem ich dreimal gerufen hatte: »Hallo – ist jemand da?«, hörte ich schließlich eine feindselige Stimme aus dem Hintergrund: »Was *wollen* Sie?« Wenig später trat eine Frau mit finsterem Blick in den Raum. Ich war entsetzt – wir waren immerhin in Beverly Hills, der Heimat der Reichen und Verwöhnten.

Als die Frau sich mir näherte, sagte ich mit ruhiger Stimme: »Eigentlich bin ich in diesen Laden gekommen, weil ich weiß, daß Sie sehr elegante Schuhe haben. Als ich eintrat, habe ich niemanden gesehen, deshalb rief ich dreimal: ›Ist jemand da?‹ Schließlich hörte ich eine Stimme: ›Was *wollen* Sie?‹« Die Verkäuferin wurde feuerrot, entschuldigte sich überschwenglich und strengte sich dann sehr an, die richtigen Schuhe für mich zu finden.

Sie hatte zweifellos verstanden, was ich ihr sagen wollte. Mit meiner Stimme hatte ich ihr ihre eigene, harsche Stimme gespiegelt, deren Klang ihr selbst nicht gefiel.

Vielleicht war sie zu den nächsten Kunden, die den Laden betraten, ein wenig freundlicher. Vielleicht wird sie nie wieder in ihrem Leben in einem so schrillen, häßlichen Ton: »Was *wollen* Sie?« rufen …

Manchmal müssen Sie einen Menschen damit konfrontieren, wie unangenehm er wirkt – indem Sie ihm einen Spiegel vorhalten. Sie lassen ihn dadurch nicht nur wissen, daß das, was er sagte, für Sie unakzeptabel war; Sie zwingen ihn zu erkennen, was für ein Gefühl es ist, wenn jemand etwas sehr Kränkendes äußert.

Corinne entdeckte Amanda im Vorraum des Saales, in dem die Hochzeit ihrer gemeinsamen Freundin gefeiert werden sollte. Sie ging auf sie zu und äußerte sich voller Begeisterung darüber, wie gut Amanda aussähe und wie großartig es sei, sie zu treffen. Nach einer längeren Unterhaltung gingen alle zu dem Tisch hinüber, wo der Hochzeitskuchen angeschnitten werden sollte. Plötzlich lächelte Corinne Amanda selbstgefällig an und sagte so laut, daß alle Umstehenden es hören konnten: »Für dich lieber keinen Kuchen – du hast, seitdem ich dich das letzte Mal gesehen habe, ganz schön zugelegt.« Danach wandte sie sich abrupt ab und schloß sich einer anderen Gruppe an. Amanda blieb schockiert und verletzt zurück.

Nachdem Amanda sich wieder gefangen hatte, folgte sie Corinne, packte sie an der Schulter, sah ihr direkt in die Augen und sagte: »Das war wirklich sehr taktlos von dir. Du weißt, wie empfindlich ich bin, was mein Gewicht angeht. Wenn du so kritisch über mich denkst, dann solltest du deine Gedanken besser für dich behalten – genauso wie ich meine kritischen Gedanken über dich gewöhnlich für mich behalte. Bevor du mich so verletzt hast, wäre ich nie auf die Idee gekommen, irgend etwas über deine häßlichen, gelb gefleckten Zähne zu sagen oder über dein dünnes, blondiertes Haar mit den dunklen Wurzeln und deine gelbliche Gesichtsfarbe.«

Damit hatte sie Corinne einen großen Löffel ihrer eigenen Medizin verabreicht. Corinnes selbstgefälliges Lächeln gefror ihr im Gesicht, und sie wurde sehr nachdenklich. Jedenfalls war sie jetzt fähig nachzuempfinden, was Amanda empfunden hatte – dadurch, daß Amanda dasselbe Sprach- und Kommunikationsmuster anwandte, dessen Corinne sich bedient hatte. Corinne hatte damit begonnen, aber Amanda wehrte sich, indem sie es auf die Spitze trieb.

Auch im Umgang mit Kindern kann die Spiegeltechnik sehr effektiv sein. Einer meiner kleinen Klienten kam in mein Büro und kletterte als erstes auf einen Stuhl. Ich spiegelte sein Verhalten, indem ich ebenfalls auf den Stuhl stieg, und das Kind sagte sofort: »Dr. Glass, Sie sind doch die *Lehrerin*. Sie können sich doch nicht einfach auf einen Stuhl stellen.«

Ich sagte: »Okay, vermutlich hast du recht«, und dann setzten wir uns beide hin und führten ein gutes Gespräch.

Die Spiegeltechnik befähigt Kinder ebenso wie Erwachsene, die Konsequenzen ihres toxischen Verhaltens zu erkennen und wahrzunehmen, wie sie auf andere wirken.

Technik fünf: direkte Konfrontation

Eine direkte Konfrontation ist vor allem dann sehr sinnvoll, wenn jemand etwas Häßliches, Kränkendes äußert. Wenn Ihnen keine humorvolle und schlagfertige Erwiderung einfällt, dann ist es oft am besten, dem Betreffenden direkt ins Gesicht zu sagen, was für Gefühle seine Bemerkungen in Ihnen hervorriefen.

Durch eine direkte Konfrontation vermeiden Sie es, sich zum Opfer machen zu lassen. Wenn Sie deutlich sagen, was Sie denken, verschaffen Sie sich Respekt. Reden Sie bei einer solchen

Konfrontation laut und deutlich. Legen Sie Gefühl in Ihre Stimme, so daß Sie einen selbstsicheren und überzeugenden Eindruck machen.

Senatorin Dianne Feinstein aus Kalifornien nutzte die Technik der direkten Konfrontation sehr geschickt, um sich gegen einen herablassenden Kommentar von Senator Larry Craig aus Idaho zur Wehr zu setzen. In seiner Erwiderung gegen Feinsteins Vorschlag, halbautomatische Angriffswaffen zu verbieten, sagte Craig im Senat: »Deshalb sollte sich die sanfte Lady aus Kalifornien mit Feuerwaffen und ihren tödlichen Wirkungen ein wenig vertrauter machen.«

Daraufhin erwiderte Dianne Feinstein: »Ich bin mit Feuerwaffen sehr gut vertraut. Ich wurde Bürgermeisterin, nachdem mein Vorgänger ermordet worden war. Ich war es, die den erschossenen Kollegen fand, und bei dem Versuch, seinen Puls zu fühlen, mußte ich meinen Finger in eine tiefe Wunde stecken. In San Francisco arbeitete ich an Gesetzesvorlagen zur Kontrolle von Feuerwaffen. Dabei kamen all die furchtbaren Erinnerungen hoch. Ich erhielt meine Ausbildung im Umgang mit Feuerwaffen, als Terroristen mich in meinem Haus mit einer Bombe attackierten. Dabei kam mein Mann ums Leben. Also, Senator – *ich weiß durchaus etwas darüber, was Feuerwaffen bewirken können.*«

Die Technik der direkten Konfrontation bewirkt nicht nur, daß andere Sie mehr respektieren. Auch Sie selbst werden sich, wenn Sie jemanden mit seinem unangenehmen Verhalten konfrontieren, stärker und souveräner fühlen.

Ein anderes Beispiel für die Technik der direkten Konfrontation beschrieb die Schauspielerin Meryl Streep in der Zeitschrift *Cosmopolitan*. Irgendwann zu Beginn ihrer Karriere wurde sie vom Sohn Dino De Laurentiis' eingeladen, damit sie den berühmten Produzenten kennenlerne. Er unterhielt sich sehr freundlich mit ihr auf englisch, wandte sich dann seinem Sohn zu und sagte auf italienisch: »Was ist *das* denn für eine? Sie ist überhaupt nicht hübsch. Sie ist wirklich nicht schön genug – warum verschwendest du also meine Zeit?« Streep sah den Vater an und entgegnete ihm auf italienisch: »Das gefällt mir aber nicht besonders.« Wahrscheinlich blieb der Produzent, als Streep aufstand und davonging, ziemlich beschämt und mit offenem Mund zurück. Meryl Streep wurde bekanntermaßen eine der schönsten und begehrtesten Schauspielerinnen in Hollywood – *trotz* De Laurentiis' Vorbehalten.

Die Technik der direkten Konfrontation hat im wesentlichen die Wirkung, dem Gegner zu zeigen, daß Sie seine Spielchen durchschauen. Dadurch ist er gezwungen, Farbe zu bekennen und sich zurückzunehmen.

Technik sechs: ruhiges Nachfragen

Durch die Technik des ruhigen Nachfragens können Sie einem toxischen Menschen zeigen, wie absurd, lächerlich oder dumm seine Ideen oder Kommentare sind. Indem Sie jemandem eine Reihe von Fragen stellen, die in logischer Folge eine *Ja*- oder *Nein*-Antwort erfordern, gehen Sie vor wie ein Anwalt, der versucht, einem Zeugen wichtige Antworten zu entlocken.

Wenn Sie diese Technik anwenden, dann müssen Sie sich zwingen, ruhig und gelassen zu bleiben, so, als hätten Sie alles – vor allem Ihre Gefühle – völlig im Griff.

Sagen wir beispielsweise, jemand gibt den ignoranten Satz von sich: »Ich hasse Schwarze.« Um die Beschränktheit dieser Aussage zu entlarven, könnten Sie die folgenden Fragen stellen:

Tatsächlich? Hassen Sie jeden einzelnen Schwarzen auf der ganzen Welt?

Kennen Sie irgendeinen Schwarzen, den Sie mögen?

Mögen Sie Sport?

Gibt es irgendwelche schwarzen Sportler, die Sie beeindruckend finden?

Und wie ist es mit den Schwarzen in der Politik oder Musik?

Gibt es irgendeinen Schwarzen, den Sie für intelligent oder talentiert halten?

Sind Sie von einem Schwarzen jemals persönlich gekränkt oder verletzt worden?

Glauben Sie, daß es Schwarze gibt, die hart arbeiten und für ihre Familien sorgen?

Kennen Sie viele Schwarze?

Hatten Sie schon einmal Schwarze als Nachbarn?

Ist es Ihnen auch schon einmal passiert, daß Sie allein wegen Ihrer Hautfarbe gehaßt wurden?

Hatten Sie schon einmal das Gefühl, daß es besser um die Welt bestellt wäre, wenn die Menschen sich besser kennen und weniger hassen würden?

Es geht hier im wesentlichen darum, einem ignoranten, beschränkten Menschen eine Reihe von Fragen zu stellen, durch die er gezwungen ist, sich seiner eigenen Dummheit bewußt zu werden und die Gefühle zu erkunden, die seiner Aussage zugrunde lagen.

Ich selbst greife sehr häufig auf diese Technik zurück, wenn ich Gast in einer Talkshow bin und mit Menschen reden muß, die beschränkt sind und nicht verstehen wollen, worum es geht. In einer Fernseh-Talkshow über »Mütter und Töchter, die gemeinsam eine Party feiern« erzählte eine Frau, wie sie und ihre zwanzigjährige Tochter sich einmal großartig amüsiert hätten: Sie hätten von den Männern, mit denen sie sich verabredet hatten, Geschenke bekommen und den Gästen dann, als diese betrunken waren, das ganze Geld abgenommen. Anscheinend hatte die Tochter auf diesen merkwürdigen Parties keinen Sex mit den Männern – im Gegensatz zur Mutter.

Überflüssig zu sagen, daß ich, ebenso wie sämtliche Zuhörer, über die Einstellung und den Lebensstil der Mutter entsetzt war. Ich benutzte die Technik des ruhigen Nachfragens, um ihr zu zeigen, wie unangemessen ihr Verhalten war.

Dr. Glass (zur Mutter): Haben Sie auch mit Ihrer eigenen Mutter solche Parties gefeiert?

Mutter: Nein, aber ich hätte es liebend gern getan.

Dr. Glass: Und was war mit Ihrem Vater – welches Verhältnis hatten Sie zu ihm – haben Sie sich gut mit ihm verstanden?

Mutter: Nein.

Dr. Glass: Wie ist es mit Männern im allgemeinen – *mögen* Sie Männer?

Mutter: Manchmal.

Dr. Glass: Ich habe das Gefühl, im Grunde mögen Sie sie nicht.

Mutter: Nun, Sie würden sie auch nicht mögen, wenn sie ständig versuchten, Sie auszunutzen.

Dr. Glass: Glauben Sie, die Männer sollten *von den Frauen* ausgenutzt werden, sie sollten für sie sorgen und ihnen ständig Geschenke machen?

Mutter: Nun, warum nicht? Schließlich nutzen sie die Frauen doch auch ständig aus.

Dr. Glass: Halten Sie sich für eine gute Mutter?

Mutter: Ja, ich halte mich für eine hervorragende Mutter.

Dr. Glass (zur Tochter): Und – glauben *Sie*, daß sie eine gute Mutter ist?

Tochter (defensiv): Ja, das glaube ich in der Tat.

Dr. Glass (zur Mutter): Sind Sie stolz darauf, daß Ihre Tochter Jungfrau ist?

Mutter: Ja.

Dr. Glass (zur Tochter): Sind Sie stolz darauf, daß Sie Jungfrau sind?

Tochter: Ja.

Dr. Glass: Was *ist* eine Jungfrau?

Tochter: Ein Mädchen, das noch keinen Sex hatte.

Dr. Glass: Ist eine Jungfrau ein Mädchen, das nur einfach keinen Geschlechtsverkehr hatte?

Tochter: Ja.

Dr. Glass: Nimmt eine Jungfrau die obere Hälfte des Körpers eines Mannes, während die Mutter die untere Hälfte nimmt? Ist *das* eine Jungfrau?

Die Zuhörer applaudierten heftig und signalisierten mir ihre Unterstützung, während die Mutter und die Tochter anfingen, mich anzuschreien.

Glass (zur Mutter): Glauben Sie, Sie wären ein gutes Vorbild für Ihre Tochter, wenn Sie ihr beibringen, Männer nach Strich und Faden auszunutzen?

Mutter: Tja, so ist das Leben nun mal.

Glass: Also fühlen Sie sich wohl damit, Ihrer Tochter beizubringen, sich … nun … wie eine Prostituierte zu verhalten?

Inzwischen waren die Zuschauer völlig außer Rand und Band, brüllten: »Super!«, »Toll!« und »Bravo!« und klatschten begeistert.

Diese Technik ist sehr effektiv; es wird Ihnen dadurch nicht nur gelingen, Ihre eigene Meinung deutlich zu machen, sondern Sie werden mit ihrer Hilfe auch das Denken Ihres Gegenübers verändern – und zwar durch Fragen, die ihn zwingen, Farbe zu bekennen und für seine Ansichten Verantwortung zu übernehmen. Indem der andere bestimmte Denkprozesse nachvollzieht, wird er zu einem aktiven Teilnehmer am Kommunikationsprozeß.

Die Technik »ruhiges Nachfragen« kann Ihnen auch helfen, Informationen über eine Person oder Situation zu sammeln. Dadurch erkennen Sie, wo Sie stehen und wie sich eine Angelegenheit wirklich verhält.

Nachdem ich einer meiner Klientinnen diese Fragetechnik beigebracht hatte, wurde ihr Leben in mancher Hinsicht sehr viel einfacher. Sie fühlte sich sehr viel freier und souveräner, denn sie begann, den Männern, die sich für sie interessierten, eine Reihe direkter Fragen zu stellen. Dadurch gelang es ihr herauszufinden, wo genau sie in ihren Beziehungen stand.

Claudia hatte Dean auf einer Party kennengelernt. Er rief sie an und lud sie mehrmals zum Abendessen ein. Sie hatten viele gute Gespräche und entdeckten viele ·Gemeinsamkeiten. Wenn sie sich trafen, wurde es immer sehr spät, da es so vieles gab, was sie einander mitteilen wollten. Obwohl er sich offensichtlich zu ihr hingezogen fühlte, machte Dean nicht ein einziges Mal den Versuch, Claudia zu berühren.

Zunächst hielt sie ihn für schüchtern, deshalb drückte sie bei der vierten Verabredung ihr Knie ein wenig gegen seines und berührte während des Gesprächs ein paar Mal seinen Arm. Dean zuckte jedesmal erschrocken zurück. Schließlich gewann sie den Eindruck, daß er wahrscheinlich kein Interesse an ihr habe. Sie schnitt vorsichtig das Thema Homosexualität an, aber er bekannte sich entschieden zur Heterosexualität und erklärte, er könne es nicht ertragen, wenn Homosexuelle ihm Avancen machten.

Der flüchtige Gute-Nacht-Kuß auf die Lippen, den Dean ihr beim Abschied gab, vermittelte ihr dann aber endgültig das Gefühl, daß er sexuell kein Interesse an ihr habe. Als sie wenig später allein in ihrer Wohnung war, fühlte sie sich traurig und einsam. Verwirrt fragte sie sich, ob sie vielleicht einen schlechten Atem oder Körpergeruch habe, ob sie in seinen Augen vielleicht zu dick oder nicht hübsch genug sei oder zuviel geredet habe. Die ganze Nacht lang grübelte sie über diese Fragen nach. Als sie am nächsten Morgen aufwachte, hatte sie die Hoffnung auf eine Beziehung aufgegeben.

Am Vormittag rief Dean sie an – er war gut gelaunt und unternehmungslustig und wollte am folgenden Abend mit ihr ausgehen. Sie holte tief Luft und sagte: »Dean, ich muß dir eine Frage stellen.«

Dean: Schieß los.

Claudia: Und – wirst du sie mir auch ehrlich beantworten?

Dean: Klar.

Claudia: Selbst wenn du der Meinung bist, die Antwort würde meine Gefühle verletzen?

Dean: Ja, natürlich. Worauf willst du hinaus?

Claudia: Sag mal – findest du mich eigentlich attraktiv?

Dean: Ja, sehr. Ich weiß, daß du wahrscheinlich dachtest, das wäre nicht der Fall, aber ich finde dich *sehr* attraktiv.

Claudia: Meinst du, du fühlst dich zu mir hingezogen, weil ich dir eine gute Freundin sein könnte?

Dean: Nein.

Claudia: Oder meinst du, du findest mich als Gesprächspartnerin attraktiv?

Dean: Nein, ich fühle mich in jeder Hinsicht zu dir hingezogen – geistig, emotional und körperlich – und das ist das Problem.

Claudia: Und warum ist es ein Problem?

Dean: Nun, schau mal, wie weit du es gebracht hast – du hast Geld und du hast Karriere gemacht. Ich selbst stehe erst am Anfang, und ich könnte dir finanziell kaum etwas bieten. Außerdem bin ich ziemlich durcheinander, da ich über meine Scheidung noch nicht hinweg bin und augenblicklich keine neue Beziehung eingehen möchte.

Jetzt wußte Claudia es ganz genau. Zwar war sie über die Antwort nicht gerade begeistert, aber sie hatte sich wenigstens ein klares Bild verschafft, anstatt ständig darüber nachzugrübeln, ob es vielleicht ihr Atem, ihr Körper oder ihr Aussehen war, das ihn abstieß.

So wie es in der Bibel heißt: »Suchet, so werdet ihr finden«, so können wir sagen: »Fragt, und ihr werdet es wissen.«

Technik sieben: Anschnauzen

Fast jedem von uns wurde als Kind beigebracht, daß es nicht »damenhaft« oder »ungezogen« sei, wenn man wütend wird, herumbrüllt und die Fassung verliert. Ich persönlich halte das für Unsinn. Manchmal *müssen* Sie einfach brüllen, weil das die einzige Möglichkeit ist, sich Gehör zu verschaffen. Bisweilen gerät man so in Wut, daß man einfach Dampf ablassen muß, um nicht einen Schlaganfall zu bekommen. Sie können auch durchaus einmal richtig fluchen, wenn Ihnen das hilft, Ihre Wut loszuwerden. Wie Mark Twain schon sagte: »Unter bestimmten Umständen kann man sich durch Fluchen eine Entlastung verschaffen, die man nicht einmal im Gebet findet.«

Zwar ist es nicht sinnvoll, *dauernd* zu fluchen und zu schimpfen – dadurch würden Sie nämlich selbst zu einer toxischen Persönlichkeit –, aber gelegentlich ist es sehr angebracht. Flüche und Beschimpfungen gehören zwar nicht gerade zum guten Ton, aber sie sind möglicherweise das einzige, was toxische Menschen überhaupt verstehen und was sie dazu bringt, wenigstens ein einziges Mal zuzuhören.

Bei einem wichtigen Match begann der amerikanische Tennischampion Pete Sampras einmal lauthals zu schimpfen, um seinem Zorn gegen toxische englische Fans Luft zu machen. Er spielte in Wimbledon gegen einen englischen Spieler. Jedes Mal, wenn Sampras einen Punkt machte, begannen einige Zuschauer zu zischen und ihn auszubuhen. Nachdem er gewonnen hatte, wandte Sampras sich der Menge zu und brüllte laut und zornig: »*Take that, you motherfuckers.*« Viele Amerikaner waren begeistert darüber, wie dieser junge Mann sich gegen die Engländer behauptete, die sich so viel auf ihre Höflichkeit, ihre Manieren und ihre Vornehmheit zugute halten.

Die Anschnauztechnik war auch hilfreich, das traumatische Erlebnis zu überwinden, unter dem eine meiner Klientinnen seit Jahren gelitten hatte. Sandra, eine Frau in den Vierzigern, war niemals über ein Schockerlebnis hinweggekommen, das sie gehabt hatte, als sie achtzehn Jahre alt gewesen war. Als Zahnarzthelferin hatte sie Patienten mit Lachgas behandelt, um sie zu beruhigen. Eines Tages sagte ihr Arbeitgeber, sie müsse einmal eine Lachgasbetäubung bei sich selbst machen lassen, damit sie sich in die Patienten »besser einfühlen« könne. Sie erklärte sich damit einverstanden. Als ihr Chef die Betäubung an ihr vornahm, fühlte sie sich frei wie ein Vogel und begann, leise vor sich hinzukichern. Plötzlich wurde ihr bewußt, daß der Arzt ihr das Höschen ausgezogen hatte und in sie eingedrungen war. Sie war schockiert und völlig hilflos. Als die Narkose nachgelassen hatte, sprang sie auf, stürzte ins Badezimmer und konnte nicht aufhören, sich zu übergeben. Als sie zurückkam, tat ihr Chef, als wäre nichts geschehen, und befahl ihr, die Geräte zu säubern, die Schleimschale aus dem Absauggerät auszuwaschen und danach in sein Büro zu kommen. Völlig benommen tat sie, was er ihr auftrug. Als sie sein Büro betrat, überreichte er ihr die Kündigung.

Das Trauma war so tief, daß sie jahrelang mit niemandem über den Vorfall sprechen konnte, bis sie eines Tages eine Fernsehsendung über einige schwarze Schafe unter den Zahnärzten sah, die ihre Patientinnen mißbraucht hatten. Sie hörte den Reporter fragen: »Wäre es möglich, daß auch Ihr Zahnarzt sich an Ihnen vergeht, während Sie in Narkose sind?« Plötzlich waren all die schrecklichen Erinnerungen wieder präsent. Diesmal wurde ihr nicht nur übel, sondern sie wurde auch furchtbar wütend. Am liebsten wäre sie sofort in die Praxis ihres früheren Arbeitgebers gestürzt und hätte ihm sämtliche Zähne ausgeschlagen. Die bloßen Rachephantasien genügten ihr jedoch nicht, um ihren lange aufgestauten Groll loszuwerden. Eine Strafanzeige kam nicht in Frage, da sie ihrem Mann, ihren Kindern und sich selbst eine solche Tortur nicht zumuten wollte. Sie entschloß sich, ihren Vergewaltiger persönlich zu konfrontieren. Also vereinbarte sie unter ihrem jetzigen Namen einen Termin.

Als die Zahnarzthelferin sie in das Behandlungszimmer führte, sagte sie, sie wolle zunächst mit dem Arzt allein sprechen. Ihr Herz klopfte wie wild, und sie begann, so, wie ich es ihr beigebracht hatte, ihre Spannungen auszuatmen, um sich zu beruhigen. Schließlich betrat ihr früherer Chef das Behandlungszimmer; er sah genauso aus wie damals, nur einige Jahre älter. Sie fragte: »Erinnern Sie sich an mich?« – »Nein, leider nicht«, antwortete er. »Ich war vor fünfundzwanzig Jahren Ihre Helferin, und Sie haben mich, nachdem Sie mir eine Lachgasnarkose gegeben hatten, in diesem Stuhl hier vergewaltigt.« Der Zahnarzt wurde kreidebleich. Sie sprang auf, stellte sich vor die Tür und schnauzte ihn an: »Obendrein haben Sie mich noch gedemütigt, indem Sie mich zwangen, den schlimmsten Schmutz in Ihrem Behandlungszimmer zu entfernen, um mir wenig später zu kündigen.« Dann griff sie nach dem Mülleimer in der Nähe der Tür und rief: »Sie verdammter Vergewaltiger, jetzt können Sie selbst mal den ekelhaften Müll hier beseitigen!« Mit diesen Worten schüttete sie ihm den ganzen Inhalt des Eimers mit den unangenehmen zahnärztlichen Abfällen entgegen. Dann riß sie die Tür auf und rannte zu ihrem Auto. Während der ganzen Heimfahrt sah sie vor ihrem geistigen Auge den erbärmlich zitternden Mann und stellte sich vor, wie er sich die ganze Nacht über herumwälzte und sich Sorgen machte, ob sie ihn anzeigen und sein Leben ruinieren würde. In diesem Fall war das Anschnauzen genau die Medizin gewesen, die Sandra brauchte, um sich endlich von ihrer Wut über ihren Vergewaltiger zu befreien.

Wenn Sie sich für die Anschnautechnik entscheiden, dann sollten Sie sich genau so verhalten, wie Ihnen zumute ist. Sie können das Gesicht zu einer Fratze verzerren und brüllen, stampfen oder kreischen. Sie können auch nach Herzenslust fluchen und toben. Schreien Sie so laut, wie Sie Lust haben, aber schlagen Sie niemals zu. Seien Sie frech und laut, aber wenden Sie *niemals* körperliche Gewalt an.

Technik acht: »Schenk ihnen Liebe und Freundlichkeit«

Wir alle kennen die christliche Aufforderung, auch noch »die andere Backe« hinzuhalten, wenn jemand uns unrecht tut. Mag sein, daß Ihnen ein solches Verhalten extrem schwerfällt, vor allem, wenn Sie eher ein Anhänger der Lehre »Auge um Auge, Zahn um Zahn« sind.

Ich habe zu Anfang dieses Buches erläutert, daß toxisches Verhalten fast immer durch Neid, Unsicherheit und einen Mangel an Selbstachtung begründet ist. Viele toxische Menschen haben in ihrem Leben nicht genügend Zuwendung erfahren oder sind gar mißbraucht worden, deshalb können Liebe und Verständnis sehr hilfreich sein, um ihr Verhalten zu ändern.

Sie brauchen sehr viel innere Stärke und sehr viel Mitgefühl, um Ihren Zorn zu überwinden und dem anderen mit Liebe und Freundlichkeit zu begegnen. Wahrscheinlich ist Ihr erster Impuls, dem anderen ebenfalls weh zu tun – und zwar noch stärker, als er Ihnen wehgetan hat. Aber Liebe und Freundlichkeit sind oftmals wahre Zaubermittel, um die Aggressivität eines Mitmenschen abzubauen und sein Selbstwertgefühl zu stärken.

Wenn Sie sich für diese Technik entscheiden, dann dürfen Sie sich nicht aus der Ruhe bringen lassen – wie häßlich und bösartig der andere sich auch verhalten mag. Bleiben Sie ruhig, reden Sie mit sanfter Stimme, und lächeln Sie. Wie kann das gelingen, da Sie doch so frustriert und verärgert sind? Machen Sie sich vor allem bewußt, wie leer und ungeliebt der Angreifer sich insgeheim fühlt und wieviel Selbsthaß seinem Verhalten zugrunde liegt.

Wenn Sie unangenehmem Verhalten mit Liebe und Freundlichkeit begegnen, dann werden Sie erstaunliche Änderungen beobachten können. Die Stimme Ihres Gegenübers wird freundlicher, der Körper entspannt sich, und vielleicht beginnt er oder sie sogar zu lächeln.

Eine meiner Klientinnen, Vera, eine Bankangestellte, wandte die Technik »Schenk ihnen Liebe und Freundlichkeit«

immer dann an, wenn sie es mit einem mürrischen und feind-seligen Kunden zu tun hatte. Und fast immer hatte sie auch Erfolg – einfach deshalb, weil sie das unangenehme Verhalten des ande-ren nicht persönlich nahm, sondern sah, wie sehr er in seinem Selbsthaß gefangen war. Sie hörte dem Kunden zu, lächelte und beschwichtigte ihn mit sanfter Stimme. Wenn die Kunden er-kannten, daß Vera ihnen Wohlwollen entgegenbrachte, dann wurde ihr Verhalten plötzlich sehr viel angenehmer.

In vielen Fällen ist es angebracht, toxische Menschen wis-sen zu lassen, daß Sie nicht ihr Feind sind, sondern Verständnis für sie haben. Schließlich ist ein Schulterklopfen nur ein paar Wir-bel von einem Tritt in den Hintern entfernt und kann Ihnen – ne-ben allen anderen positiven Nebenwirkungen – helfen, Ihrem Ziel sehr schnell näher zu kommen.

Technik neun: süße Rachephantasien

Um Spannungen abzubauen, kann es sehr hilfreich sein, sich auszumalen, wie Ihr Gegner in eine schwierige oder unan-genehme Lage kommt – vor allem, wenn die Vorstellung auch noch lustig ist.

Einer meiner Klienten führte seine Freundin in ein teures chinesisches Restaurant. Der Service war entsetzlich, das Essen unappetitlich, und die Kellner waren grob und unhöflich. Mein Klient bestand darauf, daß bestimmte Speisen, die nicht ganz gar waren, in die Küche zurückgeschickt würden, und obwohl er sie zu Recht reklamiert und nicht gegessen hatte, wurden sie ihm am Ende berechnet. Während er mir die Geschichte erzählte und das Ganze in seiner Phantasie noch einmal durchlebte, schwollen ihm vor Wut die Adern an den Schläfen, und er wurde feuerrot.

Plötzlich überzog ein Lächeln sein Gesicht, und seine Augen leuchteten. »Wissen Sie, was ich mir gerade vorstelle?« fragte er mich. »Ich stelle mir vor, in dieses Restaurant zu gehen, wenn es bis auf den letzten Platz besetzt ist, und dann körbeweise

Welpen, Kätzchen und kleine weiße Mäuse auf den Boden auszuleeren. Mein Gott, ich würde sterben vor Lachen, wenn ich die Gesichter der Gäste sähe, während sie sich fragten, was für Fleisch sie sich da eigentlich in den Mund schieben.« Er begann, so herzhaft zu lachen, daß er es kaum schaffte, mir seine Phantasie zu Ende zu beschreiben. »Stellen Sie sich vor, wie die Kellner kreuz und quer durchs Restaurant hinter den Tierchen herrennen! Ich garantiere Ihnen, daß sie ganz schön wild durch die Gegend hüpfen würden. Und ich kann mir lebhaft das entsetzte Gesicht dieses gräßlichen Besitzers vorstellen – und förmlich hören, wie er vor Wut wie ein Stier brüllt.«

Als er mein Büro verließ, war mein Klient in sehr viel besserer Stimmung. Er war nicht mehr wütend, da er sich in Gedanken für das Unrecht, das ihm angetan worden war, gerächt hatte. Natürlich würde er seine Phantasie niemals in die Tat umsetzen, aber sie half ihm, seinem Zorn über dieses toxische Erlebnis Luft zu machen.

Ein ganz anderer Fall ist der von John und Lorena Bobbitt. Lorena Bobbitt schnitt ihrem Mann den Penis ab und warf ihn aus dem Fenster ihres Autos – eine bizarre und von den amerikanischen Medien sehr lebhaft diskutierte Tat. Die Polizei suchte und fand das Glied, und es wurde in einer zehnstündigen Operation wieder angenäht.

Ich persönlich halte dies für die Tat einer geistig Verwirrten. Mag sein, daß ihr Mann betrunken nach Haus kam und sie gar vergewaltigte, aber sie hätte ihr Heim verlassen, in ein Frauenhaus gehen, sich scheiden lassen oder nach Venezuela zurückkehren können. Für ein solches Verbrechen gibt es keine Rechtfertigung und keine Entschuldigung.

In Amerika entbrannte daraufhin ein gewaltiger Geschlechterkrieg. Einige Amerikanerinnen feierten Lorena Bobbitt als eine Nationalheldin, die für die Rechte der Frauen eingetreten war. Die Männer hielten dagegen: »Wie würde Mrs. Bobbitt sich fühlen, wenn ein Mann ihr die Brüste abgeschnitten und sie in einen Mülleimer geworfen hätte?« Die Streitereien setzten sich wochenlang fort, bis John Bobbitt von einer Jury, in der neun Frauen waren, freigesprochen wurde. Das Tatmotiv dieser Frau war anscheinend gewesen, daß sich ihr Mann als Liebhaber sehr egoistisch verhalten hatte. Vor Gericht sagte sie aus: »Er hat immer einen Orgasmus, und er wartet niemals darauf, daß ich komme. Er ist schrecklich egoistisch. Ich finde das nicht gerecht – deshalb zog ich die Decke zurück und tat es.«

Viele Frauen reagierten, indem sie Lorena als Heldin feierten; offenbar hatte sie genau das getan, was sie selbst bei ihren Männern auch gerne tun würden. Die feministische Rechtsanwältin Gloria Allred sagte in einer Radiosendung, Lorena Bobbitts Taten stünden repräsentativ für die Phantasien sehr vieler Frauen, die sich an ihren quälenden Ehemännern gern auf dieselbe Weise rächen würden.

Das Wort, das ich in Zusammenhang mit dieser Technik betonen möchte, ist »Phantasie«. Sie sollten Ihre grausamen Vorstellungen *nicht* in die Tat umsetzen. Aber Sie können sich *ausmalen*, wie beispielsweise Ihr Chef von einem Schwergewichtsboxer mit Fäusten bearbeitet wird. Allein das wird Ihnen helfen, eine Menge Dampf abzulassen und sich von Ihrer Wut zu befreien.

Oder Sie können eine Fratze zeichnen, die den betreffenden toxischen Menschen darstellen soll, und sie auf dem Papier verstümmeln. Sie können sein Foto nehmen und ihm Hörner oder Vampirzähne oder Schielaugen malen. Sie können die Zeichnung oder das Foto zerreißen, es verbrennen, draufspucken oder darauf herumtrampeln.

Es gibt Menschen, die für Sie so toxisch sind, daß Sie ihnen eine schreckliche Verletzung oder sogar den Tod wünschen. So etwas zu denken ist zwar nicht politisch korrekt, und noch viel weniger ist es sozial oder juristisch akzeptabel, und es entspricht auch gewiß nicht der jüdischen oder der christlichen Glaubenslehre, und dennoch kommen gelegentlich solche Gedanken in uns hoch – und sind völlig normal. Sie hören auf, normal zu sein, wenn wir uns nicht länger im Bereich der Phantasie bewegen, sondern die Grenzen zur Realität überschreiten. Es darf *niemals* geschehen, daß wir jemandem physischen Schaden zufügen. Sie können sich selbst das Leben retten, indem Sie der Wut, die sich in Ihnen angestaut hat, Raum geben – und dabei zugleich das Leben der fraglichen Person retten, weil Sie Ihre Phantasien nicht auszuleben brauchen. Die bloße Phantasie *ist völlig ausreichend*, um Ihr Rachebedürfnis zu befriedigen.

Zu irgendeinem Zeitpunkt haben wir alle einmal in süßen Rachephantasien geschwelgt. Wie oft haben wir schadenfroh gelacht, wenn einer dieser Brutalo-Helden – sei es Sylvester Stallone, Jean-Claude Van Damme, Chuck Norris oder Steven Segal – dem Feind einen kräftigen Fußtritt in den Hintern versetzte? Im Grunde unseres Herzens haben wir, und sei es auch nur für den Bruchteil einer Sekunde, die Vorstellung genossen, daß es unser eigener Feind wäre, der dort bearbeitet wurde.

Zuzusehen, wie unsere Sportler einen Gegner besiegen oder im Boxring bearbeiten, ist ein sicheres und gesundes Ventil für unsere Aggressionen. Das Zuschauen bleibt ohne negative Folgen – wir landen dafür nicht im Gefängnis und handeln uns auch keine Schläge ein.

Das nächste Mal, wenn Sie Ihre Wut über jemanden auf die sichere Tour herauslassen möchten, können Sie sich vorstellen, wie das Gesicht der toxischen Persönlichkeit von einem Ihrer Filmhelden mit den Fäusten bearbeitet wird – entweder auf dem Fernsehbildschirm oder auf einer großen Leinwand.

Dies klingt möglicherweise sadistisch, aber es ist auf jeden Fall sicherer, als selbst gewalttätig zu werden, und es ist eine hervorragende Methode, die Wut herauszulassen, die Sie in sich angestaut haben und die Sie am Ende krank machen könnte.

Lassen Sie es mich noch einmal betonen: Die Technik »süße Rachephantasien« beschränkt sich auf den Bereich der *Phantasie*. Vielleicht haben Sie die Vorstellung, den Betreffenden k.o. zu boxen, ihm ins Gesicht zu schlagen, ihm einen Stuhl unter dem Hintern wegzuziehen oder gar zuzusehen, wie sein Penis aus dem Fenster fliegt. *Sie dürfen jedoch diese Phantasie nie Realität werden lassen.*

Sonst sind Sie möglicherweise Ihren Zorn losgeworden, haben aber dabei Ihr Leben zerstört. *Werden Sie niemals gewalttätig. Vermeiden Sie es unter allen Umständen, das Gesetz in die eigenen Hände zu nehmen!*

Technik zehn: »Stecker raus«

Die Technik »Stecker raus« sollte den allertoxischsten Menschen vorbehalten sein, Persönlichkeiten, mit denen Sie trotz aller Anstrengungen nicht fertig werden können. Wenn Sie alle anderen Techniken ausprobiert haben und damit keinen Erfolg hatten, dann können Sie nichts anderes tun, als sich von der betreffenden Person zu distanzieren. Visualisieren Sie, wie Sie sich abrupt von ihr lösen, genau so, als würden Sie einen elektrischen Stecker herausziehen. Wenn Sie sich diese Situation vorstellen, dann sollten Sie sich bemühen, innerlich zur Ruhe zu kommen. Sie lassen die betreffende Person ein für alle Male los und kümmern sich nicht mehr darum, was ihr passiert. Sie wird ihnen völlig gleichgültig. Sie wünschen ihr nichts Böses, und Sie wünschen ihr auch nichts Gutes. Sie wenden sich innerlich von ihr ab, gehen davon und schauen niemals zurück.

Ich hatte einmal eine langjährige Freundin; wir waren zusammen aufgewachsen und hatten dasselbe College besucht. Samantha war allen Menschen gegenüber feindselig und kritisch und rivalisierte mit jedem, aber wir blieben befreundet, weil wir eine lange gemeinsame Geschichte hatten. Ich hatte mich daran gewöhnt, sie mit all ihren Macken zu akzeptieren. Eines Tages reiste sie in den Fernen Osten und wollte mich auf dem Hinweg besuchen. Ich hatte sehr viel zu tun, sagte aber einigen Klienten ab, um Zeit für sie zu haben. Sie kam und machte als erstes eine abfällige Bemerkung über die Einrichtung meines Büros, die ich aber ignorierte. Bevor ich ging, sagte ich zu meinem Assistenten: »Nicht vergessen: wir müssen heute Singapur anrufen, damit wir diesen Brief hier abschicken können. Und vergessen Sie auch nicht, Mrs. Jones anzurufen, und außerdem brauchen wir einiges Büromaterial.«

Mein Assistent, ein sehr kompetenter Mann, sagte respektvoll und mit einem Lächeln: »Dr. Glass, machen Sie sich keine Sorgen. Lassen Sie es sich gut schmecken, und wenn Sie zurückkommen, habe ich alles erledigt.«

Als wir im Restaurant unsere Plätze eingenommen hatten, fragte mich meine »beste Freundin«, wie meine Zukunftspläne aussähen. Da wir uns schon sehr lange kannten, berichtete ich ihr freimütig über meine Ideen. Ich betrachte es als meine Aufgabe, so erklärte ich ihr, durch effektive Kommunikation weltweit den Frieden voranzubringen.

Nachdem man sich zu einem solchen Ziel bekannt hat, nimmt man natürlich an, eine langjährige beste Freundin nähme dies mit einem Lächeln auf und sagte so etwas wie: »Was für ein bewundernswerter Plan! Ich weiß, wie hart du dein ganzes Leben lang gearbeitet hast und wie sehr du deine Erfolge verdienst. Ich bin *so* stolz auf dich.«

Nun, meine alte Freundin warf mir einen strengen Blick zu und sagte: »Weißt du was, Lillian, globaler Frieden beginnt zu Hause. Wie du deinen Sekretär behandelst, ist einfach entsetzlich. Wie kannst du es wagen, ihn dermaßen herumzukommandieren?«

Ich war völlig fassungslos. Diesmal schaffte ich es nicht, meine Spannungen durch ruhiges Ein- und Ausatmen abzubauen. Es gab nichts an dieser Situation, was ich in irgendeiner Weise hätte lustig finden können. Nachdem ich im Kopf blitzschnell alle anderen Techniken durchgecheckt hatte, kam ich zu dem Schluß, daß mir in diesem Fall nur die Technik »Stecker raus« übrigblieb. Ich mußte Samantha aus meinem Leben hinauswerfen – ein für alle Male.

Ich sah ihr in die Augen und sagte mit ruhiger Stimme: »Weißt du was, Samantha, mein ganzes Leben lang hast du versucht, mir den Wind aus den Segeln zu nehmen oder mich in den Schatten zu stellen – und hast ständig nur Negatives zu mir gesagt. Jetzt reicht es mir endgültig! Ich möchte nicht länger mit dir befreundet sein, und ich möchte dich nicht länger in meinem Leben haben.« Dann stand ich vom Tisch auf, wandte mich ab und warf keinen Blick mehr zurück.

Zwar hat Samantha sich seither immer wieder bemüht, mit mir Kontakt aufzunehmen, aber ohne Erfolg. Ich habe sie ein für alle Male aus meinem Leben hinausgeworfen. Vielleicht sagen Sie jetzt: »Wie kaltherzig, wie grausam. Wie konnten Sie sich so einfach von dieser Frau trennen, obwohl Sie sie schon so lange kannten?« Ich antworte darauf: Wie konnte ich mich *nicht* von ihr trennen? Wie hätte ich es zulassen können, daß diese Frau, die mich ständig kleinmacht, mich nicht unterstützt und mich mit neidischen Blicken ansieht, ein Teil meines Lebens bleibt, da es so viele wunderbare Menschen gibt – Menschen, die mir nur das Beste wünschen, die *möchten*, daß ich Erfolg habe, die an mich *glauben*, die *niemals* etwas Destruktives zu mir sagen?

Für mich gab es keine Möglichkeit, mit Samantha weiter befreundet zu bleiben. Der Umgang mit ihr war einfach zu frustrierend. Ich hasse Samantha nicht, sondern sie läßt mich inzwischen völlig kalt; ich habe sie vollständig aus meinem Leben hinausgeworfen.

Ich mußte mich in diesem Fall endgültig von Samantha trennen – nicht, weil ich sie nicht mochte, sondern *weil* ich sie mochte. In solchen Fällen ist die Technik »Stecker raus« oftmals die einzig mögliche. In anderen Fällen müssen Sie den Stecker herausziehen, indem Sie Grenzen ziehen und den Betreffenden mit einer unangenehmen oder schlimmen Situation selbst fertig werden lassen. Dann laufen Sie jedenfalls nicht Gefahr, in eine Koabhängigkeit zu geraten, und vermeiden es, das toxische Verhalten noch weiter zu unterstützen.

Techniken, die Sie *niemals* anwenden sollten

Handeln Sie niemals selbstzerstörerisch!

Richten Sie die Wut, die Sie über einen anderen Menschen empfinden, niemals gegen sich selbst. Alkohol, Beruhigungstabletten, Amphetamine, Marihuana, Kokain, Crack, Heroin oder diese neuen »Designerdrogen« sind gewiß nicht die richtigen Mittel, um sich von unangenehmen Gefühlen gegenüber einem toxischen Menschen zu befreien. Dasselbe gilt für Eßanfälle und/oder Bulimie. Mag sein, daß Sie sich auf diesem Wege sehr schnell ein wenig Entspannung oder ein vorübergehendes Hoch verschaffen können, aber Sie schaden sich selbst und verkürzen Ihr Leben.

Immer wieder nehmen Schüler oder junge Menschen sich das Leben, weil sie die Quälereien toxischer Gleichaltriger nicht mehr ertragen können. Selbstmorde unter Teenagern haben in den letzten Jahren um mehr als vierzig Prozent zugenommen. Was kann der Grund dafür sein? Ich denke, daß Freunde und Klassenkameraden oftmals einen unerträglichen Druck auf die fraglichen jungen Menschen ausgeübt, sie nicht akzeptiert und dadurch zur Verzweiflung gebracht haben.

Es gibt Möglichkeiten, mit toxischen Menschen fertig zu werden – sich das Leben zu nehmen gehört definitiv *nicht* dazu. Wenn Sie jemals daran denken sollten, Schluß zu machen, dann rufen Sie die Telefonseelsorge an und/oder suchen Sie professionelle Hilfe – und zwar *sofort*.

Werden Sie niemals gewalttätig!

Ich kann nicht genug betonen, daß Gewalt *niemals* ein Mittel ist, um mit einem toxischen Menschen fertig zu werden.

Die Folgen sind in vielen Fällen katastrophal. Die Amerikanerin Ellie Nestler tötete den Sexualtäter, der festgenommen wurde, weil er ihren Sohn belästigt hatte. Zwar mögen viele Eltern Miss Nestlers Zorn und Empörung verstehen und nachempfinden können, aber jetzt sitzt sie im Gefängnis, getrennt von ihrem Sohn, den sie so sehr liebt und für den sie hatte eintreten wollen.

Die alternative Möglichkeit im Umgang mit toxischen Menschen besteht darin, *verbale*, nicht *reale Fäuste* einzusetzen.

Niemand auf dieser Erde hat das Recht, einen anderen Menschen körperlich anzugreifen und zu verletzen, und wenn wir selbst angegriffen oder verletzt werden, dann sollten wir uns von dem betreffenden Menschen abwenden und/oder angemessene legale Wege suchen, um uns zu schützen. Wir brauchen uns nicht zum Opfer machen zu lassen, auch wenn wir nicht mit geballten Fäusten zurückschlagen!

Gewaltanwendung ist unentschuldbar. In einigen Zeitungsartikeln wurde zwar berichtet, es gebe für Gewalttätigkeit genetische Ursachen, aber die Ergebnisse basierten auf Untersuchungen, die nur an einer einzigen Familie angestellt wurden. Übernehmen wir lieber die Verantwortung für unsere destruktiven Handlungen, anstatt die Schuld auf unsere Gene zu schieben! Wenn Sie zur Gewalttätigkeit neigen, dann sollten Sie sich professionelle Hilfe holen, ansonsten werden Sie die Folgen Ihrer Handlungen zu tragen haben!

Weitere Tabus im Umgang mit toxischen Menschen

Nehmen Sie niemals jemanden als Geisel!

Mißbrauchen Sie niemals ein Kind oder einen Erwachsenen, um sich an einem Menschen zu rächen, der eine toxische Wirkung auf Sie hat. Leider ist dies bei Scheidungen nur allzu häufig der Fall. Die Ergebnisse sind verheerend. Viele Kinder sind emotional gestört, nicht weil die Eltern sich scheiden ließen, sondern weil diese die Kinder bei ihren Auseinandersetzungen als

Geiseln mißbrauchten. Ein solches Verhalten ist grausam und verantwortungslos. Um Ihren Zorn auf einen toxischen Menschen loszuwerden, dürfen Sie niemals einen anderen Menschen als Geisel mißbrauchen.

Sie können niemanden zwingen, Sie zu mögen!

Sie können niemanden dazu zwingen, Sie zu mögen. Vermeiden Sie es, einen anderen Menschen zu bedrängen. Wenn eine Beziehung zu Ende ist, dann sollten Sie den anderen auch wirklich gehen lassen. Wenn es Ihnen schwerfällt loszulassen, dann suchen Sie professionelle Hilfe – es gibt hervorragende Psychologen, die Ihnen helfen können.

Kapitel 7

Wirkungsvolle Techniken im Umgang mit den neunundzwanzig toxischen Terror-Typen

Der rote Faden, der die verschiedenen toxischen Terror-Typen miteinander verbindet, ist ihr geringes Selbstwertgefühl und ihre innere Unsicherheit. Wissenschaftliche Untersuchungen haben gezeigt, daß Menschen mit geringem Selbstwertgefühl dazu neigen, Beziehungen zu sabotieren und vor allem das zu tun, was ihnen ein Gefühl der Wichtigkeit geben könnte. Hinzu kommt, daß die Kommunikationsfähigkeiten dieser Menschen durch ihre persönlichen Schwächen stark beeinträchtigt sind.

In diesem Kapitel werden Sie lernen, wie Sie am besten mit jedem dieser toxischen Terror-Typen kommunizieren können und welche der im letzten Kapitel erwähnten zehn Techniken mit großer Wahrscheinlichkeit eine Veränderung toxischen Verhaltens bewirken werden. Bei der Auswahl der besten Techniken sollten Sie zwei Dinge in Betracht ziehen: Zunächst müssen Sie den betreffenden Menschen grob in eine unserer Kategorien einordnen, da bestimmte Techniken bei bestimmten Charakteren effektiver sind als bei anderen. Und dann sollten Sie sich bewußtmachen, welche Rolle der toxische Mensch in Ihrem Leben spielt.

Im folgenden Kapitel werden Sie dann einige effektive Techniken lernen, die Sie entsprechend der Rolle, die der toxische Mensch in Ihrem Leben spielt, anwenden können, aber zunächst richten wir unsere Aufmerksamkeit auf spezifische Techniken, die im Umgang mit den betreffenden toxischen Mitmenschen am effektivsten sind.

Das Lästermaul

Da Lästermäuler diejenigen toxischen Menschen sind, die am stärksten unter innerer Unsicherheit leiden, kann man sich den Umgang mit ihnen dadurch leicht machen, daß man zunächst einmal ruhig nachfragt, was sie eigentlich meinen, und ihnen mit Liebe und Freundlichkeit begegnet.

Wenn Sie die Technik des ruhigen Nachfragens anwenden, dann müssen Sie darauf achten, keinen jammernden oder aggressiven Ton anzuschlagen, da die Menschen dadurch in eine defensive, feindselige Haltung gedrängt werden. Im folgenden ein Szenario, wie man ein Lästermaul mit Hilfe von ruhigem Nachfragen entwaffnen kann.

Lästermaul: Schau dir an, wie der Mann dort drüben ißt – das reinste Ferkel.

Sie: Was ist mit seiner Art zu essen, daß er dir wie ein Ferkel vorkommt?

Lästermaul: Er ist fett. Er schlingt sein Essen herunter. Er hat überhaupt keine Manieren.

Sie: Und warum stört dich das?

Lästermaul: Weil es so widerlich anzusehen ist.

Sie: Ich vermute mal, daß du dich im Grunde darüber ärgerst, daß du hier so lange auf dein Essen warten und gleichzeitig zuschauen mußt, wie dieser Mann, der offenbar ziemlichen Hunger hat, sein Steak verspeist?

Lästermaul: Tja, könnte sein.

Sie: Also im Grunde bist du sauer, weil du selbst hungrig bist und möchtest, daß dein Essen bald kommt, und weil du selbst nicht zusehen möchtest, wie jemand Spaß am Essen hat?

Lästermaul: Ja, das mag wohl sein. (Er lächelt.)

Bei dieser Technik nehmen Sie Ihr Gegenüber in eine Art Kreuzverhör, um herauszufinden, was der Aggressivität des Betreffenden eigentlich zugrunde liegt. Während Sie eine Reihe in sich logischer, sachlicher Fragen stellen, werden Sie bemerken, wie das toxische Verhalten des Lästermauls sich zum Besseren verändert, wie Ihr Gesprächspartner ruhiger und weniger feindselig wird und möglicherweise zu lächeln beginnt, da er seine eigene Motivation durchschaut.

Eine Alternative wäre, nur *eine* Frage zu stellen, beispielsweise: »Und – was ist der Grund, warum du eine so gemeine Bemerkung machst?« Damit zwingen Sie Ihr Gegenüber, sein toxisches Verhalten zu rechtfertigen und zu begründen.

Wenn Menschen das Bedürfnis haben, Sie kleinzumachen oder zurechtzustutzen, dann häufig deshalb, weil Sie etwas besitzen, was diese Menschen selbst nicht haben, oder weil Sie stellvertretend für etwas stehen, mit dem sie sich nicht auseinandersetzen wollen. Die meisten Lästermäuler empfinden sich im Grunde ihres Herzens als äußerst unzulänglich. Deshalb wäre die Technik »Schenk ihnen Liebe und Freundlichkeit« gleichfalls eine sehr wirkungsvolle Methode. Wenn Sie dem Lästermaul Mitgefühl und Sympathie entgegenbringen, kann es Ihnen gelingen, seine Feindseligkeit ein wenig abzubauen.

Die Quasselstrippe

Im Umgang mit einem Schwätzer ist vor allem eines wichtig: Ihre Spannungen auszuatmen. Es wird Ihnen helfen, die Ruhe zu bewahren – andernfalls könnte es geschehen, daß Sie sich plötzlich die Ohren zuhalten und schreien: *»Hör auf, hör auf, hör auf!«* Das können Sie natürlich ebenfalls tun – in Ihrer Phantasie.

Der Schwätzer muß wissen, daß sein ständiges Reden nicht angebracht ist, deshalb ist die Technik der direkten Konfrontation meist am angemessensten. Am besten wenden Sie diese Technik an, wenn Sie mit dem Betreffenden allein sind; Schwätzer können es nämlich nicht ertragen, wenn man sie vor anderen bloßstellt. Im Grunde sind sie deshalb so schwatzhaft, weil sie das Bedürfnis haben, sich wichtig, akzeptiert und geliebt zu fühlen. Deshalb ist es hilfreich, ihnen durch eine Berührung Sicherheit zu vermitteln und ihnen mit Freundlichkeit zu begegnen.

Sie könnten damit beginnen, dem Schwätzer mit freundlicher Stimme zu versichern, wie sehr sie ihn mögen (wenn das tatsächlich der Fall ist). Dann aber sollten Sie ihn wissen lassen, daß er gelegentlich zu viel redet, und zwar über Dinge, die möglicherweise nicht jedermann interessieren. Schlagen Sie ihm vor, auf den Gesichtsausdruck und die Körpersprache seines Gegenübers zu achten, damit er feststellen kann, ob man an dem, was er zu sagen hat, interessiert ist. Mag sein, daß er dann zunächst einmal schockiert und ärgerlich ist. In dem Fall müssen Sie deutlicher werden und Beispiele dafür anführen, daß er zu viel und zu ausschweifend redet.

Bieten Sie ihm an, ihm durch ein vereinbartes Zeichen – durch eine erhobene Augenbraue beispielsweise oder eine Berührung – zu signalisieren, daß er mit seinen Ausführungen zu Ende kommen sollte. Häufig ist sein ungeschicktes Gesprächsverhalten überhaupt erst dadurch entstanden, daß er den Gesichtsausdruck und die Körpersprache seiner Mitmenschen nicht richtig einzuschätzen gelernt hat.

Wenn der Schwätzer Sie dann noch immer nicht versteht und Ihnen weiterhin Ihre Zeit und Energie stiehlt, dann müssen Sie noch deutlicher werden und klare Grenzen setzen – andernfalls machen Sie sich selbst zum Opfer.

Der Selbstzerstörer

Diesen Menschen, die sich mit ihrem Selbsthaß ständig selbst sabotieren, begegnet man am besten mit der Technik »Schenk ihnen Liebe und Freundlichkeit«. Was Selbstzerstörer am dringendsten brauchen, ist Zuwendung, da sie wahrscheinlich als Kind nur wenig davon mitbekommen haben. Essen, Alkohol, Zigaretten und/oder Sex sind für einen Selbstzerstörer nur Ersatzmittel; im Grunde hungert er nach Aufmerksamkeit.

Manchmal müssen Sie dem Selbstzerstörer allerdings auf strenge, aber liebevolle Weise Grenzen setzen. Greifen Sie dafür auf die Technik der direkten Konfrontation zurück, so wie Bernadette es tat. Sie teilte Theodore ohne Umschweife mit, sie würde ihn nur unter der Bedingung heiraten, daß er sein Rauchen und Trinken aufgäbe, etwas gegen sein Übergewicht täte und in Therapie ginge. Sie war sich nämlich bewußt, daß sie selbst in Gefahr war, in diesem Alptraum der selbstzerstörerischen Süchte unterzugehen.

Oftmals ist das Zusammensein mit Menschen, die sich selbst zu zerstören versuchen, so quälend, daß man sich von ihnen trennen muß. In dem Fall könnte die Technik »Stecker raus« Ihre einzige Überlebenschance sein. Wenn Sie jemandem liebevoll zugewandt waren und ihm vermittelt haben, daß Sie sich des Problems bewußt und bereit sind, ihm zu helfen, dann *müssen* Sie, wenn alle ihre Bemühungen vergeblich waren, den Stecker herausziehen und den betreffenden Menschen mit seinem Problem auf seine eigene Weise fertig werden lassen. Sie können einem Selbstzerstörer nicht helfen, wenn er nicht bereit ist, sich selbst zu helfen.

»Wenn man mit Hunden zu Bett geht, dann kriegt man Flöhe«, sagt man im angelsächsischen Sprachraum. Wenn Sie mit einem Selbstzerstörer befreundet sind, dann kann es leicht sein, daß Sie selbst dabei zu Schaden kommen. Schenken Sie ihm Liebe und Freundlichkeit, aber wenn alle Ihre Bemühungen nichts nützen, dann trennen Sie sich von ihm.

Der Wegtaucher

Um mit einem Wegtaucher kommunizieren zu können, müssen Sie ihn erst einmal zu fassen bekommen – möglichst *bevor* er wegtaucht. Bei einem Wegtaucher sollten Sie zunächst einmal die Technik der direkten Konfrontation ausprobieren. Mag sein, daß ihm das Unbehagen bereitet, aber das ist nicht Ihr Problem. Lassen Sie ihn wissen, daß Sie ihm auf die Schliche gekommen sind und es nicht dulden werden, daß er vor den anstehenden Problemen davonläuft.

Wegtaucher sind es meist nicht gewöhnt, daß man sie mit den Tatsachen konfrontiert, aber wenn man es dann doch tut, hören sie meist sehr aufmerksam zu. Dennoch kann es passieren, daß sie am Ende doch noch wegtauchen, weil das Problem ihnen zu kompliziert ist.

Als Bree ihren Freund Dick mit ihren Heiratswünschen konfrontierte, fühlte er sich völlig überfordert und rannte davon.

Nach zwei Wochen konfrontierte sie ihn erneut damit. Sie sagte ihm, sie sei froh, das Thema zur Sprache gebracht und herausgefunden zu haben, daß er damit nicht umgehen könne. Zumindest sei ihr jetzt klar, daß sie einen solchen Mann nicht heiraten wolle. Seine Unfähigkeit, sich mit ihren Wünschen auseinanderzusetzen, und sein ständiges Wegtauchen hätten sie überzeugt, daß sie sich von ihm trennen müsse. Jetzt war *sie* diejenige, die davonlief und Dick mit seinen Problemen allein ließ.

Wenn Sie einen Wegtaucher mit einem Problem konfrontieren und er sich nicht damit auseinandersetzt, dann wissen Sie wenigstens, woran Sie *mit ihm* sind.

Der langsame Brüter

Die einzig wirkungsvolle Technik, mit dieser sehr unheimlichen toxischen Schreckensgestalt umzugehen, ist das ruhige Nachfragen. Einem solchen Menschen müssen Sie immer wieder Fragen stellen, denn freiwillig wird er Ihnen gewiß nicht sagen, was in seinem Kopf vorgeht. Im Gespräch mit ihm müssen Sie vor allem die Ruhe bewahren und sich in regelmäßigen Abständen Feedback holen. Fragen Sie ihn, ob er sich mit bestimmten Aufgaben, die Sie ihm gestellt haben, wohl fühlt. Stellen Sie ihm auch *offene* Fragen, nicht nur solche, die nur eine Ja- oder Nein-Antwort verlangen. Auf diese Weise zwingen Sie ihn, mit Ihnen zu kommunizieren, so daß Sie einen Einblick in seine Gedanken und Gefühle gewinnen.

Jedesmal, wenn Sie einen langsamen Brüter zum Reden bringen, haben Sie es geschafft, eine wandelnde Zeitbombe zu entschärfen.

Sie können beispielsweise fragen: »Haben Sie sich heute überarbeitet gefühlt?« oder: »Wie haben Sie auf jenen Anruf reagiert?« oder: »Was halten Sie von dem, was der Chef heute gesagt hat?« oder: »Was meinen Sie zu den Problemen, die sich bei dem Projekt ergeben haben?«

Das Klatschmaul

Klatschmäuler sind extrem gefährlich; durch sie kann sich Ihr Leben in den reinsten Alptraum verwandeln. Teilen Sie dem Klatschmaul unmißverständlich mit, daß Sie seine Spielchen durchschauen. Wählen Sie die direkte Konfrontationstechnik, und sagen Sie ihm, daß sein Verhalten unakzeptabel ist – vor allem wenn er über *Sie* geklatscht hat. Wenn ein solcher Mensch über jemanden herzieht, den Sie kennen und mögen, dann schneiden Sie ihm das Wort ab, indem Sie sagen: »Ich werde mir das nicht weiter anhören« oder: »Ich glaube kein Wort davon« oder: »Das interessiert mich nicht.«

Vielleicht können Sie dem Klatschmaul auch mit Humor begegnen, etwa indem Sie sagen: »Weißt du, was man im Mittelalter mit Leuten gemacht hat, die Klatsch verbreiteten? Man hat ihnen einen eisernen Helm über den Kopf gestülpt und ihn mit einem Schlüssel verschlossen. Ich werde mich mal umschauen, ob ich so einen Helm für dich finde.«

Ähnlich wie der Aufhetzer ist ein solcher Mensch innerlich sehr unsicher und hat ein so geringes Selbstwertgefühl, daß er Ihnen die letzten Schmutzgeschichten auftischt, um sich selbst wichtig und stark fühlen zu können. Wenn Sie ein Klatschmaul also direkt konfrontieren und beispielsweise sagen: »Ich bin sicher, daß es dir ein Gefühl von Wichtigkeit gibt, über solche Insiderinformationen zu verfügen, aber offen gesagt, setzt du dich durch solche Geschichten nicht gerade ins beste Licht«, dann wird sich der Betreffende wahrscheinlich gekränkt fühlen, möglicherweise sogar so sehr, daß er nie wieder mit Ihnen sprechen will. Um so besser! Oftmals ist es das einfachste, wenn man mit einem solchen Menschen überhaupt nichts mehr zu tun hat!

Was Ihren Arbeitsbereich angeht, so ist ein Klatschmaul dort absolut fehl am Platz. Ein solcher Mensch bringt es fertig, von heute auf morgen Ihr gesamtes Lebenswerk zu ruinieren. Er kann Ihr Geschäft so schnell zerstören wie ein Brandstifter einen ausgetrockneten Wald. Trennen Sie sich von ihm!

Ich mußte erst einmal die negativen Auswirkungen der Zusammenarbeit mit einem Klatschmaul sehr deutlich zu spüren bekommen, bevor ich mich entschloß, mich von ihm zu trennen. Ich hatte den Mann als meinen persönlichen Assistenten angestellt, aber selbst nachdem ich ihn gewarnt hatte, niemals mit jemandem über die Prominenten zu reden, die bei mir in Behandlung waren, gab er ständig weiter vertrauliche Informationen preis. Einmal rief ein Reporter der Boulevardpresse an und erkundigte sich, ob ich mit einem bestimmten Klienten an seiner Stimme arbeite. Anstatt den Anruf, wie ich es ihm aufgetragen hatte, zu mir durchzustellen, nahm mein Assistent die Dinge selbst in die Hand und bejahte die Frage. Die Information wurde in der Boulevardpresse veröffentlicht, und der betreffende Klient tauchte nie wieder bei mir auf. Dieser toxische Mensch kam auf die unmögliche Idee, nach einem Konzert auf einen Prominenten, mit dem ich gearbeitet hatte, zuzugehen und ihn von mir zu grüßen. Als ich davon hörte, konfrontierte ich ihn sofort mit seinem Verhalten und entließ ihn. Sein ständiges Klatschen, so erklärte ich ihm, sei geschäftsschädigend. Es hat viele Jahre gedauert, mir den guten Ruf aufzubauen, den ich heute genieße, und ich bin stolz darauf, daß über meine Klienten absolut nichts nach außen dringt.

Der wutschnaubende Stier

Wutschnaubende Stiere brauchen vor allem eines: liebevolle Aufmerksamkeit. Es ist erstaunlich, wie schnell man ihnen mit Hilfe von Liebe und Freundlichkeit den Wind aus den Segeln nehmen und sie verändern kann. Vielleicht geschieht dies schrittweise, aber am Ende wird ein freundlicherer und angenehmerer Mensch aus diesem Prozeß hervorgehen.

Wenn der wutschnaubende Stier gewalttätig wird, dann sollten Sie selbstverständlich auf die Technik »Stecker raus« zurückgreifen und sich mit einem »Tschüs« oder »Ciao« oder was auch immer von ihm verabschieden.

Die Technik »Stecker raus« ist natürlich auch dann angebracht, wenn es unmöglich wird, mit diesem schwierigen Persönlichkeitstypus fertig zu werden. Dies war der Fall bei einer früher beliebten Fernsehschauspielerin. Sie hatte ständig Probleme – von Gerichtsverfahren über Zwangsräumungen –, kam häufig zu spät und tauchte manchmal bei den Proben überhaupt nicht auf. Darüber hinaus fanden ihre Schauspielerkollegen und die Mitglieder ihres Fernsehteams ihr Verhalten so unberechenbar und aggressiv, daß man sich von ihr trennte.

Das ewige Opfer

Im Umgang mit einem ewigen Opfer müssen Sie zunächst einmal versuchen, Ihre Spannungen auszuatmen. Mit einem solchen Menschen eine Weile lang zusammenzusein kann sehr schädlich sein, deshalb müssen Sie ständig versuchen, sich gegen seinen negativen Einfluß abzuschirmen. Diese Menschen sind wie lebende Viren, und ihre permanent schlechte Stimmung ist äußerst ansteckend.

Es kann auch ratsam sein, sich gänzlich von ihnen zu trennen, da sie Ihre Hilfe oder Vorschläge nur selten akzeptieren und auf alles nur mit einem ständigen »Ja, aber ...« antworten. Und selbst wenn Sie solchen Opferlämmern mit der Technik »Schenk ihnen Liebe und Freundlichkeit« begegnen und ihnen versichern, daß sie doch eigentlich toll und recht erfolgreich sind, werden sie Ihnen niemals glauben, da sie sich ständig minderwertig fühlen. Wenn Sie also Ihre geistige Gesundheit wertschätzen und nicht ein Leben in ewiger Frustration leben wollen, dann haben Sie nur eine Wahl: trennen Sie sich von ihnen.

Der Verräter

Einen Verräter sollten Sie in jedem Fall direkt konfrontieren. Lassen Sie ihn wissen, daß Sie seine Hinterhältigkeit durchschauen und sich dagegen zur Wehr setzen werden.

Wenn Sie ihn mit den Tatsachen konfrontieren, dann wird ein Verräter diese möglicherweise leugnen, selbst wenn Sie ihn gerade auf frischer Tat ertappt haben. In dem Fall sollten Sie auf die Anschnauztechnik zurückgreifen, um Ihre Wut abzubauen. Noch einmal: werden Sie niemals gewalttätig, wie groß die Versuchung auch sein mag. Manchmal kann eine heftige, stark emotionale Reaktion den Verräter tief beeindrucken und ihn sein ganzes Leben lang verfolgen.

Es mußte etwa zwanzig Jahre her gewesen sein, daß Todd Susan, die Freundin seines besten Freundes Bob, verführt hatte. Aber Todd konnte niemals Bobs Gesicht vergessen, als dieser ihn und Susan bei einem leidenschaftlichen Kuß in einem Restaurant überraschte. Immer wieder sah er in seinen Alpträumen Bobs entsetzt aufgerissene Augen und seinen schockierten, offenstehenden Mund. Jetzt, da er sich den Anonymen Alkoholikern angeschlossen hatte und das Zwölf-Schritte-Programm befolgte, beschloß Todd, Bob anzurufen, um sich zu entschuldigen. Aber es war zu spät. Bob sagte ihm, er solle »bloß abhauen«, und knallte den Hörer auf die Gabel; Todd hatte daraufhin sogar noch heftigere Schuldgefühle als zuvor und wird wahrscheinlich auch noch die nächsten zwanzig Jahre damit zu kämpfen haben.

Bob hatte sich in diesem Fall entschieden, den Stecker herauszuziehen. Die Entschuldigung kam seiner Meinung nach zwanzig Jahre zu spät und ließ ihn völlig kalt. Nach einer unangenehmen Begegnung mit einem Verräter sollten Sie, genau wie Bob, am besten den Stecker herausziehen und sich ein für alle Male von ihm trennen. Es ist Zeitverschwendung, einem Menschen mit einem solchen Charakter zu vertrauen.

Das Weichei

Weicheier sind so unsicher und verletzlich, daß man sehr sanft mit ihnen umgehen sollte. Deshalb ist die Technik »Schenk ihnen Liebe und Freundlichkeit« die sinnvollste, vor allem wenn es darum geht zu signalisieren, daß Sie den betreffenden Menschen während einer Krise oder Entscheidungsfindung zur Seite stehen werden.

Ruhiges Nachfragen kann ebenfalls sinnvoll sein, um einem solchen Menschen über seine Entscheidungsschwierigkeiten hinwegzuhelfen. Stellen Sie ihm Fragen, die es ihm erleichtern könnten, das Problem in logischen Schritten zu lösen.

Wenn das Weichei Sie mit seiner ewigen Unentschlossenheit verrückt macht und weder auf Liebe und Freundlichkeit noch auf ruhiges Nachfragen reagiert, dann müssen Sie sich von ihm trennen und es mit seinen Problemen allein lassen.

Der Ausnutzer

Der Arzt aus Beverly Hills und die vermeintlich reiche Witwe waren sozusagen zwei Erbsen aus demselben Topf – zwei Egoisten, die versuchten, einander auszunutzen, nur um erfahren zu müssen, daß keiner von beiden das bieten konnte, was der andere haben wollte. Diese beiden Menschen hätten einander ihre Bedürfnisse niemals direkt mitgeteilt, da jeder nur daran interessiert war, den anderen auszunutzen. In den meisten Fällen gibt es jedoch nur *einen* Ausnutzer, der versucht, sein unschuldiges Opfer über den Tisch zu ziehen, und in dem Fall ist die Technik der direkten Konfrontation eine sinnvolle Herangehensweise.

Diese Technik signalisiert dem Betreffenden, daß Sie sich durch seine Handlungen ausgenutzt und verletzt fühlen. In manchen Fällen führt eine Konfrontation dazu, daß er sein Fehlverhalten erkennt. Wenn die Freundschaft oder Bekanntschaft überhaupt einen Wert hatte, dann wird ein Ausnutzer möglicherweise in sich gehen und sich bewußt werden, wie schlecht er Sie behandelt hat. Wenn beide Beteiligten die Ruhe bewahren, kann eine direkte Konfrontation dazu führen, daß sie in einen offenen Dialog eintreten.

Wenn ein Ausnutzer versucht, Sie zu manipulieren oder zu übervorteilen, dann müssen Sie ihm deutlich sagen: »Nein, ich werde das keinesfalls tun. Ich werde mich von niemandem ausnutzen lassen, weil ich mich verdammt schlecht dabei fühle.«

Eine Alternative wäre, die Methode »Stecker raus« anzuwenden und sich von dem Ausnutzer zu trennen.

Der zähnefletschende Tyrann

Mit einem zähnefletschenden Tyrannen können Sie am besten fertig werden, indem Sie sein Verhalten spiegeln, denn nichts ist ihm so verhaßt, wie wenn man ihn tyrannisiert. Wenn Sie ihn genau so häßlich behandeln, wie er Sie behandelt, dann wird das seinem tyrannischen Verhalten einen Riegel vorschieben.

Eine meiner Klientinnen war Kellnerin in einem exklusiven Restaurant. Ihr Chef, ein zähnefletschender Tyrann, schnauzte sie einmal heftig an, weil sie irgend etwas nicht völlig korrekt erledigt hatte. Sie spiegelte sein unangenehmes Verhalten, indem sie seinen scharfen, schneidenden Tonfall imitierte. Ihr Chef sah sie verblüfft an. »Meinen Sie, *so* klingt meine Stimme?« fragte er verdutzt. »Ja, genau so«, erwiderte meine Klientin, die jetzt wieder in einem ruhigeren, angenehmeren Tonfall redete.

Häufig ist ein derartiger kleiner »Hitler«, wenn er einen Löffel seiner eigenen Medizin verabreicht bekommt, über sein Verhalten selbst schockiert und entsetzt. Wenn Sie, als Reaktion auf seine tyrannische Art, ebenfalls die Zähne fletschen, dann wird er sich wahrscheinlich zurücknehmen. Sie können sich also Ihre Position zurückerobern, indem Sie einfach lauter bellen als er.

Darüber hinaus ist bei einem solchen Menschen häufig auch die Anschnauztechnik recht wirkungsvoll. Lassen Sie es nicht zu, daß er einen billigen Triumph davonträgt, indem er Sie quält und zusieht, wie Sie sich winden. Versuchen Sie, die Ruhe zu bewahren und sich nicht einschüchtern zu lassen. Wenn Sie zurückschnauzen und ihn in seine Schranken weisen, wird er Sie in Zukunft mehr respektieren.

Wenn der zähnefletschende Tyrann zufällig Ihr Chef ist, dann ergeben sich, wenn Sie ihm ebenfalls die Zähne zeigen, zwei mögliche Konsequenzen: entweder werden Sie in seiner Achtung steigen, oder Sie werden gefeuert. In beiden Fällen sind Sie der Gewinner, denn wenn er Sie feuert, dann haben Sie wenigstens Ihre Selbstachtung gerettet.

Eine weitere Möglichkeit, mit einem zähnefletschenden Tyrannen fertig zu werden, ist, den Stecker herauszuziehen und sich so schnell wie möglich von ihm zu trennen.

Sie können ihm auch mit der Humortechnik begegnen. In vielen Fällen kann eine schwierige Situation durch eine wohlwollende, humorvolle Bemerkung entschärft werden, und vielleicht kann der zähnefletschende Tyrann sich dann sogar ein Lächeln abringen.

Auf einem Flug von Los Angeles nach Boston lernte ich einen Ladenbesitzer kennen, der mir erzählte, wie er die Humortechnik anwende, wenn er es mit einem unangenehmen, tyrannischen Kunden zu tun habe. Wenn jemand unverschämt wurde oder ihn herumkommandierte, hielt der Ladenbesitzer bei dem, was er gerade tat, inne, schaute auf und begann ein lautes Selbstgespräch: »Ob es wohl John war? Nein, das kann nicht sein. Nein, nein, ich bin sicher, es war Mike. Ach, nein, ich glaube, es war Suzy. Ja, genau, Suzy muß es gewesen sein.« Mittlerweile war der unangenehme Kunde ziemlich verwirrt und fragte sich, was die Selbstgespräche des Mannes wohl zu bedeuten hatten. Der Ladenbesitzer warf ihm dann einen gespielt bedeutungsvollen Blick zu und sagte: »Ich habe mich nur gefragt, wer in aller Welt Sie heute hierher geschickt haben mag, um mir den Tag zu verderben.« Dann lächelte er, und die meisten schwierigen Kunden reagierten darauf, indem sie verlegen zurücklächelten und begannen, sich sehr viel freundlicher und höflicher zu verhalten. Mein Sitznachbar erzählte mir, daß diese Methode im Laufe der Jahre jedesmal Wunder gewirkt habe.

Der Scherzkeks

Mit Hilfe der direkten Konfrontationstechnik können Sie dem Scherzkeks deutlich signalisieren, daß sie ihn absolut nicht lustig finden und daß Sie sich von seinen dummen Scherzen und seinen angeblich lustigen Geschichten nicht beeindrucken lassen.

Um einem Scherzkeks von vornherein das Wasser abzugraben, müssen Sie mit fester, energischer Stimme sprechen. Wenn er Ihr Anliegen nicht versteht, dann ist es in Ordnung, ihn sehr resolut in seine Schranken zu weisen. Wenn der Scherzkeks auf Ihre Kosten eine sarkastische Bemerkung macht und behauptet, das alles sei doch »nur Spaß« gewesen, oder wenn er versucht, Sie in die Defensive zu drängen, indem er sagt: »Hast du denn überhaupt keinen Humor?«, dann müssen Sie ihn sofort abschmettern. Sagen Sie ihm, daß Sie durchaus Spaß verstehen, daß Sie seine Bemerkung aber keinesfalls lustig oder komisch gefunden hätten. Zerbrechen Sie sich nicht den Kopf darüber, ob Sie seine Gefühle verletzen – schließlich hat er auf *Ihre* Gefühle auch nicht allzu viele Gedanken verschwendet.

Ein Scherzkeks baut mit Hilfe seiner ständigen Witzeleien eine Mauer um sich auf, um seine extreme innere Unsicherheit zu verbergen. In vielen Fällen ist es nicht möglich, seinen Panzer zu durchdringen. Mag sein, daß der Scherzkeks Ihre Einwände ignoriert und mit seinen Witzeleien fortfährt. Sollte das der Fall sein, dann müssen Sie auf die Anschnauztechnik zurückgreifen, so wie es Jerrys Kollegin tat, als er ihr mit seinen unpassenden »Ermunterungen« auf die Nerven fiel.

Wenn die »Witze« rassistisch oder sexuell extrem diskriminierend sind, dann können Sie sogar mit rechtlichen Schritten drohen – das wird dem Gerede sehr schnell ein Ende setzen.

Das Trampel

Im Umgang mit einem Trampel können Sie, um Ihren Standpunkt deutlich zu machen, verschiedene Techniken anwenden. Wofür Sie sich entscheiden, hängt davon ab, in welchem Maße der betreffende Mensch geistig beschränkt oder sozial unangepaßt ist. Beginnen Sie damit, Ihre Spannungen auszuatmen, denn die Bemerkungen eines Trampels werden Ihnen wahrscheinlich derart auf die Nerven gehen, daß Sie sich zunächst einmal beruhigen müssen.

Gewöhnlich wird dies nicht ausreichen, um sich von Ihrem Ärger gänzlich zu befreien. Deshalb müssen Sie auch bei einem solchen Menschen die Technik der direkten Konfrontation anwenden, indem Sie ihm, ähnlich wie einem kleinen Kind, deutlich sagen, daß sein Verhalten *völlig unakzeptabel* ist.

Wenn ich meinen kleinen Hund ausführe, passiert es mir oft, daß ich einem schrecklich taktlosen Menschen begegne; er oder sie kommt auf mich zu und fängt an, mir von seinem/ihrem Hund zu erzählen. Aus irgendeinem Grunde ist dieser Hund in den meisten Fällen *tot*. Ich weigere mich entschieden, diesen tragischen Hundegeschichten (und den entsprechend düsteren Prognosen für meinen eigenen Hund) zuzuhören. Ich pflege dann den fraglichen Spaziergänger mitten im Satz zu unterbrechen und zu sagen: »Wenn Ihre Geschichte von einem *toten* Hund oder von Hundekrankheiten handelt, dann möchte ich sie *nicht* hören.« Ich weigere mich entschieden, mich von solchen unsensiblen Menschen zum Opfer machen zu lassen, und gehe weiter.

Häufig äußert ein Trampel vulgäre, unhöfliche, sozial unakzeptable Dinge, die so schockierend sind, daß Sie Ihren eigenen Ohren nicht trauen. Wenn das der Fall ist, dann imitieren Sie seine Kommentare mit Hilfe der Spiegeltechnik. Nehmen wir an, ein Trampel sagt: »Mensch, bist du *dick* geworden!« Darauf könnten Sie erwidern: »Mag sein, daß ich zugenommen habe, aber das kann man ändern. Aber du bist *beschränkt* und *ungehobelt*, und das zu ändern dürfte schwierig sein.«

Manchmal klappt diese Technik nicht, vor allem bei sehr stumpfsinnigen Menschen. Wenn der andere das, was Sie ihm sagen, einfach nicht begreifen will, dann könnte die Anschnauztechnik ihm helfen, zur Vernunft zu kommen.

Es gibt Trampel, die so unsensibel sind, daß ihnen nicht zu helfen ist. Dann bleibt Ihnen nichts übrig, als den Stecker herauszuziehen.

Der notorische Lügner

Mit Lügnern wird man am besten mit Hilfe der Technik des ruhigen Nachfragens fertig. Wenn Sie den Verdacht haben, daß jemand Sie anlügt, dann sollten Sie ihm eine Reihe von Fragen stellen, bis der Lügner sich am Ende in seinem eigenen Lügengewebe verheddert.

Als nächstes wenden Sie die Technik der direkten Konfrontation an, um ihn wissen zu lassen, daß Sie ihm auf die Schliche gekommen sind – so wie Sharlene es tat. Als sie durch ruhiges Nachfragen herausgefunden hatte, daß ihr Geliebter verheiratet war, lautete sein Kommentar: »Tja, wenn du gewußt hättest, daß ich verheiratet bin, dann hättest du keine Minute Zeit mit mir verbracht.« Er hatte natürlich hundertprozentig recht! Sie war nicht nur verletzt, sondern auch sehr zornig, vor allem nachdem er vorgeschlagen hatte, daß sie ihre Beziehung trotz seiner Lügen fortsetzen sollten. Sie knallte den Hörer auf und zog nicht nur den Telefonstecker aus der Wand, sondern trennte sich auch emotional von ihm.

Einige Lügner verfälschen die Wahrheit, um Sie zu beeindrucken. In solchen Fällen ist es oftmals sinnvoll, einem Lügner die Möglichkeit zu geben, das Gesicht zu wahren. Atmen Sie Ihre Spannungen aus, und gehen Sie einfach über seine Schwindeleien hinweg. Oder begegnen Sie ihm mit Humor. Ein ironisches Lächeln kann einem Lügner signalisieren, daß Sie ihm auf die Schliche gekommen sind, aber es erspart ihm eine Demütigung.

Allerdings müssen Sie es sich zur Regel machen, das, was diese Menschen Ihnen erzählen, von vornherein in Zweifel zu ziehen. Wenn Sie einen zukünftigen Geschäftspartner dabei ertappen, daß er lügt oder übertreibt, dann können Sie davon ausgehen, daß er später ebenfalls lügen wird. In meiner Praxis habe ich immer wieder mit Menschen zu tun, die im Geschäftsleben oder im privaten Bereich von Lügnern übers Ohr gehauen wurden. Und fast immer hatte der Betreffende auch schon gelogen, *bevor* eine persönliche oder geschäftliche Beziehung entstand. Es gibt also durchaus Anzeichen dafür, daß jemand Sie betrügen wird. Halten Sie danach Ausschau, bevor es zu spät ist.

Der Einmischer

Zudringlichen Menschen, die sich ständig überall einmischen, muß man mit deutlichen Worten sagen, daß ihr Verhalten völlig unakzeptabel ist. Am besten wirkt die Anschnauztechnik, gefolgt von der »Stecker raus«-Technik; dadurch geben Sie dem Einmischer die unmißverständliche Information, daß Sie es ernst meinen.

Gloria ließ sich von der zudringlichen Art ihres Nachbarn Jerome zum Opfer machen; sie war viel zu nett zu ihm. Sie blieb immer sanft und höflich, etwa indem sie sagte:»Oh, Jerome, das solltest du aber nicht sagen« – oder aber indem sie schwieg. Natürlich entwickelte sie dabei eine immer heftigere Wut gegen ihn. Er spürte dies zwar, ließ sich von seiner unangenehm zudringlichen Art aber dadurch nicht abbringen. Eines Tages verlor sie die Beherrschung und schrie ihn heftig an. Sie drohte ihm, sich mit einem Anwalt in Verbindung zu setzen, wenn er sie nicht in Ruhe ließe. Damit hatte sie endlich Erfolg: Jerome hat sie seither niemals wieder belästigt.

Wenn jemand sich in Ihr Leben einmischt, dann sollten Sie das entschieden zurückweisen. Einmischer sind gefährliche, manipulative Menschen, also bedienen Sie sich am besten der

Anschnauztechnik, und ziehen Sie dann den Stecker heraus. Werfen Sie zudringliche Menschen aus Ihrem Leben einfach hinaus.

Der Geizhals

Geizhälse sind wahrhaft erbärmliche Menschen, denn ihr Selbstwertgefühl ist meistens gleich null. Die Technik des ruhigen Nachfragens kann es Ihnen erleichtern, mit solchen Menschen umzugehen. Indem Sie einem Geizhals eine Reihe von Fragen stellen, können Sie ihm verstehen helfen, wie seine schreckliche Knickrigkeit auf andere wirkt. Wenn er Sie verstanden hat, dann wird er wahrscheinlich sehr peinlich berührt sein. Seine Antworten werden Ihnen Einblicke in seine Ängste geben, was es Ihnen wiederum erleichtert, ein wenig mehr Verständnis für ihn aufzubringen.

Eine meiner Klientinnen wandte bei einem Geizhals die Technik des ruhigen Nachfragens an und stellte fest, daß er in einer Zeit der wirtschaftlichen Depression aufgewachsen war und nur ein einziges Paar Schuhe und kaum jemals genug zu essen gehabt hatte. Als Erwachsener konnte er seine bösen Erinnerungen und Ängste einfach nicht abschütteln. Zwar war er inzwischen Millionär, aber er hatte trotzdem niemals das Gefühl, genügend Geld zu haben. Da sie ihn nun besser verstehen konnte, versuchte sie, ihm durch logische Argumente bei seinem Problem zu helfen.

Eine andere effektive Technik ist die der direkten Konfrontation. Anstatt Jay fallenzulassen, weil er niemals die Rechnung übernahm, hätten seine Kollegen ihn mit dem Problem konfrontieren sollen, indem sie sagten: »Heh, Jay, jetzt bist du mal dran.« Wenn jemand sich Ihnen gegenüber geizig verhält, dann sollten Sie das offen ansprechen, damit Sie keinen Groll gegen ihn entwickeln. Sich zu ändern ist für einen Geizhals meist sehr schwierig, aber wenn er sich seiner Wirkung bewußt ist, dann wird er in vielen Fällen die feste Umklammerung seines Geldbeutels ein wenig lockern.

Ein solcher Mensch braucht Mitgefühl und Verständnis, gehen Sie deshalb, wenn es Ihnen möglich ist, sanft mit ihm um. Die Technik »Schenk ihm Liebe und Freundlichkeit« kann in diesem Fall sehr erfolgreich sein.

Der Fanatiker

Einmal hatte ich in London mit einer Freundin, die die Hauptrolle in einem Theaterstück spielte, eine Verabredung zum Abendessen. Nach der Aufführung holte ich sie in ihrem Umkleidezimmer ab. An der Tür stand einer ihrer Verehrer, der sie in ein Gespräch verwickelt hatte; er ließ sie einfach nicht gehen und redete pausenlos auf sie ein. Meine wohlerzogene und zurückhaltende Freundin hörte sich das Geschwafel geduldig an. Nach zehn Minuten stupste ich sie an und sagte: »Komm, laß uns gehen« – und wir gingen. Meine Freundin, die mit zudringlichen Fans immer ein Problem hatte, war eindeutig zu nett zu ihm gewesen.

Gewiß sollten Sie zu Menschen, die Sie verehren und schätzen, freundlich sein und sie nicht vor den Kopf stoßen – vor allem wenn Sie im Licht der Öffentlichkeit stehen. Wenn man Ihnen jedoch zu nahe tritt und versucht, Ihnen die Zeit zu stehlen und Sie zu manipulieren, dann müssen Sie feste Grenzen ziehen und den Betreffenden mit Ihren Wünschen direkt konfrontieren. Wenn er nicht darauf reagiert, dann sollten Sie energisch werden und die Anschnauztechnik anwenden.

Leider kommt es nur allzu häufig vor, daß ein Fanatiker die Botschaft nicht begreift. Vielleicht ist er irgendwann einmal zu seinem Verhalten ermutigt worden und meint nun, er habe das Recht, das Objekt seiner Verehrung ständig zu belagern und zu belästigen.

Fanatiker sind meist fürchterlich borniert, genauso wie Maggie, die versuchte, Edith einzureden, sie sei keine wahre Christin, wenn sie nicht regelmäßig zur Kirche gehe, zweimal täglich die Bibel lese und dauernd Bibelsprüche zitiere. Diese Diskussionen zogen sich monatelang hin, bis Edith Maggie mit Hilfe der Anschnauztechnik endlich wissen ließ, daß die Art, wie sie betete, ganz allein *ihre* Angelegenheit sei und daß niemand das Recht habe, ihren Grad an christlicher Erleuchtung zu beurteilen. Maggie verstand die Botschaft und gab ihre ständige Bevormundung auf.

Manchmal, wenn es nicht möglich ist, mit dem Fanatiker vernünftig zu reden, müssen Sie den »Stecker herausziehen« und dürfen keinerlei Kontakt mehr zulassen.

Wenn es sich bei dem Fanatiker um einen Geisteskranken handelt, und das ist häufig der Fall, dann müssen Sie sich schützen, indem Sie sich rechtlichen Beistand sichern. Sie sollten darüber hinaus dafür sorgen, daß Ihr Heim und Ihr Geschäft immer gut verschlossen sind, so daß der Betreffende nicht leicht zu Ihnen vordringen kann.

Der Narzißt

Narzißten verstehen nur das, was sie auf sich selbst beziehen können. In der Kommunikation mit ihnen ist es deshalb am effektivsten, mit Liebe und Freundlichkeit vorzugehen. Im Grunde sind sie nämlich deshalb so sehr mit sich beschäftigt, weil sie schrecklich ängstlich und unsicher sind.

Diese Einsicht kann Ihnen helfen, ihren Bedürfnissen gegenüber mehr Sensibilität zu entwickeln und angemessener mit ihnen umzugehen. Ein Narzißt ist deshalb so egozentrisch, weil es ihm an Selbstachtung mangelt. Er kann anderen nichts schenken, weil es in seiner Seele einsam und leer ist; er hat ganz einfach nichts zu geben.

Wenn seine Selbstbezogenheit Ihre Geduld allzu sehr strapaziert, dann ist die Technik »Spannungen ausatmen« am wirkungsvollsten.

Wenn Sie sich aber durch seine egoistische Art und seinen Mangel an Sensibilität wirklich verletzt fühlen, dann *müssen* Sie etwas sagen und dabei die Technik der direkten Konfrontation anwenden. Sprechen Sie mit ruhiger, kontrollierter Stimme mit ihm, sonst wird er das, was Sie sagen, überhaupt nicht aufnehmen. Wenn Sie ihn beschuldigen oder jammern, dann wird er in die Defensive gehen und Sie entweder verbal attackieren oder ganz einfach leugnen, daß er egoistisch ist. Sein Ego ist gewöhnlich so zerbrechlich wie eine Eierschale.

Wenn Sie immer wieder feststellen müssen, daß der Narzißt sich nur dann Zeit für Sie nimmt, wenn es ihm gerade paßt, daß er ignoriert, was Sie sagen, und alles auf sich bezieht, dann werden Sie sich möglicherweise fragen, warum Sie überhaupt mit diesem Menschen zusammen sind. Mag sein, daß Sie sich dann dazu entschließen, den Stecker herauszuziehen und sich endgültig von ihm zu trennen. Die meisten Menschen, die längere Zeit mit einem Narzißten zu tun haben, trennen sich am Ende von ihm, da ihre Geduld erschöpft ist. Die Gedankenstopp-Technik wird Ihnen helfen, einen solchen Menschen aus Ihrem Leben zu verbannen. Oder Sie erleichtern sich die Trennung, indem Sie sein absurdes Verhalten mit Hilfe von Humor bloßstellen.

Der Schmeichler

Obwohl Schmeichler ganz offensichtlich sehr manipulative Menschen sind, wird es Ihnen schwerfallen, sie völlig abzulehnen, weil Sie im Grunde Ihres Herzens hoffen, daß wenigstens einige von den vielen Komplimenten, mit denen man Sie überschüttet, wahr sein mögen. Wenn Ihnen die ständigen Lobhudeleien am Ende aber doch auf die Nerven fallen, dann kann die Technik »Spannungen ausatmen« Ihnen helfen, mit aufsteigenden negativen Gefühlen fertig zu werden. Auch Humor ist hilfreich, um die »ätzenden« Schmeicheleien dieser Menschen abzuwehren.

»Hör mal, *so toll kann* ich ja gar nicht sein; ich glaube, du schmierst mir nur Honig um den Bart« – das wäre beispielsweise ein Satz, mit dem Sie sich klar gegen einen Schmeichler abgrenzen können. Diese Kombination von Humor und direkter Konfrontation mag ein heftiges Leugnen provozieren, das Sie mit weiteren humorvollen Bemerkungen kontern können, beispielsweise: »Wenn du weiterhin all diese honigsüßen Dinge über mich sagst, dann werde ich am Ende zum Diabetiker« oder: »Schmierst du mir so viel Honig um den Bart, weil du möchtest, daß demnächst ein Schwarm Ameisen über mich herfällt?« Signalisieren Sie dem Schmeichler, daß Sie ihm auf die Schliche gekommen sind.

Wenn ein Schmeichler überhaupt ansprechbar ist, dann wird er selbst zu lachen beginnen oder protestieren, er meine es ernst.

Wenn Sie die ständigen Schmeicheleien endgültig satt haben, dann versuchen Sie es mit der Spiegeltechnik. Geben Sie ihm, in demselben honigsüßen Ton, genau das, was er gesagt hat, zurück. Gewöhnlich versteht er die Botschaft und hält sich daraufhin stärker zurück.

Der Oberlehrer

Mit einem Oberlehrer sollten Sie zunächst einmal die Technik des ruhigen Nachfragens ausprobieren; auf die Weise können Sie ihm vor Augen führen, daß sein perfektionistischer Anspruch absurd ist.

In der amerikanischen Talkshow *Donahue* wurden einmal einige Prostituierte interviewt; eine Oberlehrerin aus dem Publikum meldete sich zu Wort und erklärte, daß diese sündigen Frauen allesamt »in die Hölle« kämen. Eine Anruferin, die dies gehört hatte, fragte die Frau: »Madam, an welchen Gott glauben Sie? Wer ist Ihr Gott?« Die Oberlehrerin erwiderte: »Mein Gott ist der Gott im Himmel.« Dann fragte die Anruferin: »Und wer hat Sie an Gottes Stelle gesetzt, um ein so hartes Urteil über diese Frauen zu fällen?« Der Oberlehrerin verschlug es daraufhin die Sprache, und die Zuschauer signalisierten der Anruferin mit heftigem Applaus ihre Unterstützung.

Wenn ein Oberlehrer beginnt, Sie zu attackieren, dann müssen Sie sich wehren – entweder durch die Spiegeltechnik oder durch die Anschnauztechnik. Eine meiner Klientinnen schaffte es, eine solche Frau mit einem scharfen Gegenangriff bis ins Mark zu schockieren. Nachdem sie ihr ihr übermäßig strenges, kleinliches Verhalten gespiegelt hatte, griff sie sie unverblümt an: Die Betreffende solle erst einmal ihr eigenes »engherziges, verklemmtes, orgasmusunfähiges Selbst« in Ordnung bringen, bevor sie sich anmaße, andere zu beurteilen.

Als ihr jemand endlich einmal wirklich die Zähne gezeigt hatte, war die fragliche Meisterin der Kritik völlig erschüttert und fassungslos; das jedoch war der erste Schritt, um ihr eigenes Verhalten zu überprüfen und anderen gegenüber eine größere Toleranz zu entwickeln. Zum ersten Mal in ihrem Leben erkannte sie, daß sie an ihre Mitmenschen absurde und perfektionistische Ansprüche stellte. Mag sein, daß ihr Blick, nachdem sie ein paar Tränen vergossen hatte, endlich klarer geworden war und sie sich daraufhin nicht mehr so ernst nahm.

Wenn jedoch der Oberlehrer Ihr Vorgesetzter ist, dann mag es zu riskant sein, ihn zu spiegeln oder anzuschnauzen, und Sie können auf die Technik »Süße Rachephantasien« zurückgreifen, um sich von Ihrer Frustration zu befreien.

Der Snob

Wenn ein Snob mal wieder seine »Ich bin besser als du«-Platte auflegt, dann kann die Technik des ruhigen Nachfragens ihn rasch eines Besseren belehren. Sie sollten ihm so viele Fragen stellen, daß er erkennt, wie absurd sein respektloses Verhalten eigentlich ist. Fragen wie »Was vermittelt Ihnen das Gefühl, besser als andere zu sein?« oder »Was ist der Grund, daß Sie mit diesem Menschen nicht reden wollen?« werden ihn ziemlich aus der Bahn werfen, da ihm eine sinnvolle Antwort darauf bestimmt nicht einfallen wird.

Auch mit einer direkten Konfrontation können Sie einem Snob sehr leicht das Wasser abgraben. In dem Film *Pretty Woman* kehrt Julia Roberts, nachdem sie sich wie eine Prinzessin eingekleidet hat, in die teure Boutique in Beverly Hills zurück. Sie fragt die Verkäuferinnen, die sich geweigert hatten, sie zu bedienen: »Wissen Sie noch, wie Sie mich behandelt haben, als ich das erste Mal herkam?« Dann zeigt sie ihnen ihre sämtlichen Einkaufstüten und stellt fest: »Nun, das hätten Sie besser nicht getan.« Mit einem spöttischen Lächeln wendet sie sich ab und läßt die Verkäuferinnen, die ihr Geld auf Provisionsbasis verdienen, frustriert und beschämt zurück.

Einen Snob, der Sie schlecht behandelt hat, direkt zu konfrontieren, kann Ihnen ein wahres Triumphgefühl vermitteln, da er das überhaupt nicht erwartet und wahrscheinlich völlig schockiert sein wird.

Wenn Sie die Oberflächlichkeit eines Snobs endgültig leid sind, dann müssen Sie ihn fallenlassen und den »Stecker herausziehen«, um Ihre Nerven zu schonen. Menschen, die glauben, sie wären besser als Sie, sind es nicht wert, daß Sie sich mit ihnen abgeben.

Der Berufsrivale

Heutzutage sind Fauen häufig tüchtiger als ihre männlichen Kollegen, und viele innerlich unsichere Männer können die Erfolge einer Frau nicht verkraften. Viele dieser Männer sind menschliche Dinosaurier, die ihre pubertären Ansichten, daß Jungen größer, besser, stärker und intelligenter sein sollten als Mädchen, noch nicht abgelegt haben.

Eine meiner Klientinnen, eine Rechtsanwältin, hatte ein *blind date* mit einem mittelmäßig erfolgreichen orthopädischen Chirurgen. Sie waren sich sehr sympathisch und begannen, sich häufiger zu treffen. Eines Abends saßen sie in einem Restaurant vor einer köstlichen Fischplatte. Meine Klientin deutete auf einen exotischen Fisch und forderte ihren Freund auf: »Eß doch auch mal davon – er ist köstlich!« – »*Eß* doch?!« fragte der Chirurg triumphierend. Sie fragte verwirrt zurück: »Was meinst du?« – »*Eß* doch«, erwiderte er, »du sagtest *eß* doch anstatt *iß* doch! Endlich hab' ich dich erwischt!« Plötzlich war alle Sympathie, die sie für den Mann empfunden haben mochte, wie weggeblasen, denn offenbar war ihm vor allem daran gelegen, mit ihr zu rivalisieren. Mit einem Schlag wurde ihr bewußt, wie häufig er versucht hatte, sie zu besiegen.

Sie bediente sich der Fragetechnik und bemerkte: »Also – fühlst du dich jetzt wohler, da du weißt, daß deine grammatischen Kenntnisse besser sind als meine?« Das verwies ihn in seine Schranken – und katapultierte ihn zugleich aus ihrem Leben hinaus.

Die Technik der direkten Konfrontation ist auch sehr wirkungsvoll, um dem Berufsrivalen zu signalisieren, daß Sie nicht bereit sind, auf seine Spielchen einzugehen und mit ihm in Konkurrenz zu treten. Wenn er versucht, Sie zu besiegen, dann könnten Sie sagen: »Ich bin froh, daß Sie eine so gute Meinung von sich haben, aber es ist nicht nötig, derartig anzugeben. Ich wollte eigentlich nur ein bißchen Konversation machen.« Den Berufsrivalen mit den Wirkungen seines Tuns direkt zu konfrontieren entschärft in vielen Fällen die Situation und bewirkt, daß der Betreffende seine Schwäche deutlicher wahrnimmt.

Wenn Sie sein Verhalten spiegeln wollen, dann sollten Sie sich eine absurde Erwiderung ausdenken. Wenn Sie sagen: »Ich habe einen furchtbaren Muskelkater – ich habe gestern 80 Kilo gestemmt«, dann wird der Berufsrivale wahrscheinlich erwidern: »Nun, ich habe 150 Kilo gestemmt, und ich habe *keinen* Muskelkater.« Daraufhin könnten Sie sagen: »Das wundert mich, denn 80 Kilo sind wirklich eine enorme Leistung – vielleicht hätte ich lieber 400 Kilo stemmen sollen, dann wäre ich platt wie eine Flunder gewesen.« In diesem Fall hätten Sie die Spiegeltechnik mit der Humortechnik kombiniert.

Ständiges Rivalisieren ist ein Zeichen, daß die fragliche Person neidisch ist. Wie wir wissen, ist Neid ein außerordentlich destruktives Gefühl. Es ist nicht möglich, eine gute Beziehung zu jemandem zu haben, der Ihre Leistungen ständig herabzuwürdigen sucht und Ihnen Ihre Erfolge nicht gönnt. In einem solchen Fall sollten Sie die Beziehung beenden.

Der Kontrollfreak

Der Kontrollfreak wird seines Lebens nicht froh, wenn er nicht ständig das Gefühl hat, sämtliche Fäden in der Hand zu halten. Kinder brauchen durchaus eine gewisse Kontrolle, aber reife Menschen, die ihre eigenen Ansichten und Werte haben, empfinden eine ständige Kontrolle und Bevormundung als demütigend.

Einem Kontrollfreak *müssen* Sie klare Grenzen setzen. Lassen Sie ihn wissen, daß er kontrollieren kann, wen er will, Sie allerdings nicht. Beim ersten Anzeichen von kontrollierendem Verhalten müssen Sie sehr deutlich werden und die direkte Konfrontationstechnik anwenden. Die Spiegeltechnik kann ebenfalls Wunder wirken und einen Kontrollfreak völlig aus der Bahn werfen, da er sich gegen jegliche Bevormundung entschieden wehren wird. Das, was er anderen antut, kann er selbst am wenigsten ertragen. Seien Sie sich bewußt, daß er Sie, wenn Sie ihn spiegeln, wahrscheinlich verbal angreifen und sogar heftig beschimpfen wird. Aber die Erfahrung, was für ein Gefühl es ist, sich ständig sagen lassen zu müssen, was man tun soll, kann diese Menschen am Ende eines Besseren belehren.

Joshua war ständig damit beschäftigt, Wendy zu bevormunden. Nicht nur, daß er im Restaurant das Essen für sie aussuchte, er warf sich auch als Berater hinsichtlich ihrer Kleidung, ihrer Frisur und ihres Make-ups auf. Eines Morgens entschied sie sich, ihm einen Löffel seiner eigenen Medizin zu verabreichen, und legte ihm die Kleidung für den betreffenden Tag heraus, einschließlich der Schuhe und der Socken. Als er die Sachen auf seinem Bett liegen sah, drehte er durch und brüllte: »Du bist nicht meine *Mutter*. Was gibt dir das Recht, darüber zu entscheiden, was ich anziehen soll?! Hör bloß auf, mich zu bevormunden.« Sie sah ihn lächelnd an und sagte: »Genau das empfinde ich auch, wenn du versuchst, mich zu kontrollieren und mir vorzuschreiben, was ich anziehen soll.«

Von Stund an versuchte Joshua nie mehr, darüber zu bestimmen, was Wendy anziehen sollte. Wenn er demnächst im Restaurant wieder einmal für sie die Speisen aussucht, dann will sie ihm dieselbe Medizin noch einmal verabreichen.

Bei wirklich unverbesserlichen Kontrollfreaks ist es nötig, sich der Anschnauztechnik zu bedienen. Treten Sie fest auf, spannen Sie Ihre Bauchmuskeln an, und sagen Sie laut und deutlich, daß Sie sich von niemandem kontrollieren und bevormunden lassen. Stellen Sie in aller Ruhe fest, daß Sie ein verantwortungsbewußter, erwachsener Mensch sind, der seine eigenen Entscheidungen treffen kann. Grenzen Sie sich klar und deutlich ab, denn nur das wird Ihr Gegenüber davon überzeugen, daß Sie es ernst meinen.

Wenn das nicht fruchtet und der Kontrollfreak Sie weiterhin zu kontrollieren versucht, dann müssen Sie den Stecker herausziehen. Andernfalls werden Sie Ihre Identität verlieren – und Ihre Fähigkeit, eigenständig zu denken.

Der Kritikaster

Der Kritikaster ist so unsicher und so sehr darauf bedacht, ständig recht zu haben, daß es am sinnvollsten ist, ihm mit der Technik »Schenk ihnen Liebe und Freundlichkeit« zu begegnen. Die entsprechende innere Einstellung sollte sich auch in Ihrer Stimme und in einer besonders taktvollen Wortwahl niederschlagen.

Sie können den Kritikaster auch durch ruhiges Nachfragen zu »entgiften« versuchen.

Er: Du bist schuld, daß wir zu spät gekommen sind.

Sie: Wie kommst du darauf, mein Schatz?

Er: Weil es Stunden dauert, bis du endlich mit deinem Make-up fertig bist.

Sie: Liebling, glaubst du nicht, daß die letzten drei Telefonate, die du geführt hast, bevor wir losgingen, auch etwas damit zu tun haben könnten?

Er: Naja, mag sein, daß du recht hast. Vermutlich waren wir beide nicht rechtzeitig fertig.

Wörter wie »Schatz« und »Liebling« sind in einem solchen Fall hilfreich, um einen Streit zu vermeiden.

Auch die Spiegeltechnik kann helfen, den Kritikaster auf sein unangenehmes Verhalten aufmerksam zu machen. Nehmen wir einmal an, Sie haben sich zum Abendessen ein Steak bestellt, und einer dieser Berufskritiker äußert empört, er lehne es ab, tote Tiere zu verzehren, und Sie sollten sich schämen, so etwas überhaupt zu bestellen. Um ihm bewußtzumachen, wie er auf andere wirkt, könnten Sie sein Verhalten spiegeln, indem Sie sein Essen in ähnlicher Weise kritisieren – und sich dabei ähnlicher Worte bedienen.

Die Technik der direkten Konfrontation kann ebenfalls sinnvoll sein. Erklären Sie Ihrem Tischgenossen, daß Sie ihm dankbar wären, wenn er es Ihnen erlaubte, in Frieden Ihre Mahlzeit zu genießen. Sie sollten einem Kritikaster sein aggressives Verhalten nicht durchgehen lassen.

Wenn der Kritikaster sich nicht eines Besseren belehren läßt, dann mag es sinnvoll sein, den Stecker herauszuziehen. Im Restaurant beispielsweise könnten Sie vom Tisch aufstehen, Ihre Serviette hinwerfen und das Restaurant mit dramatischer Geste verlassen. Dadurch haben Sie Ihre Botschaft in jedem Fall deutlich gemacht.

Den »Stecker herausziehen« und sich von dem Kritikaster endgültig distanzieren, so daß er niemanden außer sich selbst kritisieren kann, ist leider in vielen Fällen das einzige Mittel, um mit ihm fertig zu werden.

Der Besserwisser

Ein Besserwisser setzt sein Wissen als Mittel ein, um seine innere Unsicherheit zu verbergen und sich akzeptiert und bewundert zu fühlen, deshalb werden Sie am besten mit ihm fertig, wenn Sie ihm signalisieren, daß Sie seine umfassende Bildung zu schätzen wissen. Wenden Sie die Gedankenstopp-Technik und die Technik »Schenk ihnen Liebe und Freundlichkeit« an, um mögliche Aggressionen ihm gegenüber gar nicht erst aufkommen zu lassen.

Wie immer, wenn ein Mensch Ihnen schrecklich auf die Nerven geht, ist es sehr hilfreich, zunächst Ihre Spannungen auszuatmen. Machen Sie sich bewußt, daß diese Menschen durch ihre Besserwisserei nur versuchen, Ihre Akzeptanz und Wertschätzung zu gewinnen. Je mehr Zuwendung und Freundlichkeit Sie für sie aufbringen, desto weniger werden sie das Bedürfnis haben, ständig mit ihrem Wissen anzugeben.

Wenn ein Besserwisser allerdings absolut nicht bereit ist, Ihren Standpunkt zur Kenntnis zu nehmen, da er ja ohnehin alles weiß, dann müssen Sie die Technik der direkten Konfrontation anwenden. Sagen Sie ihm, daß Sie seine Kenntnisse und seinen Einblick zu schätzen wissen, aber dankbar wären, wenn er auch Ihren Standpunkt und ihre Informationen zur Kenntnis nähme. Sagen Sie ihm, daß intelligente Leute wie er in aller Regel auch gut zuhören können. Auf diese Weise schmeicheln Sie seinem Ego und tragen dazu bei, seine innere Unsicherheit abzubauen. Das wird ihn ermutigen, in einen Dialog mit Ihnen einzutreten.

Ich hatte einmal eine Klientin, deren Bruder ein schrecklich arroganter Besserwisser war. Sie geriet ständig in Streit mit ihm. Im Grunde seiner Seele war er sehr unsicher und überzeugt, daß er, im Gegensatz zu seiner Schwester, als Kind von seiner Mutter nicht wirklich geliebt worden war. Seine Versuche, die Familie mit seinem Wissen zu beeindrucken, führten zu ständigen Streitereien und trugen ihm eher Ablehnung ein.

Als meine Klientin zu mir kam und sich über ihn beklagte, machte ich ihr die Gründe für sein Verhalten bewußt und empfahl ihr die Technik »Schenk ihnen Liebe und Freundlichkeit«. Wenn sie sich wirklich sehr ärgerte, so schlug ich ihr vor, sollte sie ihre Spannungen zunächst einmal ausatmen. Nachdem sie diese beiden Techniken ausprobiert hatte, stellte sie fest, daß sie sehr viel besser mit ihrem Bruder umgehen konnte. Er bekam mehr und mehr das Gefühl, daß er es nicht nötig hatte, alles zu wissen und ihr ständig Vorträge zu halten, und er lernte, ihr zuzuhören und ihr Fragen zu stellen. Als er am Ende sicher war, von ihr akzeptiert zu werden, hörte er endgültig auf, ständig den Besserwisser zu spielen. Sie selbst lernte es, ihn nicht mehr anzugreifen und seine Kenntnisse anzuerkennen. Dadurch wandelte sich ihre Beziehung zum Besseren, und heute sind sie die besten Freunde.

Der emotionale Eisbeutel

Der Versuch, einen Kontakt mit einem emotionalen Eisbeutel herzustellen, ist in den meisten Fällen vergebliche Liebesmüh. Wahrscheinlich haben Sie den Wunsch, diesen Menschen dazu zu bewegen, wenigstens ein einziges Mal seine Gefühle zu zeigen, aber auch Anschnauzen hilft in einem solchen Fall nicht weiter. Heftige Gefühlsausbrüche Ihrerseits bewirken vielmehr, daß der Eisbeutel noch kälter und unnahbarer wird. Sie werden am besten mit ihm fertig, wenn Sie zunächst einmal versuchen, Ihre Spannungen auszuatmen, und ihm dann mit Liebe und Freundlichkeit begegnen. Mag sein, daß er dadurch ein wenig auftaut und sich sicherer und akzeptierter fühlt. Ein emotionaler Eisbeutel fühlt sich im Grunde in seiner eigenen Haut nicht wohl, aber er kann sein Verhalten nicht ändern, weil er es nicht gelernt hat, zu kommunizieren und seine Gefühle auszudrücken. Wenn er Emotionen zeigt, so fürchtet er, würde er sich selbst zum Narren machen.

Bei einem solchen Menschen kann die Humortechnik sehr wirkungsvoll sein. Mag sein, daß Sie ihn auch dadurch nicht dazu bringen, seine Gefühle zu äußern, aber wenn Sie ihn wenigstens zum Lachen bringen, dann ist immerhin ein Kontakt hergestellt.

Es gibt Menschen, die durchaus gefühlvoll sind, aber mit einer sehr monotonen Stimme sprechen. Durch ruhiges Nachfragen können Sie herausfinden, was sie denken und welche Gefühle eine bestimmte Situation, eine Person oder ein Ereignis in ihnen hervorrufen.

Der Paranoiker

In Hollywood begegne ich immer wieder Menschen, die jahrelang eine Enttäuschung nach der anderen erlitten und im Grunde ihres Herzens längst resigniert haben. Sie haben ständig Ängste, wittern überall Unheil und leiden unter einer Art Verfolgungswahn. Viele von ihnen fürchten um ihre Jobs. Wenn ihre Projekte fehlschlagen oder sie eine falsche Entscheidung treffen, dann kann es sein, daß man sie von einem Tag zum anderen fallenläßt. Das ist der Grund für ihre ständige Angst und Unsicherheit.

Ich habe festgestellt, daß die direkte Konfrontation und das ruhige Nachfragen helfen können, die Ängste solcher paranoider Menschen zu beschwichtigen. Diese Techniken werden ihnen helfen, zu erkennen, daß die Entscheidungen, die sie unter den gegebenen Umständen trafen, die richtigen waren. Wenn Sie es schaffen, ihnen mit Hilfe der genannten Techniken Sicherheit zu vermitteln, dann entwickeln sie mehr Vertrauen – nicht nur in Sie, sondern auch in sich selbst.

Da paranoide Menschen überall Unheil und Verrat wittern, müssen Sie alles Erdenkliche tun, um sie von Ihrer Vertrauenswürdigkeit zu überzeugen. Ein Paranoiker muß wissen, daß Sie es nicht darauf abgesehen haben, ihn zu verletzen oder auszunutzen.

Für den Umgang mit paranoiden Menschen brauchen Sie sehr viel Geduld. Ihre Spannungen auszuatmen kann Ihnen helfen, sich von Ihren Frustrationen zu befreien und ruhiger zu werden. Wenn Sie diesen Menschen treu zur Seite stehen und ihnen Unterstützung durch die Technik »Schenk ihnen Liebe und

Freundlichkeit« signalisieren, dann könnte es Ihnen gelingen, das Eis zu brechen und einen guten Freund zu gewinnen.

Wenn ein Paranoiker für Ihre Nerven allerdings eine zu arge Belastungsprobe darstellt, dann müssen Sie den Stecker herausziehen – so wie bei den anderen toxischen Terror-Typen, die Ihnen zu viel von Ihrer Energie rauben. Überlassen Sie es den Psychologen, mit ihnen fertig zu werden!

Der Aufhetzer

Im Umgang mit einem Aufhetzer können Sie grundsätzlich auf zweierlei Weise vorgehen. Gewöhnlich bewirkt die Technik »ruhiges Nachfragen«, daß er erkennt, daß Sie ihm auf die Schliche gekommen sind, und er von seinem Tun abläßt. Wenn man ihm wirklich auf den Zahn fühlt, dann beginnt er, nervös zu werden. Oder er sagt: »Ich hab' doch bloß Spaß gemacht« oder: »Ich war einfach neugierig.« Als der Friseur Sirvone versuchte, Unruhe zu stiften, indem er seiner Kundin erzählte, daß ihre Tochter wahrscheinlich Drogen nehme und es mit allen möglichen Jungen treibe, hätte die Mutter noch einmal intensiv nachfragen sollen.

Mutter: Wie kommen Sie darauf, daß meine Tochter es mit allen möglichen Jungen treibt und Drogen nimmt?
Sirvone: Oh, ich weiß doch, wie Mädchen in dem Alter sind. Ich hab' da so meine Informationsquellen ...
Mutter: Haben Sie sich schon einmal mit meiner Tochter unterhalten?
Sirvone: Nein.
Mutter: Sind Sie mit ihr befreundet?
Sirvone: Nein.
Mutter: Pflegen Sie ihr und ihren Freunden hinterherzuspionieren, so daß Sie wissen, was sie tut?
Sirvone: Nein.

Mutter: Wissen Sie, was bei uns zu Hause los ist und wie wir unsere Tochter erzogen haben?

Sirvone: Nein, ich habe nur versucht, Sie zu warnen, damit Sie nicht überrascht sind, wenn irgendein Problem auftaucht.

Mutter: Danke, Sirvone, aber ich glaube, was meine Tochter angeht, so kann ich die Situation ganz gut einschätzen.

Mit Hilfe der Technik »ruhiges Nachfragen« wäre es gelungen, Sirvone begreiflich zu machen, daß er bei dieser Frau sein Spielchen nicht spielen konnte.

Auch die Technik der direkten Konfrontation kann angewandt werden, um einem Aufhetzer den Wind aus den Segeln zu nehmen. Damit können Sie ihn wissen lassen, daß Sie sein Spiel durchschauen. Zum Beispiel:

Sirvone: Sie sollten auf Ihre Tochter gut aufpassen. Ich bin sicher, sie treibt es mit Jungen und nimmt Drogen.

Mutter: Sirvone, wenn Sie genausoviel Zeit damit verbringen würden, positive Gefühle bei Ihren Kunden zu wecken wie negative, dann hätten Sie in Ihrem Salon sehr viel mehr zu tun.

Auch die Humortechnik ist bei Aufhetzern sehr effektiv. Wenn ein Aufhetzer versucht, Sie in Unruhe zu versetzen, könnten Sie etwas Humorvolles erwidern, beispielsweise: »Reden Sie nur weiter, dann weiß ich wenigstens, daß Sie nicht *denken*.«

Lassen Sie den Aufhetzer wissen, daß Sie ihn durchschauen und das, was er sagt, nicht ernst nehmen. Spielen Sie alle seine provozierenden Bemerkungen systematisch herunter. Am Ende wird er die Botschaft gewiß verstehen.

Die Auswahl bestimmter Techniken

Entsprechend meinen eigenen Recherchen und dem Feedback, das meine Klienten mir gaben, waren die spezifischen Techniken, die ich für jeden der toxischen Terror-Typen vorgeschlagen habe, jeweils am wirkungsvollsten. Das heißt aber nicht, daß Sie sich beim Umgang mit Nervensägen auf die jeweils beschriebene Technik oder die jeweiligen Techniken beschränken müssen.

Wenn Sie es mit einem toxischen Menschen zu tun haben, dann können Sie entweder eine einzelne Technik oder eine Kombination oder alle genannten zehn Techniken anwenden. Es hängt davon ab, was Sie persönlich vorziehen und womit Sie sich wohl fühlen. Welche Technik Sie auch immer wählen, es geht darum, daß Sie Ihren Ärger und Ihre Frustration loswerden, damit Sie von Herzanfällen, Krebs oder anderen Streßkrankheiten verschont bleiben.

Kapitel 8

Wählen Sie Ihre Technik entsprechend der Rolle, die der toxische Mensch in Ihrem Leben spielt

Die Rolle, die die spezifische toxische Schreckensgestalt in Ihrem Leben spielt, sollte die Wahl Ihrer Technik bestimmen. Bei Familienmitgliedern gibt es spezifische Techniken, die zum Erfolg führen, während andere Techniken eher bei Mitarbeitern erfolgreich sind und wiederum andere sich als nützlich bei Autoritätspersonen oder Untergebenen erweisen.

Menschen legen ihren Mitmenschen gegenüber unterschiedliche Verhaltensweisen an den Tag, abhängig davon, welchen Einfluß der Betreffende auf ihr Leben, ihr persönliches Wohlbefinden und ihren Lebensunterhalt hat.

Denken Sie nur einmal an Ihre Familie. Die Fernsehserien nach dem Motto »eine glückliche Familie« sind Phantasieprodukte; es gibt keine Familie, in der alle Familienmitglieder ständig so gut miteinander auskommen.

Man hat uns allen beigebracht, daß wir unsere Verwandten lieben müssen, *weil* sie eben zu unserer Familie gehören. Leider gibt es jedoch in einigen Familien äußerst vergiftende Einflüsse. Einige Familienmitglieder sind es einfach nicht wert, geliebt zu werden, und Sie haben durchaus das Recht, sich von einem Familienmitglied zu distanzieren, das sich Ihnen gegenüber abscheulich verhalten hat.

Toxische Mütter und Väter

Es gibt zweifellos Eltern, die eigentlich nicht Eltern hätten werden sollen – die ihre Kinder vernachlässigen oder sie mißhandeln und ihnen dadurch schweren und irreparablen Schaden zufügen. Viele Kinder werden bis ins Teenager- oder sogar bis ins Erwachsenenalter hinein seelisch und körperlich gequält. Ich teile die Meinung vieler Psychologen, die glauben, die Technik »Stekker raus« sei in diesen Fällen der einzig sinnvolle Weg. Es ist im besten Interesse des Opfers, den Kontakt gänzlich abzubrechen, um endlich ein glücklicheres und produktiveres Leben führen zu können.

Natürlich sind Eltern im allgemeinen keine bösartigen Menschen. Viele von ihnen sind bedauernswerte Wesen mit großen persönlichen Schwächen und einem schlechten Selbstbild, die sich bemühen, für ihre Kinder alles zu tun, was in ihren Kräften steht. Dennoch haben manche eine eher destruktive Wirkung auf ihre Kinder, weil sie ignorant sind und sich selbst nicht respektieren, vor allem aufgrund ihrer eigenen Familiengeschichte. Bei ihnen sollte man alles versuchen, um den Kontakt aufrechtzuerhalten, bevor man die Technik »Stecker raus« anwendet.

Einige Eltern, die, ohne es zu wissen, eine toxische Wirkung auf ihre Kinder haben, erkennen die Konsequenzen ihres Verhaltens erst dann, wenn es zu spät ist. Die Mutter von Hervé Villechaize mag sich, nachdem Hervé sich das Leben genommen hatte, einer ernsten Gewissensprüfung unterzogen haben. Abgesehen davon, daß Hervé damit fertig werden mußte, zu den Kleinwüchsigen zu gehören, fand er, wie er mir selbst berichtete, bei seiner Mutter und seinem Vater kaum Unterstützung. Sein Vater, ein prominenter Arzt, konnte Hervés Kleinwüchsigkeit nie akzeptieren, deshalb reiste er mit ihm auf der Suche nach einem Wunderheiler durch die ganze Welt – ein vergebliches Bemühen, das für Hervé mit sehr viel Demütigungen und Schmerzen verbunden war. Schließlich, als Hervé das Teenageralter erreicht hatte, weigerte er sich, weiterhin durch die ganze Welt zu reisen, und flehte seinen Vater an, ihn einfach so, wie er war, zu akzeptieren. Aber dieser konnte sich mit der Behinderung seines Sohnes offenbar nicht abfinden.

Bei seiner Mutter fand er ebenfalls kaum Unterstützung. Hervé erzählte mir – wie vielen anderen Menschen, die ihn interviewten, um etwas über sein Leben zu erfahren –, daß er niemals das Gefühl gehabt habe, von seiner Mutter wirklich geliebt zu werden; was auch immer er tat – es schien ihr niemals gut genug. Bei seiner Hochzeit stellte Hervé mich aufgeregt seiner Mutter vor und sagte: »Mutter, Mutter, dies ist meine Lehrerin. Sie arbeitet mit mir an meiner Stimme.« Seine Mutter sah mich kalt an und erwiderte: »Nun, ich kann ihn trotzdem noch immer nicht verstehen.« Ich weiß noch, daß ich dachte: Kein Wunder, daß dieser arme Mann so viele Schwierigkeiten hat. Seine eigene Mutter scheint seine Bemühungen, an sich zu arbeiten und sein Leben zu verbessern, nicht zu unterstützen. Nachdem Hervé gestorben war, berichtete die amerikanische Zeitschrift *People* über einen Vorfall, der die Lieblosigkeit seiner Mutter deutlich demonstrierte. Einmal hatte Hervé, ein sehr begabter Künstler, ein Porträt seiner Mutter gemalt, und diese reagierte darauf mit dem Kommentar: »Na, ja – aber es ähnelt mir nicht im geringsten.«

Leider gibt es nur allzu viele Mütter, die zur Kategorie der ewigen Kritikerinnen oder ständigen Lästermäuler gehören; ihnen sollte man mit der Technik der direkten Konfrontation oder des ruhigen Nachfragens begegnen. Sagen Sie ihnen in aller Offenheit, daß ihre Worte und ihr Verhalten verletzend sind.

Einige elterliche Verhaltensweisen – vor allem die von wutschnaubenden Stieren, Kontrollfreaks und zähnefletschenden Tyrannen – können der Persönlichkeit der fraglichen Kinder schweren Schaden zufügen. Das Kind möchte seine Mutter oder seinen Vater verzweifelt lieben und sie oder ihn von dem zerstörerischen Verhalten abbringen, aber dies wird nur dann gelingen, wenn der betreffende Elternteil selbst mitarbeitet. Sollte das trotz aller Bemühungen nicht der Fall sein, dann ist – bei erwachsenen Kindern – die »Stecker raus«-Technik die sinnvollste.

Die Tennisspielerin Mary Pierce hat einen gewalttätigen Vater, der zu den Kontrollfreaks gehörte und sie ständig bevormundete. Nach einem Match wurde sie von ihrem Vater häufig beschimpft und vor den anderen Spielern und den Organisatoren abgekanzelt und sogar verprügelt. Die Organisatoren der Spiele entschieden, ihn von der Teilnahme an sämtlichen Tennismatches auszuschließen, und Mary tat es ihnen gleich; sie trennte sich sowohl im persönlichen als auch im beruflichen Bereich von ihm. Heute gehört sie weiterhin bei internationalen Tennismeisterschaften fast immer zu den Gewinnerinnen.

In solchen Fällen gibt es nur eine Möglichkeit: um sich selbst und Ihr Leben zu schützen, müssen Sie sich von Eltern, die eine vergiftende Wirkung auf Sie haben, trennen. In Amerika hat es Fälle gegeben, wo Kinder sich legal von ihren toxischen Müttern und/oder Vätern trennten, weil sie vernachlässigt und/oder mißbraucht worden waren.

Andere Eltern bringen ihre Kinder in Verlegenheit, weil sie Klatschmäuler, Scherzkekse, Trampel oder Schwätzer sind. Zwar sind sie nicht bösartig, aber es kann sehr schwierig sein, mit ihnen umzugehen. Der Schauspieler Sylvester Stallone hat in Interviews immer wieder seine Mutter erwähnt. Anscheinend versucht Jackie Stallone ständig, sich in den Vordergrund zu spielen, und äußert sich in sehr peinlicher Weise über die Exfrau und/oder die Freundinnen ihres Sohnes. Bei solchen Gelegenheiten mußte Sylvester zweifellos viele Male tief durchatmen, um Jackie gegenüber nicht die Geduld zu verlieren. Er liebt seine Mutter, akzeptiert ihr Verhalten in seiner gutmütigen Art als »eben typisch für sie« und macht sich manchmal darüber ein wenig lustig.

Eltern, die toxische Charakterzüge, aber deshalb noch keinen zerstörerischen Einfluß haben, sollte man mit Humor und der Technik des Ausatmens von Spannungen begegnen, darüber hinaus aber auch mit ruhigem Nachfragen, direkter Konfrontation und Liebe und Freundlichkeit. Wenn Ihre Eltern sich hartnäckig weigern, Ihnen zuzuhören und Ihre berechtigte Kritik zur Kenntnis zu nehmen, können Sie es mit der Anschnauztechnik und der Spiegeltechnik versuchen.

Einige Eltern allerdings sind wirklich schwer zu ertragen, beispielsweise Wegtaucher, Weicheier, Verräter, Lügner oder langsame Brüter, und es ist beängstigend, mit ihnen zu tun zu haben, da man ihnen nie wirklich trauen kann. Viele Menschen hätten als Kind sehr viel mehr Liebe gebraucht, sind aber von ihren Eltern ständig verletzt und enttäuscht worden. Machen Sie sich bewußt, daß jeder Mensch die Pflicht hat, sich selbst zu schützen.

Wenn Sie von Ihren Eltern verlassen oder fortgegeben wurden, dann können die Technik »Gedankenstopp« und die Technik »süße Rachephantasien« Ihnen helfen, sich Ihre psychische Gesundheit zu bewahren und Ihre verletzten Gefühle zu heilen.

Kenya Moore wurde Miss USA und schien alles Glück der Erde für sich gepachtet zu haben. In Wahrheit war sie jedoch seelisch tief verletzt, da ihre Mutter sie als Baby fortgegeben hatte und sie, als Kenya den Kontakt wieder herzustellen versuchte, praktisch ignorierte. Als sie zwölf Jahre alt war, schwor Kenya, sich von ihrer Mutter nie wieder verletzen zu lassen – eine nicht ungewöhnliche Strategie bei Kindern, die von ihren Eltern verlassen wurden. Die Techniken »Gedankenstopp« und »süße Rachephantasien« können Kenya auch in Zukunft bei der Heilung ihres persönlichen Traumas weiterhelfen.

Schließlich gibt es auch Eltern, die im Grunde ihres Herzens hilflose, traurige Kinder sind und die eine Beziehung geschaffen haben, in der die Rollen vertauscht wurden. Der Selbstzerstörer, das Weichei, das ewige Opfer und der Lügner fallen in diese Kategorie. Häufig versucht das Kind, die Elternrolle zu übernehmen und diesen bemitleidenswerten Menschen aus ihrer Misere hinauszuhelfen. Ich würde in einem solchen Fall die Technik »Schenk ihnen Liebe und Freundlichkeit« empfehlen, aber häufig wird auch ein wenig »liebevolle Strenge« vonnöten sein. Um nicht zum Koabhängigen zu werden, müssen Sie den Stecker herausziehen – nicht weil Sie den betreffenden Elternteil hassen, sondern um der Liebe willen, die Sie für ihn empfinden. Sie müssen Grenzen setzen und dürfen es nicht zulassen, daß Sie von Ihren Eltern in Schmerz und seelische Krankheit hineingezogen werden. Mancher Vater und manche Mutter wurde durch ein solches Verhalten herausgefordert, sich weiterzuentwickeln und sich mit seinen/ihren Problemen auseinanderzusetzen.

Wir dürfen nicht in die Falle tappen, uns unseren Kindern gegenüber genauso toxisch zu verhalten wie unsere Eltern sich uns gegenüber verhielten. Mit Hilfe der richtigen Techniken und Vorgehensweisen können wir den Teufelskreis brechen.

Toxische Geschwister

Brüder und Schwestern können einander unendlich viel Kummer bereiten.

Eifersucht und Rivalität unter Geschwistern sind ein schwerwiegendes Problem. Viele Menschen haben als Erwachsene ein sehr mangelhaftes Selbstwertgefühl, weil ein Elternteil oder beide Eltern einen Bruder oder eine Schwester vorzogen.

Wenn Eltern zwei Kinder haben, dann ist manchmal eines dieser Kinder offensichtlich erfolgreicher als das andere, und das weniger erfolgreiche spielt häufig die Rolle des »schwarzen Schafes«. Meist bedeutet das für das erfolgreichere Kind oder die ganze Familie eine schwere Belastung. In vielen Fällen übernimmt das weniger erfolgreiche Kind die Kindrolle und erwartet von dem erfolgreichen, daß es in die Vater- oder Mutterrolle schlüpft und ihm aus unangenehmen Situationen heraushilft.

Einer meiner Klienten mußte die Technik »Stecker raus« anwenden, da er durch seinen heroinabhängigen Bruder dauernd in Schwierigkeiten geriet. Als mein Klient, heute ein renommierter Arzt, noch studierte, gab es Zeiten, in denen er kaum arbeiten konnte, da er häufig spät in der Nacht Anrufe bekam, er müsse seinen Bruder aus dem Gefängnis abholen oder ihn aus irgendeiner schwierigen Situation befreien. Marty fühlte sich immer wieder verpflichtet, seinem Bruder aus der Klemme zu helfen. Als er später ein erfolgreicher Arzt wurde, ging die Hälfte seines Einkommens dafür drauf, seinen Bruder finanziell zu unterstützen oder ihn mit Hilfe einer Kaution aus irgendwelchen Zwangslagen zu befreien. Mit seinem Bruder über dieses Thema zu reden war sinnlos; nichts half, weder das Spiegeln, noch die Anschnauztechnik, noch Humor, noch liebevolle Zuwendung. Um sich selbst zu schützen – geistig, finanziell und emotional – trennte Marty sich schließlich von ihm. Später starb der Bruder an einer Überdosis Heroin, aber da Marty sicher ist, sein Bestes getan zu haben, hat er keine Schuldgefühle. Wenn ihm dennoch unangenehme Gedanken kommen, dann überwindet er sie mit Hilfe der Gedankenstopp- und der Phantasie-Technik, letztere jedoch in ein wenig abgewandelter Form: Er stellt sich vor, daß sein Bruder seine Hilfsangebote genutzt hätte, *clean* geworden wäre und ein glückliches und produktives Leben geführt hätte.

Auf Grund der sehr komplexen Dynamik, die sich innerhalb einer Familie abspielt, haben die meisten Menschen in Zusammenhang mit einem Bruder oder einer Schwester Gefühle von Schuld und Scham, Zorn und Enttäuschung – und zwar in noch stärkerem Maße als im Hinblick auf ein Elternteil oder ein Kind. Da Geschwister dieselben Eltern haben, gehen sie oft davon aus, daß sie sich sehr ähnlich seien und auf dieselbe Weise denken, fühlen und handeln würden. Wenn das nicht der Fall ist, dann sind sie häufig sehr wütend und fühlen sich betrogen.

Es ist wichtig zu erkennen, daß Sie und Ihre Geschwister völlig verschiedene Menschen sind. Sie dürfen nicht erwarten, daß Ihre Geschwister so sind, wie Sie es sich wünschen. Insofern spielt eine offene Kommunikation eine ganz besonders wichtige Rolle. Verschiedene Techniken – Humor, direkte Konfrontation, Spiegeln, ruhiges Nachfragen und auch das Anschnauzen (unter Geschwistern sehr beliebt!) – können die Beziehung zu einem Bruder oder einer Schwester radikal verbessern.

In meiner Praxis habe ich viele Geschichten darüber gehört, daß ein Bruder seinen Bruder haßt, daß eine Schwester ihre Schwester verklagt oder daß ein Bruder seine Schwester umbringen will. Warum sind die Beziehungen unter Geschwistern oftmals so schwierig? Weil sie es im Laufe eines gemeinsamen Lebens *niemals* gelernt haben, miteinander zu reden.

Die in diesem Buch beschriebenen Techniken geben Ihnen die Mittel an die Hand, zu Ihren Geschwistern eine wertvolle Beziehung aufzubauen.

Toxische Ehepartner

Nachdem ich ein Buch mit dem Titel *He Says, She Says, Closing the Communication Gap Between the Sexes* [dt. etwa: Er sagt – sie sagt. Für eine bessere Kommunikation zwischen den Geschlechtern] geschrieben und die Welt bereist habe, um Vorträge zu dem Thema zu halten, und nachdem ich zahllose Briefe von Leuten erhielt, denen meine Bücher und Seminare geholfen haben, bin ich *überzeugt*, daß die Scheidungsrate deshalb so hoch ist, weil wir unsere Kommunikationsfähigkeit nicht genügend entwickelt haben. Wir geben einander keine Chance und sind deshalb schon nach wenigen Wochen oder wenigen Jahren bereit, unseren Partner fallenzulassen, weil wir uns allzu häufig über ihn ärgern.

Anstatt mit Hilfe von Humor, ruhigem Nachfragen, direkter Konfrontation oder sogar heftigem gegenseitigem Anschnauzen (in *jeder* Ehe und Liebesbeziehung eine Notwendigkeit!) die Beziehung zu klären und zu verbessern, werfen wir das Handtuch und laufen dem Partner davon.

Jetzt jedoch haben Sie die Freiheit, über alternative Möglichkeiten nachzudenken. Selbst wenn Sie jemanden innig lieben, gibt es Zeiten, in denen Ihr Liebster oder Ihre Liebste Sie schrecklich nervös, traurig oder wütend macht. Aber laufen Sie nicht einfach davon, und vermeiden Sie es, Ihre Gefühle zu verdrängen, bis die Beziehung unwiderruflich zerstört ist. Setzen Sie sich vielmehr mit dem, was Sie stört, auseinander. *Reden* Sie mit Ihrem Partner! Nur so haben Sie eine Chance, eine dauerhafte Beziehung aufzubauen.

Manchmal jedoch haben zwei Menschen sich sehr weit auseinanderentwickelt und jeder für sich ein separates Leben aufgebaut, so daß sie nichts mehr gemeinsam haben. Oder sie schaffen es nicht, dem Partner einen Seitensprung zu verzeihen, und das Vertrauen ist unwiderruflich zerstört. In solchen Fällen muß man sich trennen, wie schmerzhaft das auch sein mag. Gedankenstopp und süße Rachephantasien werden Ihnen dabei helfen, über Ihre Wut auf einen toxischen Ehepartner hinwegzukommen. Nutzen Sie dieses starke Gefühl, um sich aus der toxischen Beziehung zu befreien und mit Würde und intaktem Selbstwertgefühl daraus hervorzugehen.

Es ist sinnlos und überflüssig, den Partner jahrelang mit seiner Rache zu verfolgen, so wie eine Frau aus meinem Bekanntenkreis es tat. Auch als sie nach der Scheidung mehrere Millionen Dollar bekommen und sich einige Jahre später wieder verheiratet hatte, hörte sie nicht auf, ihren Mann zu beschuldigen und einzuschüchtern. Sie enthielt ihm die gemeinsamen Kinder vor, demolierte seinen Wagen und belästigte seine Freundinnen. Ein solches Verhalten sollten Sie auf jeden Fall vermeiden!

Toxische Kinder

In den USA gab es vor einigen Jahren eine Bewegung, die sich *Tough Love* nannte. Eltern gingen im Rahmen dieses Programms die Verpflichtung ein, ihre rebellischen und unkooperativen Kinder systematisch zu disziplinieren, um sie zu lehren, für ihre Handlungen Verantwortung zu übernehmen. In vielen Fällen kamen die Kinder zur Einsicht und änderten ihre unkooperativen Verhaltensmuster.

Heutzutage tut man sich leicht damit, einem Elternteil, meist der Mutter, die Verantwortung für das toxische Verhalten oder den toxischen Charakter eines Kindes zuzuschieben. Manche Psychologen behaupten, man habe dem Kind zu viel oder zu wenig Liebe gegeben. Ich persönlich glaube, daß man einem Kind niemals zu viel Liebe geben kann und daß die Fehlentwicklung eines Kindes manchmal sehr wenig damit zu tun hat, wie seine Eltern es aufzogen. Heutzutage gibt es viele Einflüsse, die die Eltern kaum kontrollieren können: die Medien, das Vorbild Gleichaltriger, Leistungsdruck, Drogen, Jugendbanden, Gewalt an den Schulen und Gewalt im gesellschaftlichen Umfeld. Ich kenne viele vorbildliche Eltern, deren Kinder drogensüchtig wurden, ein

uneheliches Kind bekamen oder sich einer kriminellen Jugend-
bande anschlossen.

Die meisten Eltern sind völlig hoffnungslos und verzweifelt, wenn ihre Kinder sich von ihnen abwenden und/oder in kri-
minelle Aktivitäten verwickelt werden. Mein Rat lautet: Geben Sie
niemals auf! Es gibt in jedem Fall verschiedene Handlungsmög-
lichkeiten. Beginnen Sie mit der Technik der direkten Konfrontation – reden Sie mit Ihrem Kind wie mit einem Erwachsenen,
den Sie schätzen und respektieren. Durch die Informationsflut in
den Medien wissen die Kinder sehr genau, was in der Gesellschaft
vor sich geht, und schon deshalb ist es sinnvoll, alle Probleme
offen mit ihnen anzusprechen.

Verschiedene Techniken, Schenk-ihnen-Liebe-und-Freund-
lichkeit, ruhiges Nachfragen und Spiegeln, sind möglich und angebracht. Haben Sie keine Hemmungen, auch einmal lauthals zu
schimpfen und zu schreien – aber benutzen Sie diese Technik
nicht allzu oft, da sie sich mit der Zeit abnutzt. Sie sollten ein Kind
niemals schlagen – wie sehr es das Ihrer Meinung nach auch verdient haben mag. Studien haben gezeigt, daß Gewalt niemals ab-
schreckend wirkt. Sie erzeugt nur noch mehr Haß und Zorn und
kann lebenslange emotionale Narben zurücklassen.

Wenn Kinder sich widersetzen und vernünftigen Argu-
menten nicht zugänglich sind, dann sollten Sie sie die Konsequenzen ihres Verhaltens liebevoll, aber mit konsequenter
Strenge spüren lassen. Bemühen Sie sich darum, daß sie angemessene Hilfe bekommen, selbst wenn das bedeuten sollte, daß
sie in eine Drogenklinik oder in eine Anstalt für schwer erziehbare
Jugendliche kommen.

Sie sind für die Handlungen Ihrer Kinder nicht verantwortlich, aber Sie können Ihnen schon allein dadurch einen guten
Start verschaffen, daß Sie ihnen ein Gefühl für Werte und mora-
lische Grundsätze nahebringen.

Arbeiten Sie darauf hin, mit Ihren Kindern so früh wie möglich eine vertrauensvolle Kommunikation aufzubauen, so daß
diese *immer* sicher sein können, daß Sie, wie schlimm die Situa-

tion auch sein mag, zu einem Gespräch mit ihnen bereit sind. Bringen Sie Ihren Kindern durch Ihr eigenes gutes Beispiel nahe, wie man effektiv kommuniziert!

Wenn Sie Ihren Kindern durch Ihr eigenes Beispiel die Techniken des ruhigen Nachfragens und der direkten Konfrontation beibringen, dann wird das nicht nur eine gute Mitgift für ihr späteres Leben sein, sondern auch das Beste, was Sie für die Beziehung zu Ihrem Kind tun können. Und wenn Kinder sehen, daß auch ihre Eltern offen und ehrlich miteinander reden, dann werden sie lernen, dasselbe zu tun.

Toxische Freunde

»Na, wenn du *den* zum Freund hast, dann brauchst du keine Feinde mehr«, sagt man manchmal im Scherz. Es gibt nichts Entmutigenderes und Deprimierenderes, als von jemandem hintergangen zu werden, dem man vertraute. Manchmal finden wir uns mit einem Menschen ab und nennen ihn sogar unseren Freund, obwohl er uns ganz und gar nicht guttut. Vielleicht haben wir Mitleid mit ihm, weil er es im Leben schwerer hatte als wir, oder wir sind mit ihm aufgewachsen und mit ihm zusammen zur Schule gegangen und mögen uns deshalb nicht von ihm trennen. Aber wie auch immer wir unsere emotionale Trägheit rechtfertigen – diese Menschen, die uns Kummer, Schmerz und schwere Enttäuschungen bereiten, indem sie uns nicht respektieren, uns nicht unterstützen und uns betrügen, können niemals unsere »Freunde« sein.

Ein Freund ist nicht nur einfach ein Mensch, den Sie schon eine lange Zeit kennen. Ein Freund ist jemand, der Ihnen in einer Krise beisteht und sich über Ihr Glück freut. Ein Freund wird Sie verteidigen und Ihr Vertrauen niemals mißbrauchen. Ein Freund wird nicht mit Ihnen rivalisieren. Er ist respektvoll, großzügig, sensibel und wohlwollend.

Ein wahrer Freund teilt Ihnen seine Gefühle und Gedanken mit und setzt Ihnen nicht mit destruktiver Kritik zu.

Menschen, auf die diese Charakterisierung nicht zutrifft, sind *nicht* Ihre Freunde. Gewiß – niemand ist vollkommen, und Freunde machen auch einmal Fehler, aber dann liegt es an uns, das Problem offen anzusprechen. Die Kommunikation mit Hilfe von direkter Konfrontation, ruhigem Nachfragen und liebevoller Zuwendung hilft Ihnen, einen wahrhaft freundschaftlichen Kontakt zu Ihren Freunden aufrechtzuerhalten.

Toxische Geliebte

Liebende sollten eigentlich die engsten und besten Freunde sein. Wenn wir mit jemandem nackt im Bett liegen und die intimsten Zärtlichkeiten austauschen können – warum ist es dann manchmal so schwierig, mit ihm zu kommunizieren? Vielleicht hat es sehr viel mit unserem eigenen Selbstwertgefühl zu tun. Häufig wissen wir nicht, wie wir mit dem geliebten Menschen reden sollen. Da dieser besondere Mensch fähig ist, uns so glücklich zu machen, reagieren wir übermäßig heftig, wenn wir einmal verletzt oder enttäuscht werden. Wir haben ihm gegenüber unseren Schutzpanzer abgelegt und fühlen uns nun wie ein rohes Ei. Deshalb haben wir oft nicht genügend Abstand zu dem, was der andere tut. Wenn die Kommunikation unzulänglich ist, dann werden intime Beziehungen häufig »toxisch«.

Ein Mensch, mit dem Sie intim zusammen waren, sollte mit dem größten Respekt behandelt werden. Klären Sie alle Streitigkeiten auf der Basis liebevoller Zuwendung, dem entscheidenden Mittel, das verhindert, daß Sie füreinander toxisch werden. Humor und ruhiges Nachfragen können ebenfalls sehr wirkungsvoll sein, um verletzte Gefühle zu heilen und eine offenere Kommunikation zu erreichen.

Anni und David, die ihre Flitterwochen auf Barbados verbrachten, hatten beide ziemliche Ängste im Hinblick auf die Ehe, aber sie hatten noch nie über diese Gefühle gesprochen. Statt dessen wurde David immer stiller, zog sich in sich selbst zurück und begann, viele Stunden lang zu joggen. Inzwischen verwandelte Anni sich in eine Kreuzung zwischen einem ewigen Opfer und einer zähnefletschenden Tyrannin. Gegen Ende ihrer ersten gemeinsamen Woche sprachen sie kaum noch ein Wort miteinander. Schließlich kam es zum Krach, und sie brüllten sich gegenseitig an. Immerhin konnten sie dadurch ihren Gefühlen zunächst einmal Luft machen. Sie begannen, miteinander zu reden. Zwar waren die harschen Worte, die dann fielen, nicht gerade das, was man sich üblicherweise von einer Hochzeitsreise erträumt, aber wenigstens öffneten sie den Weg zu einer ehrlichen Kommunikation.

Toxische Nachbarn

Sie können sich Ihre Freunde und Ihren Ehe- oder Lebenspartner auswählen, aber bei Nachbarn ist das meist nicht der Fall. Nachdem ich Tausende von Geschichten über »teuflische Nachbarn« gehört habe, weiß ich das große Glück eines Menschen zu schätzen, der mit einem freundlichen, großzügigen, diskreten, nicht klatschsüchtigen, nicht wutgeladenen, nicht fanatischen, nicht opportunistischen, nicht rivalisierenden, nicht anklagenden Nachbarn gesegnet ist. Vor allem enge Wohnverhältnisse, wie sie in einem Mehrfamilienhaus herrschen, können in den Menschen toxische Charakterzüge zutage treten lassen.

Am besten gehen Sie mit folgenden Techniken vor: Anschnauzen, Spannungen ausatmen, Gedankenstopp und süße Rachephantasien.

Humor, direkte Konfrontation, ruhiges Nachfragen und »Schenk ihnen Liebe und Freundlichkeit« werden bei aggressiven Nachbarn kaum Wirkung haben. Wenn Sie ihnen von Anfang an die Zähne zeigen und die Anschnauztechnik anwenden, dann werden feindselige Nachbarn Sie gewöhnlich nicht wieder belästigen. Wie das Bellen eines aggressiven Hundes wird dieses Vorgehen ihnen signalisieren, daß Sie stark und mutig genug sind, für sich selbst einzutreten.

Wenn die toxischen Nachbarn nicht zur Raison zu bringen sind, dann sollten Sie zunächst einmal ruhig ein- und ausatmen. Wenn das nicht effektiv genug ist, dann wenden Sie die Gedankenstopp-Technik an; das wird Ihnen zumindest helfen, kein Magengeschwür zu bekommen. Um sich von Ihrer Angst und Ihrem Zorn so weitgehend wie möglich zu befreien, können Sie sich einigen süßen Rachephantasien hingeben – etwa indem Sie sich vorstellen, daß das Haus der betreffenden Personen niederbrennt, daß ihre Eigentumswohnung unter Wasser steht oder, noch besser, daß sie ausziehen.

Sie dürfen Ihre Phantasien jedoch *niemals* realisieren. Wenn Sie unlösbare Probleme mit Ihren Nachbarn haben, dann lösen Sie sie mit Hilfe des Gerichts, nicht Ihrer Fäuste. Gewalttätigkeit kann Sie nur in Schwierigkeiten bringen.

Wenn die Situation unerträglich wird, dann können Sie die Technik »Stecker raus« anwenden und ausziehen. Dies ist möglicherweise lästig, aber es kann Ihr Leben retten. Bevor Sie umziehen, sehen Sie sich aber Ihre neuen Nachbarn erst einmal genau an!

Toxische Menschen am Arbeitsplatz

Auch darüber, mit wem Sie an Ihrem Arbeitsplatz zusammentreffen, haben Sie kaum Kontrolle – es sei denn, natürlich, daß die Firma Ihnen gehört. In der heutigen schwierigen wirtschaftlichen Situation können jedoch auch die meisten Chefs sich ihre Kunden nicht aussuchen.

Fast jeder Angestellte muß bereit sein, mit allen möglichen toxischen Menschen auszukommen, um seinen Job zu behalten. Am Arbeitsplatz ist es eine Frage des persönlichen Überlebens, ob man es lernt, mit toxischen Menschen umzugehen. Mit Hilfe der Techniken »Spannungen ausatmen«, »Gedankenstopp« und »süße Rachephantasien« wird Ihnen dies am besten gelingen.

Toxische Vorgesetzte

Vorgesetzte sind Vorgesetzte, und sie haben die Macht. Wenn es Ihnen also vor allem darum geht, Ihren Job zu behalten und Ihren Lebensunterhalt zu verdienen, dann spielt es keine entscheidende Rolle, ob Sie sie mögen oder nicht. Wichtig ist vielmehr, ob Sie lernen, mit einem schwierigen Vorgesetzten so gut wie möglich auszukommen und mit Ihrem Zorn und Ihrer Frustration fertigzuwerden.

Es gibt viele Menschen in Machtpositionen, die eine toxische Wirkung haben: zähnefletschende Tyrannen, Kritikaster, Kontrollfreaks, Ausnutzer, Berufsrivalen, Verräter, Besserwisser, Geizhälse – oder die gar verschiedene unangenehme Charakterzüge in einer Person vereinen.

Ich habe von meinen Klienten zahllose Geschichten über toxische Chefs gehört, die in eine oder mehrere dieser Kategorien fallen. Nach Anwendung bestimmter Techniken, die ich diesen Klienten empfohlen hatte, veränderte sich ihr Arbeitsleben häufig zum Besseren, und sie fühlten sich an ihrem Arbeitsplatz wohler. Folgende Techniken erwiesen sich als effektiv, wenn man seinen Job behalten und in der Firmenhierarchie weiter aufsteigen will: Spannungen ausatmen (und dies alle zwanzig Minuten wiederholen), Gedankenstopp – vor allem wenn man häufig über etwas nachgrübelt, was der toxische Chef zu einem gesagt hat –, die Technik »Schenk ihnen Liebe und Freundlichkeit«, bei der man sich nach Kräften bemüht, etwas Nettes zu sagen und den Chef mit Respekt zu behandeln, und die Technik der süßen Rachephantasien, bei der man sich ausmalt, was man dem toxischen Chef antun könnte.

Wenn Sie sehr viel Wert auf Ihren Arbeitsplatz legen, dann sind alle anderen Techniken Ihnen möglicherweise zu riskant. Einen Vorgesetzten sollte man niemals in die Defensive drängen oder bloßstellen, denn er ist es, der die Macht hat, und es gibt nichts, was Sie daran ändern können – außer sich auf angemessene und diskrete Weise von Ihrem Ärger zu befreien.

Wenn es Ihnen jedoch nicht darum geht, sich Ihren Arbeitsplatz unter allen Umständen zu sichern, dann können Sie ein Risiko eingehen und es mit der direkten Konfrontation, dem ruhigen Nachfragen, dem Spiegeln oder dem Anschnauzen versuchen. Sollte es in Ihrer Firma derartig toxisch zugehen, daß die Angst und der Streß, dem Sie ausgesetzt sind, Ihre Gesundheit untergraben, dann sollten Sie, wenn möglich, den Stecker herausziehen.

Wir sollten uns niemals zum Opfer machen lassen. Im Umgang mit toxischen Vorgesetzten haben wir die Möglichkeit, die Stimme zu erheben, zu kündigen oder rechtliche Hilfe in Anspruch zu nehmen. Wenn toxische Vorgesetzte ihr extrem toxisches Verhalten nicht ändern, dann ist es in vielen Fällen möglich, rechtliche Schritte gegen sie einzuleiten.

Toxische Mitarbeiter

Ich habe zahllose Geschichten von Mitarbeitern gehört, die versuchten, die Arbeit ihrer Kollegen zu sabotieren. Viele meiner Klienten schilderten mir eine solche sehr belastende Situation. Wenn der Kollege mit seinen ständigen Sabotageakten Erfolg hatte, dann litt bei den meisten dieser Klienten nicht nur die Gesundheit, sondern sie büßten auch ihren Arbeitsplatz ein.

Zu den toxischen Mitarbeitern gehören vor allem die Berufsrivalen, die Lästermäuler, die Verräter, die Klatschmäuler, die Einmischer und die Aufhetzer.

Einige Menschen betrachten ihren Chef als eine Art Eltern- oder Autoritätsfigur und ihre Mitarbeiter als ihre Geschwister. Auf diese Weise übertragen sie die Dynamik, die in ihrer Familie herrschte, auf ihren Arbeitsplatz.

Im Umgang mit toxischen Mitarbeitern haben sich die Techniken »Spannungen ausatmen«, »direkte Konfrontation« und »ruhiges Nachfragen« als sehr wirkungsvoll erwiesen. Am Arbeitsplatz sollten Sie *niemals* die Kontrolle verlieren oder auf die

Anschnauztechnik zurückgreifen. Auch *verbale* Gewalt ist am Arbeitsplatz unakzeptabel! Welche Rechte und Befugnisse Sie auch immer haben mögen, Sie müssen sich zivilisiert und professionell verhalten. Wenn man Sie offensichtlich sabotiert, dann sollten Sie sowohl bei dem betreffenden Mitarbeiter als auch bei Ihrem Vorgesetzten die Technik der direkten Konfrontation anwenden; sprechen Sie Ihre Beobachtungen offen an. Lassen Sie den toxischen Mitarbeiter wissen, daß Sie sein Spiel durchschauen, daß Sie sich nicht damit abfinden und sich an eine höhere Instanz – Ihren Chef – wenden werden, um die Sache zu klären und Gerechtigkeit zu erlangen.

Toxische Untergebene

Einige Untergebene haben ihren Vorgesetzten gegenüber so heftige Neidgefühle, daß sie in die Rolle der Klatschbase, des langsamen Brüters, des Aufhetzers, des Schmeichlers, des Oberlehrers oder des Paranoikers schlüpfen.

Ein Untergebener muß seinen Chef immer mit Respekt behandeln, allein auf Grund der Position, die dieser innehat, ebenso wie ein Chef seine Untergebenen respektieren und zugleich seine Autorität wahren muß.

Ein Chef, der sich über einen seiner Untergebenen geärgert hat, sollte unter allen Umständen ruhig und sachlich bleiben; im Berufsleben sollte auch ein Vorgesetzter niemals herumbrüllen und seine Untergebenen anschnauzen.

Beim Umgang mit toxischen Untergebenen sind die Techniken »direkte Konfrontation« und »ruhiges Nachfragen« am effektivsten. Wenn ein Untergebener, obwohl Sie ihn mehrfach auf einen Fehler aufmerksam gemacht haben, die Botschaft dennoch nicht versteht, dann müssen Sie als Chef die Beispiele für sein toxisches Verhalten schriftlich dokumentieren, und zwar unter Angabe der Daten und Zeiten. Wenn Probleme schriftlich festgehalten wurden, dann ist die Chance, daß der Untergebene rechtliche Schritte gegen Sie einleitet, erheblich geringer. Als nächstes sollten Sie sich von Ihrem toxischen Untergebenen so schnell wie möglich trennen. Nachdem ich meinen Assistenten mehrfach ohne Erfolg darauf hingewiesen hatte, daß ich sein ewiges Klatschen unakzeptabel fand, trennte ich mich schließlich von ihm, weil sein toxisches Verhalten mein Geschäft und meinen Ruf zu schädigen begann. Wenn die Möglichkeit besteht, daß ein toxischer Angestellter Ihr Geschäft ruiniert, dann sollten Sie ihn so schnell wie möglich entlassen.

Vermeiden Sie es, Ihre Untergebenen zu demütigen, auch wenn Sie sie tadeln oder gar entlassen müssen. Man kann nie wissen: der Laufbursche aus dem Postzimmer kann morgen der Bürochef sein.

Toxische Autoritätspersonen

So wie Ihr Chef Kontrolle über Ihren finanziellen Status hat, so kann es auch Menschen geben, die Ihr ganzes Leben kontrollieren – und vielleicht gar zerstören – können. Daß sie eine bestimmte Machtposition innehaben, ist keine Garantie dafür, daß man gut mit ihnen auskommen kann. Schauen Sie sich nur die toxischen Politiker an, denen Korruption, Diebstahl und ständige Affären mit Vertretern beiderlei Geschlechts vorgeworfen wurden.

Diese toxischen Menschen – seien es nun Polizeikommissare, Lehrer oder sogar Geistliche – sind häufig im privaten Bereich völlig hilf- und machtlos und setzen ihre Autorität als ein Mittel ein, um sich stärker fühlen zu können. Meist gehören sie zur Gruppe der Kontrollfreaks, der Besserwisser, der Kritikaster, der Oberlehrer, der emotionalen Eisbeutel, der Lästermäuler, der wutschnaubenden Stiere oder der zähnefletschenden Tyrannen.

Wenn ein schwieriger Mensch Macht über Sie hat, dann sollten Sie möglichst diplomatisch vorgehen. Wie wütend Sie auch sein mögen – werden Sie niemals laut oder heftig, da er das, was Sie sagen, ohnehin nicht akzeptieren wird. Seine Aggressivität wird sich dadurch nur noch verstärken, und Sie werden unter den negativen Folgen Ihres Verhaltens zu leiden haben. Statt dessen atmen Sie ruhig ein und aus, und zwingen Sie sich, Ihre inneren Spannungen loszuwerden. Auch die Gedankenstopp-Technik wird Ihnen dabei helfen. Oder Sie malen sich das abscheulichste Racheszenario aus und stellen sich vor, der Betreffende sei den schrecklichsten Folterqualen ausgesetzt. Aber sagen Sie zunächst nichts – *atmen* Sie!

Nachdem Sie die erste Aufregung überwunden haben, können Sie daran gehen, diesem toxischen Menschen das Leben schwer zu machen, indem Sie rechtliche Schritte gegen ihn einleiten. Sie haben es nicht nötig, sich von einem Tyrannen ungestraft kränken und verletzen zu lassen.

Toxische Ärzte, Rechtsanwälte, Steuerberater usw.

Es gibt viele toxische Ärzte, Rechtsanwälte, Manager, Steuerberater und sogar Therapeuten. Die bloße Tatsache, daß ein Mensch intellektuell überdurchschnittlich begabt ist und ein Universitätsexamen bestanden hat, bedeutet nicht, daß er Ihnen überlegen ist oder keine giftige Wirkung hat.

Nur allzu häufig verschanzen sich diese Menschen, die im menschlichen Zusammenleben Verlierer sind, hinter ihrem Titel, um sich stärker und wichtiger zu fühlen. In vielen Fällen legen sie ein extrem toxisches Verhalten an den Tag: als zähnefletschende Tyrannen, wutschnaubende Stiere, Berufsrivalen, Verräter, Lästermäuler, Narzißten, Snobs, Besserwisser, Kontrollfreaks, Kritikaster oder Paranoiker.

Manche von ihnen behandeln ihre Klienten oder Patienten ständig mit Herablassung und tun so, als sei es besonders großzügig von ihnen, daß sie überhaupt mit ihnen reden.

Solche toxischen Menschen müssen in ihre Schranken verwiesen werden. Es ist ihre Aufgabe, Ihnen zu helfen und Sie zu unterstützen – schließlich werden sie von Ihnen dafür bezahlt. Es spielt keine Rolle, wie berühmt ein Arzt oder Rechtsanwalt ist oder wie viele Artikel über ihn geschrieben wurden – er hat die Pflicht, das zu tun, wofür Sie ihn bezahlen.

Lassen Sie sich niemals einschüchtern! Sie haben das Recht, Fragen zu stellen und mit Respekt behandelt zu werden. Bei arroganten, herablassenden Menschen ist es sinnvoll, die Technik des ruhigen Nachfragens anzuwenden. Das Schlüsselwort in diesem Zusammenhang ist »ruhig«. Die Betreffenden sind häufig überempfindlich und fühlen sich verletzt, wenn Sie ihnen Fragen stellen, die wie ein Angriff klingen könnten. Deshalb ist es wichtig, daß Sie sich in der Kommunikation mit ihnen Ihrer Stimme bewußt sind. Sprechen Sie ruhig und respektvoll, weder zu scharf, noch zu laut.

Wenn Sie mit freundlicher Stimme nachgefragt und noch immer das Gefühl haben, daß Sie respektlos behandelt werden, dann sollten Sie die Technik der direkten Konfrontation anwenden und den Betreffenden in ruhigem, aber festem Tonfall wissen lassen, daß Sie es vorzögen, wenn man Sie nicht herablassend, sondern vielmehr respektvoll behandelte.

Eine meiner Klientinnen bediente sich dieser Technik der direkten Konfrontation bei einem unglaublich chauvinistischen Dermatologen, der ihre Fragen ignorierte und mit den anderen Ärzten im Zimmer redete, als wäre sie eine Art Demonstrationsobjekt. Sie sagte mit ruhiger Stimme: »Herr Doktor, ich bin kein Kind, und ich bin auch nicht dumm. Wenn Sie also möchten, daß ich auch in Zukunft Ihre Patientin bleibe, dann reden Sie mich persönlich an.« Er entschuldigte sich und begann, sich sehr höflich mit ihr zu unterhalten. Schließlich wurde sie sogar eine seiner Lieblingspatientinnen.

Wenn ein Arzt solchen berechtigten Wünschen jedoch nicht nachkommt und den Patienten weiterhin schlecht und rücksichtslos behandelt, dann muß dieser sich von ihm trennen. Es gibt einige hervorragende Ärzte, die äußerst schlechte Manieren haben. Stehen Sie für sich selbst ein! Geben Sie Ihrer Unzufriedenheit Ausdruck, und wenn man Ihren Wünschen nicht nachkommt, dann trennen Sie sich von der betreffenden Person. Dies gilt für Rechtsanwälte, Steuerberater und für alle anderen Menschen, deren Aufgabe es ist, Ihnen zu helfen.

Toxische Menschen aus dem Dienstleistungsbereich

Im Gegensatz zu Mitgliedern der akademischen Berufe, die sich toxisch verhalten, weil sie sich Ihnen überlegen fühlen, sind Menschen aus dem Dienstleistungsbereich häufig toxisch, weil sie neidisch oder unsicher sind. Vielleicht hat der Betreffende nicht die geringste Lust, Verkäufer zu sein oder bei Ihnen zu Hause Wände anzustreichen oder zu kellnern oder Autos zu reparieren. Aber er hat kein Recht, seine Unzufriedenheit an Ihnen auszulassen.

Snobs, Oberlehrer, Ausnutzer, zähnefletschende Tyrannen, Schwätzer, Berufsrivalen, Verräter oder Schmeichler sind im Dienstleistungsbereich absolut fehl am Platz!

Mag sein, daß viele Verkäufer heutzutage unhöflich und wenig zuvorkommend sind, weil sie Sie darum beneiden, etwas kaufen zu können, was sie sich selbst nicht leisten können.

Viele Automechaniker behandeln weibliche Kunden, als wären sie schwachsinnig, und gehen auf Fragen und besondere Bitten überhaupt nicht ein. Vielleicht wünschen sie sich, selbst am Steuer des Jaguar oder Lexus zu sitzen, anstatt ihn zu reparieren. Vielleicht haben sie immer noch die infantile Vorstellung, daß Mädchen nichts von Autos verstünden oder nicht so intelligent wären wie Jungen.

Die persönlichen Schwierigkeiten anderer Menschen sind jedoch nicht Ihr Problem. Und jetzt haben Sie Möglichkeiten an der Hand, solche negativen Persönlichkeiten in ihre Schranken zu weisen.

Einem toxischen Menschen aus dem Dienstleistungsbereich begegnet man am besten mit der Technik der direkten Konfrontation. Wenn das nicht klappt, dann sollten Sie es mit dem Spiegeln versuchen, und wenn das ebenfalls nicht klappt, dann sollten Sie sich ausdrücklich weigern, die schlechte Behandlung weiterhin zu ertragen. Wenden Sie die Anschnauztechnik und die Technik »Stecker raus« an, und – verlassen Sie das Geschäft und bezahlen Sie nicht für Dienstleistungen, die nicht erbracht wurden. Wenn ein Kellner beispielsweise unhöflich war, dann sollten Sie ihm kein Trinkgeld geben. Sie sind nicht verpflichtet, jemanden zu bezahlen, der Sie schlecht behandelt hat.

Eine meiner Klientinnen, eine sehr warmherzige Frau mit einem akademischen Beruf, reiste mit ihrer Katze, für die sie ein spezielles Ticket gekauft hatte. Als sie das Tier in einem speziellen Haustier-Behälter, einer Sherpa-Tasche, unter den Sitz vor sich schob, rief die Stewardeß, die einige Meter von ihr entfernt stand: »Ist das ein *Tier?* Kann ich bitte *sofort* Ihr Ticket sehen?« Meine Klientin hielt ihr das Ticket entgegen, die Flugbegleiterin riß es ihr aus der Hand, warf einen Blick darauf und keifte, es sei nicht für den heutigen Tag gültig. Dann stürmte sie aus dem Flugzeug, um einen Angestellten der Fluggesellschaft zu holen.

Meine Klientin fühlte sich tief gedemütigt. Alle anderen Passagiere, so schien es ihr, starrten sie an, als wäre sie eine Verbrecherin. Die Stewardeß kam mit einem Vorgesetzten, dem Ticketverkäufer und einem Wachmann wieder zurück und fuhr meine Klientin mit barscher Stimme an: »Dies ist nicht die vorgeschriebene Reisetasche für Kleintiere.« Meine Klientin widersprach ihr mit ruhiger Stimme, worauf die Stewardeß hastig erwiderte: »Aber es ist keine *Sherpa*-Tasche.« Jetzt ging meine Klientin von der Technik der direkten Konfrontation zur Anschnauztechnik über, zog die Tasche hervor und sagte so laut wie möglich: »Doch. Und ich habe dieses Ticket gerade eben für den heutigen Tag, den neunten, gekauft.«

Die Stewardeß grinste verlegen und sagte mit schwacher Stimme: »Oh, es tut mir leid. Hier ist Ihr Ticket. Ich dachte, heute wäre der achte.«

Bevor die Begleiter der Stewardeß fortgehen konnten, äußerte sich meine Klientin noch voller Empörung: »Hören Sie, genau so sollten Sie Ihre Passagiere *nicht* behandeln. Sie haben mich vor all diesen Leuten hier gedemütigt und zu Unrecht beschuldigt. Ich empfinde das als reichlich unhöflich.«

An diesem Punkt schaltete der Pilot sich ein; er fürchtete eine offizielle Beschwerde bei der Fluggesellschaft und bot meiner Klientin deshalb einen Platz in der ersten Klasse an, den sie auch gerne annahm. Während des ganzen Fluges versuchte sie, sich zu beruhigen, indem sie ihre Spannungen ausatmete und die Gedankenstopp-Technik anwandte. Sie hatte schon befürchtet, daß man sie aus dem Flugzeug führen und sie die wichtige Konferenz am nächsten Morgen versäumen würde. Auch die Technik »süße Rachephantasien« war äußerst hilfreich: sie stellte sich vor, wie die Stewardeß, als sie die Toilettenspülung bediente, aus dem Flugzeug hinausgesogen wurde.

Später schrieb sie einen Beschwerdebrief an die Fluggesellschaft. Man entschuldigte sich offiziell bei ihr, schickte ihr mehrere Erste-Klasse-Tickets und ein lebenslang gültiges Katzenticket. Erst jetzt, da ihr endlich Gerechtigkeit widerfahren war, konnte sie die Sache innerlich abschließen.

Wir haben die Wahl

Immer wieder kommt es vor, daß toxische Menschen uns belästigen und unfreundlich behandeln. Wir sollten nicht länger vor ihnen fortlaufen und uns nicht länger verstecken. Besinnen Sie sich auf die Techniken, die Sie in diesem Buch gelernt haben, und wenden Sie sie an! Lassen Sie sich von toxischen Menschen nicht länger zum Opfer machen!

Kapitel 9

Eine toxische Beziehung beenden.
Wie man am besten mit seinen Verletzungen fertig wird

Seien Sie ehrlich zu sich selbst

Zwar glaube ich, daß die Menschen im allgemeinen wohlwollend sind und sich ändern können, wenn sie es möchten, aber ich weiß, daß es immer den einen oder anderen geben wird, der sich niemals ändern wird.

Manche glauben, sich damit rechtfertigen zu können, daß sie sagen: »So bin ich eben, das ist mein Charakter.« Es gibt eine Fabel, die genau dies zum Thema hat. Ein Skorpion wollte zur anderen Seite des Flusses hinüber, aber da er nicht schwimmen konnte, fragte er eine Schildkröte, ob er sich auf ihren Rücken setzen dürfe. Die Schildkröte sagte zu dem Skorpion: »Ich kann dich nicht auf meinem Rücken reiten lassen. Du könntest mich in den Hals stechen, und dann würde ich ertrinken.«

»Warum sollte ich dich denn stechen?« fragte der Skorpion. »Wenn du ertrinken würdest, dann ginge ich auch unter. Warum also sollte ich so etwas Dummes tun?«

Die Seeschildkröte ließ sich überzeugen und ließ den Skorpion auf ihren Rücken steigen. Als sie mitten im Fluß waren, stach der Skorpion die Schildkröte in den Hals. Kurz bevor sie unterging, fragte sie: »Warum hast du mich gestochen? Jetzt hast du uns beide getötet.«

Der Skorpion erwiderte: »So bin ich eben, das ist meine Natur.«

Manchmal tut ein schwieriger Mensch bestimmte Dinge, weil er meint, keine andere Wahl zu haben. Wenn Sie sich um ihn bemüht und ihm immer wieder eine Chance gegeben haben, dann werden Sie sich schließlich tief enttäuscht fühlen.

Patsy versuchte immer wieder, sich von ihrem Freund, mit dem sie seit zwei Jahren zusammen war, zu trennen, aber wenig später versöhnte sie sich dann doch wieder mit ihm. Jedesmal, wenn sie wieder zu ihm zurückging, fragte ich sie: »Bist du sicher, daß du weißt, was du tust?«, und Patsy antwortete dann regelmäßig: »Naja, ich gebe ihm noch einmal eine Chance – die allerletzte.« Natürlich enttäuschte er sie aufs neue, und natürlich trennte sie sich erneut von ihm, nur um wenig später zu ihm zurückzukehren.

Patsys Freund ähnelte dem Skorpion in der Geschichte; er konnte es nicht lassen, mit sämtlichen Frauen anzubandeln, obwohl er ständig beteuerte, er würde sich ändern. Solche toxischen Beziehungen sind nicht reparabel. Wenn es nichts mehr gibt, was Sie tun können, dann müssen Sie absolut ehrlich sein, nicht nur zu dem anderen, sondern auch zu sich selbst.

Einige Beziehungen *können* einfach nicht funktionieren. Manche Menschen haben Charakterzüge, die Ihnen so auf die Nerven gehen, daß es Ihnen äußerst schwer fällt, mit ihnen zusammenzusein. In solchen Fällen haben Sie keine andere Wahl, als sich um Ihr seelisches Wohlbefinden zu kümmern und die Beziehung abzubrechen. Sie brauchen nichts mehr zu retten. Lassen Sie einfach alles hinter sich zurück – mit Ausnahme Ihrer Würde.

Finden Sie heraus, auf wen Sie wirklich wütend sind

Viele von uns fühlen sich ein ganzes Leben lang wütend, deprimiert, ungeliebt oder leer. Häufig können wir den Grund dafür nicht genau nennen, aber wir wissen, daß irgend etwas nicht stimmt.

Erst wenn wir gründlich über uns nachdenken und unsere Gegenwart und Vergangenheit ehrlich analysieren, können wir erkennen, daß wir unsere Aggressionen gegen bestimmte toxische Menschen gegen uns selbst gewandt haben. Vielleicht sind wir wütend auf unsere Mütter, weil sie sich nicht so verhielten, wie wir es wollten, oder wir lehnen alle Männer ab, weil wir eine Enttäuschung nach der anderen erlebt haben und nicht den richtigen Partner finden können.

Lassen Sie Ihren Zorn nicht an dem Falschen aus – vor allem nicht an sich selbst. Auf die Weise würden Sie am Ende selbst zu einer toxischen Persönlichkeit werden. Das nächste Mal, wenn Sie in Versuchung sind, sich mit Schokoladentorte vollzu-stopfen, Kokain zu sniffen, Crack zu rauchen, eine ganze Flasche Scotch zu leeren oder mehrere Packungen Zigaretten hinterein-ander zu rauchen, sollten Sie sich fragen, auf wen Sie eigentlich wütend sind. Und Sie sollten aufhören, schreckliche Dinge zu sich selbst zu sagen!

Marianne fand heraus, daß ihre ständige Wut und Gereizt-heit mit ihrem Mann zu tun hatte. Er war ein typischer Kontroll-freak, der niemals lockerlassen konnte. Sie wandte die direkte Konfrontationstechnik an und trennte sich wenig später von ihm – und zugleich auch von den dreißig Kilo, die sie sich im Laufe der letzten zehn Jahre angefuttert hatte.

Margie hatte sich als Kind von ihren Eltern immer wieder sagen lassen müssen, sie sähe »doof« aus. Deshalb hatte sie stän-dig das Gefühl, sie müsse ihr Äußeres verändern und sich einer Schönheitsoperation unterziehen. Im Laufe der Jahre hatte sie die Wut auf ihre Eltern gegen sich selbst gerichtet und meinte nun, häßlich zu sein. Als sie zu ihren toxischen Eltern auf Distanz ge-gangen war, wurde sie zum ersten Mal in ihrem Leben ein glück-licher Mensch.

Wenn Sie herausfinden, wer es ist, auf den Sie im Grunde Ihres Herzens wütend sind, so kann das Ihr Leben verändern. Wenn Sie sich geduldig bemühen, so wird es Ihnen gelingen, Ihre Wut nicht mehr gegen sich selbst zu richten und sich mehr zu akzeptieren. Sie können endlich beginnen, sich selbst zu lieben. Oscar Wilde sagte einmal: »Sich selbst zu lieben ist der Beginn einer lebenslangen Romanze.«

Akzeptieren Sie das Auf und Ab der Gefühle

Machen Sie sich bewußt, daß die Entscheidung, eine wich-tige toxische Beziehung zu beenden, Ihrem Selbstwertgefühl einen enormen Auftrieb geben kann. Wenn Sie Schuldgefühle haben, dann denken Sie daran, wie schlecht Sie behandelt worden sind. Sollten Sie mit der betreffenden Person noch weiter Umgang haben, dann werden Ihr Zorn und Ihre Selbstverachtung nur noch mehr Nahrung bekommen.

Neben der Freude über die endlich gewonnene Freiheit können auch ganz andere Gefühle hochkommen. Es mag sein, daß Sie die Trennung von einem Elternteil, einem lebenslangen Freund, einem Ehemann, einer Ehefrau oder einem Familienmitglied eine längere Zeit betrauern. Schließlich war dieser Mensch viele Jahre lang ein Teil Ihres Lebens. Solche widersprüchlichen Gefühle sind völlig normal, wie toxisch auch immer die Beziehung gewesen sein mag. Es ist auch normal, Schuldgefühle und Reue zu verspüren, selbst wenn Sie sicher sind, das Richtige getan zu haben.

Mag sein, daß Sie sehr viel weinen müssen, daß Sie schreien oder ganz still werden. Vielleicht tanzen und singen Sie. Was Sie empfinden werden, ist nicht vorhersehbar. Machen Sie sich darüber keine Gedanken – lassen Sie sich einfach vom Fluß Ihrer Gefühle tragen. Weichen Sie ihnen nicht aus, denn während Sie die toxische Person innerlich loslassen, werden die Gefühle, die in Ihnen aufsteigen, Ihnen helfen, seelisch zu gesunden.

Eine Beziehung mit einem Brief beenden

Es gibt eine sehr gute Möglichkeit, eine toxische Beziehung zu beenden: schreiben Sie einen Brief. Dann haben Sie die Zeit, sich ganz genau zu überlegen, was Sie sagen wollen. Wenn Sie möchten, können Sie Ihren Text mehrmals überarbeiten.

Zu Anfang des Briefes rufen Sie noch einmal das Positive, was Sie für den Menschen empfanden, in Erinnerung. Danach beschreiben Sie die Wirkungen, die sein toxisches Verhalten auf Sie hatte – was Sie dabei empfanden. Beschreiben Sie einzelne Vorfälle, die begründen, warum Sie es für nötig halten, die Beziehung zu beenden.

Bringen Sie *alle* Ihre Gefühle zur Sprache, und verschweigen Sie nichts. Dies ist eine großartige Möglichkeit, Ihren angesammelten Zorn über die betreffende Person loszuwerden. Viele Psychologen schlagen vor, einen wütenden Brief zu schreiben, ihn aber dann nicht abzuschicken. Ich dagegen meine: Wenn Sie die toxische Beziehung beenden möchten, dann soll der Betreffende auch wissen, welche Gefühle er in Ihnen hervorgerufen hat – wie schmerzlich auch immer das für ihn sein mag. Schicken Sie den Brief getrost ab. Menschen können lernen und sich verändern – wenn sie beispielsweise erfahren, wie toxisch sie auf andere wirkten und daß ihre Handlungen Konsequenzen haben. Vielleicht wird der Betreffende erkennen, daß er seine toxischen Verhaltensweisen verändern muß, wenn er jemals eine tragfähige Beziehung zu einem anderen Menschen aufbauen will.

Wenn Sie sich entscheiden, eine toxische Beziehung durch einen Brief zu beenden, dann müssen Sie in Betracht ziehen, daß alles, was geschrieben wurde, zu einem Beweisstück werden kann. Ihr Brief wird möglicherweise nicht so vertraulich behandelt, wie Sie es erwarten. Deshalb sollten Sie sich auf mögliche negative Konsequenzen einstellen. Vielleicht wird Ihr Schreiben auch von anderen gelesen, und sie machen sich darüber lustig oder tun den Inhalt als unwichtig ab.

Im folgenden zwei Briefe, die von zwei Klienten geschrieben wurden, die wichtige toxische Beziehungen in ihrem Leben beenden wollten. Der erste Brief ist der einer Tochter an ihren Vater.

Lieber Dad,

ich schreibe Dir diesen Brief, um Dich wissen zu lassen, daß Du in meinem Leben nicht länger willkommen bist. Als ich ein Kind war, hast Du mich verlassen. Jetzt verlasse ich Dich!

Ich möchte nicht, daß Du mich jemals wieder anrufst, mir schreibst oder mit mir redest. Du warst in der Vergangenheit nicht Teil meines Lebens und wirst es auch in Zukunft nicht sein.

Ich könnte jetzt all die Kränkungen aufzählen, den Schmerz und das Unglück, das Du mir bereitet hast, aber das möchte ich uns beiden lieber ersparen. Du weißt selbst, was Du getan hast. Nur Gott kann Dir dafür vergeben, denn ich kann es nicht.

Um Deinem Gedächtnis auf die Sprünge zu helfen, nenne ich im folgenden acht Gründe, warum ich mich endgültig von Dir trennen möchte:

1.   Du rufst mich an meinem Geburtstag oder an Weihnachten niemals an.

2.   Du hast mich nicht darüber informiert, daß Du wieder geheiratet hast – ich mußte es selbst herausfinden.

3.   Du bist so geizig, daß Du, wenn ich zu Besuch kam, immer im Kühlschrank nachsahst, was ich gegessen hatte, und mich für mein Essen bezahlen ließest.

4.   Du hast mich um zwei Uhr morgens aus dem Bett gerissen und mich grundlos verprügelt.

5.   Du hast mir Geld, für das ich hart gearbeitet hatte, aus der Brieftasche gestohlen, um Deine Drogensucht zu finanzieren.

6.   Anstatt mit mir zu reden, schreist Du mich an und verprügelst mich.

7.   Du hast meinen Namen nicht auf Deine Versicherungspolice gesetzt, und Du bist geizig und unbelehrbar.

8.   Du behandelst mich wie eine Art Untermenschen, indem Du alles, was ich sage, ins Lächerliche ziehst.

Ich hasse Dich aus tiefster Seele. Für mich bist Du gestorben. Deshalb nimm bitte nie wieder Kontakt mit mir auf.

Du bist in meinen Augen ein Verlierer – ein ordinärer, egoistischer, gefühlloser Mensch.

Leb Dein Leben in der Hölle, die Du Dir geschaffen hast, und hör auf, meines mit Deiner häßlichen Stimme und Deinem häßlichen Vokabular zu zerstören. Wenn Du anrufst, werde ich den Hörer auflegen, und wenn Du mir einen Brief schreibst, werde ich ihn zerreißen.

Leb wohl – für immer.

Dieser Brief zeigt, daß meine Klientin ihren Vater als außerordentlich toxisch erlebte. Sie wollte keine Kommunikation mehr, sondern einen völligen Bruch.

Der nächste Brief ist von einem jungen Mann an seine jetzige Exfreundin.

Liebe Donna,

ich schreibe Dir, um Dich wissen zu lassen, daß ich Dich aus meinem Leben endgültig verbanne. Im Laufe der Jahre hast Du mich immer wieder verletzt, deshalb halte ich eine Trennung für die einzig richtige Entscheidung. Die letzte Enttäuschung, die Du mir bereitetest, hat deutlich gezeigt, wie verantwortungslos und unzuverlässig Du bist.

Ich habe allen Respekt für Dich verloren und möchte nie wieder etwas mit Dir zu tun haben.

Ich möchte nie wieder mit Deiner ständigen rechthaberischen Arroganz konfrontiert sein.

Ich habe eine zu hohe Meinung von mir, um mich mit Deinem destruktiven Einfluß abzufinden.

Ruf mich bitte nicht an, schreib mir keinen Brief, und versuche auch nicht, auf irgendeine andere Weise mit mir Kontakt aufzunehmen. Ich werde Deine Briefe ungeöffnet zurückschicken und Deine Anrufe nicht entgegennehmen. Wenn ich Deine Stimme höre, dann werde ich den Hörer auflegen, und ich werde es nie mehr zulassen, daß Du in meine Nähe kommst. Leb Du Dein Leben, ich werde meines leben – ohne Dich.

Gary

Garys Brief ist ehrlich und direkt; er läßt Donna unzweideutig wissen, daß er unter keinen Umständen mehr mit ihr zu tun haben möchte.

Diese beiden Briefe sind hervorragende Muster, an die Sie sich halten können, wenn auch Sie einen extrem toxischen Menschen endgültig aus Ihrem Leben verbannen möchten.

Eine Beziehung am Telefon beenden

Einige Menschen ziehen es vor, eine toxische Beziehung am Telefon zu beenden, da das Telefon einen physischen Abstand von der betreffenden Person gewährleistet. Wenn Sie Ihren Gesprächspartner nicht direkt anschauen, dann fällt es Ihnen meist leichter, sich gelassen und präzise zu äußern.

Sprechen Sie deutlich, aber nicht zu laut. Reden Sie langsam. Seien Sie darauf gefaßt, daß Ihr toxischer Gesprächspartner plötzlich in den Hörer brüllt. Rechnen Sie damit, daß der andere auflegt oder Sie mehrmals nacheinander anruft, weil er das, was Sie ihm zu sagen haben, nicht glauben will.

Legen Sie sich einen Zettel bereit, auf dem Sie sich die wichtigsten Punkte, die Sie zur Sprache bringen wollen, notiert haben.

Eine Beziehung im persönlichen Gespräch beenden

Viele Menschen halten es für das Beste, eine toxische Beziehung im persönlichen Gespräch zu beenden.

Wenn Sie sich mit der fraglichen Person im Gespräch auseinandersetzen, dann müssen Sie sich darauf einstellen, daß sie möglicherweise tieftraurig und bekümmert ist und vielleicht sogar weint.

Oft ist es sinnvoll, das Gespräch in der Wohnung der betreffenden Person zu führen oder in einem ruhigen Restaurant.

Wie schwierig es auch sein mag, es ist wichtig, mit ruhiger Stimme zu sprechen und gefaßt zu bleiben.

Eine Beziehung im Beisein eines Dritten beenden

Es mag zwar ein wenig feige wirken, aber heutzutage kann es in Ihrem besten Interesse sein, einen Kontakt im Beisein eines Anwalts zu beenden – vor allem wenn es sich um eine toxische Geschäftsbeziehung handelt.

Auch persönliche Beziehungen können Sie mit Hilfe einer dritten Person beenden, die Sie beide kennen. Dieser Dritte sollte sich jedoch bewußt sein, daß er möglicherweise als eine Art Prellbock fungieren wird, an dem die Aggressionen sich entladen.

Dennoch kann er helfen, die Situation zu entschärfen, vor allem indem er eine objektive, nicht emotional gefärbte Sichtweise einbringt.

Mit den Wirkungen des Zorns fertig werden

Werden Sie niemals gewalttätig

Mag sein, daß Sie immer noch zornig sind, obwohl Sie alle Mittel eingesetzt haben, die Ihnen helfen könnten, mit Ihrer Enttäuschung und Ihrem Zorn über die toxische Person fertig zu werden. Wahrscheinlich haben Sie große Lust, sich an ihr zu rächen.

Was auch immer Sie tun – Sie dürfen *niemals* gewalttätig werden.

Wenn Sie so wütend sind, daß Sie am liebsten zuschlagen möchten, dann sollten Sie auf die Technik »süße Rachephantasien« zurückgreifen. Sie dürfen Ihre Phantasien jedoch unter keinen Umständen realisieren.

Lassen Sie sich niemals von Ihrer Wut so weit hinreißen, daß Sie etwas tun, wofür Sie später bezahlen müssen.

Sich körperlich von seinen Spannungen befreien

Wenn Sie sich mit Ihren Gefühlen gegenüber dem toxischen Menschen auseinandersetzen, ist die Technik »süße Rachephantasien« möglicherweise nicht ausreichend. Um sich von Ihrem Zorn zu befreien, können Sie den Kopf in ein Kissen wühlen und aus vollem Halse brüllen. Oder Sie können auf ein Kissen einschlagen und sich vorstellen, das sei der Mensch, auf den Sie so wütend sind. Sie könnten sich zu diesem Zweck sogar einen Punchingball kaufen. Auch Aerobic-Übungen oder das Stemmen von Gewichten können helfen, Spannungen abzubauen. Welches Mittel auch immer Sie wählen – Sie müssen sich mit Ihrem Zorn auseinandersetzen und sollten ihn nicht verdrängen.

Sich alles von der Seele reden

Sich alles von der Seele zu reden ist ein sehr wirkungsvolles Mittel, um seine Wut loszuwerden. Häufig ist es sinnvoll, das bei einem Therapeuten zu tun. Wenn Sie sich allerdings ständig mit Ihrem Ärger und Ihrer Frustration beschäftigen, dann kann es passieren, daß Sie sich in Ihre Feindseligkeit und Ihre negativen Gefühle noch weiter hineinsteigern. Wählen Sie Ihre Gesprächspartner sorgfältig aus. Menschen, die keine professionellen Therapeuten sind oder denen es an Einsicht und Klugheit mangelt, könnten Ihnen falsche Ratschläge geben.

Teilen Sie deshalb Ihre ganz persönlichen Gedanken nur Freunden und Familienmitgliedern mit, die Sie wirklich verstehen, oder aber einem Therapeuten, der Sie in Ihrer persönlichen Entwicklung unterstützt.

Schriftliche oder mündliche Aufzeichnungen machen

Wenn Sie Ihren Gefühlen Luft machen wollen, aber niemanden haben, mit dem Sie reden können, dann kann es sehr hilfreich sein, Ihre Gedanken aufzuzeichnen. Einige Menschen schreiben Tagebuch, andere sprechen auf Tonband.

Beide Techniken werden Ihnen helfen, sich Klarheit zu verschaffen und sich von Ihrem Kummer und Ärger zu befreien. Sie können später noch einmal auf Ihre Aufzeichnungen zurückkommen, Ihre Gefühle erneut durchleben und dann prüfen, ob sie sich im Laufe der Zeit geändert haben.

Vergessen Sie nicht, Ihre Tagebücher, Tonbänder und Videobänder immer unter Verschluß aufzubewahren. Niemand anders sollte Zugang dazu haben, es sei denn, Sie wollen Ihre Gefühle einem anderen Menschen mitteilen. Wenn Sie möchten, daß Ihr Mann, Ihre Frau oder ein geliebter Mensch nachempfindet, wie Sie sich fühlen, dann können Sie dieser Person zeigen, was Sie geschrieben haben, oder sie die Tonbänder abhören lassen.

Ein Ritual: die Fotos zerreißen

Vielleicht sind Sie so wütend, daß Sie die fragliche Person nie wiedersehen möchten – auch nicht auf einer Fotografie. Dann kann es sehr befreiend sein, sämtliche Erinnerungsfotos zu zerreißen, sie in den Mülleimer zu werfen oder zu verbrennen. Tun Sie, was immer nötig ist, um die toxische Person aus Ihrem Leben zu verbannen.

Eine meiner Klientinnen befreite sich von einem langjährigen Freund, indem sie Fotos von ihm in zwei Teile zerriß und sie dann verbrannte; dabei schaute sie voller Befriedigung zu, wie sein Gesicht zusammenschrumpelte. Er hatte ihr so viel Kummer bereitet, daß es ihr Spaß machte, sich vorzustellen, wie er zu Asche verbrannte.

Selbstreinigung bei Kerzenlicht

Wenn eine Beziehung zu Ende ist, dann kann ein Schaumbad bei Kerzenlicht stimmungshebend und seelisch reinigend wirken. Stellen Sie sich vor, wie der Schmutz Ihrer toxischen Erinnerungen mit dem Badewasser abfließt.

Geschenke zurückgeben

Möglicherweise möchten Sie den Betreffenden nicht nur nie mehr wiedersehen, sondern auch keine Gegenstände mehr um sich haben, die Sie an ihn erinnern könnten – beispielsweise Geschenke oder Kleidungsstücke. Schicken Sie die Geschenke zurück, verschenken Sie sie, oder werfen Sie sie in den Mülleimer.

Das tröstliche Wissen, daß das, was ein Mensch aussendet, wieder zu ihm zurückkehrt

Vielleicht tröstet Sie die weise Erkenntnis, die wir in fast allen Kulturkreisen finden: »Du wirst das ernten, was du gesät hast« oder: »Wie man in den Wald hineinruft, so schallt es heraus« oder: »Was wir aussenden, kehrt zu uns zurück.« Wie auch immer die Formulierung lauten mag, es geht darum, daß jeder Mensch am Ende das bekommt, was er verdient hat. Vielleicht nicht sofort, aber im Laufe der Zeit. Gutes, so heißt es in allen Religionen, erzeugt Gutes, und Böses Böses.

Wenn Sie die Menschen gut behandeln, so wird das zehnfach zu Ihnen zurückkehren, und wenn Sie die Menschen schlecht behandeln, so werden Sie mit zehnfacher Verstärkung dafür büßen müssen. Ein Mord wird am Ende immer gesühnt werden.

Eine meiner Klientinnen bekam die Auswirkungen ihres schlechten »Karmas« ziemlich rasch zu spüren – sie hatte versucht, einen offensichtlich reichen Mann zu becircen, an dem ihr nicht das Geringste gelegen war. Diese junge Frau kam in außerordentlich eleganter Kleidung in mein Büro und prahlte, ein älterer Herr sei bis über beide Ohren in sie verliebt und überschütte sie mit Geschenken. Sie vertraute mir an, sie brauche nicht einmal mit ihm zu schlafen – sie fand ihn abstoßend! –, und machte sich ständig darüber lustig, daß er ein Trottel sei und auf jede ihrer Launen eingehe.

Wenig später mußte sie feststellen, daß er doch kein Trottel war – tatsächlich war er noch berechnender als sie selbst. Dieser scheinbar bis über beide Ohren verliebte Mann bot ihr nach einiger Zeit an, ihr eine Reise nach New York zu schenken; er bat sie, ihre Kreditkarte benutzen zu dürfen, und versprach ihr dafür einen Scheck über die entsprechende Summe. Sie war einverstanden. Als sie zurückkamen, gab er ihr tatsächlich den Scheck – ausgestellt auf ein inzwischen aufgelöstes Bankkonto. Jetzt mußte sie mit mehreren tausend Dollar die Reise, die teuren Mahlzeiten, Theatertickets und das Geschenk bezahlen, das sie sich selbst ausgesucht hatte.

Der Mann hatte ihr eine harte Lektion erteilt: daß nichts umsonst ist und daß man Menschen nicht ungestraft ausnutzen kann.

Erfolg ist die beste Rache

Es gibt einen wunderbaren französischen Film, *Coup de Tête*, der beispielhaft zeigt, wie man es seinen Feinden heimzahlt. Ein zweitklassiger Fußballspieler in einer Kleinstadtmannschaft wird als Verlierer von allen ignoriert, während die Kleinstädter den Erfolg der Mannschaft feiern. Durch ein Mißverständnis wird er wegen eines Verbrechens verurteilt, das er nicht begangen hat, und landet im Gefängnis.

Inzwischen hat die Mannschaft, auf dem Weg zu einem Spiel in einer Nachbarstadt, einen Busunfall. Einige wichtige Spieler sind verletzt, und man braucht Ersatzleute. Die Organisatoren des Spiels schaffen es, den Mann aus dem Gefängnis herauszuholen, damit er daran teilnehmen kann. Er schießt mehrere Tore und wird als Held gefeiert. Zwar möchte er eigentlich ins Gefängnis zurückkehren, wo die Insassen und die Gefängniswärter ihn respektieren, und seine Strafe absitzen, aber unter den gegebenen Umständen bestehen die städtischen Beamten darauf, daß er vorzeitig entlassen wird. Sie mieten ihm eine Suite im besten Hotel. Jeder möchte mit ihm befreundet sein. Man überschüttet ihn mit Geschenken, und einige Frauen versuchen, ihm in seinem Schlafzimmer aufzulauern. Jeder umschmeichelt ihn, und man geht auf alle seine Wünsche ein; er selbst aber fühlt sich durch dieses heuchlerische, wankelmütige Verhalten eher abgestoßen.

Schließlich gibt er ein großes Abendessen, angeblich um all den wichtigen Leuten zu danken, die ihn so freundlich behandelt haben. Seine wahre Absicht ist jedoch, ihnen zu zeigen, was für Heuchler sie sind – und er bewirkt tatsächlich, daß seine Gäste sich einer nach dem anderen bloßstellen. Auf diese Weise verhilft er der Wahrheit zum Sieg, gewinnt allgemeinen Respekt und rettet seine Selbstachtung.

Eine meiner Klientinnen genoß einen süßen Triumph, als sie bei ihrem zwanzigjährigen Klassentreffen zur »Schönheitskönigin« gekrönt wurde. Früher, als Oberstufenschülerin, war sie wie eine Aussätzige behandelt und von ihren Kameraden gequält worden, denn sie war dick gewesen, hatte eine sehr starke Brille getragen und unter einer schlimmen Akne gelitten. Der Augenblick des Triumphs kam, als der bestaussehende ehemalige Klassenkamerad, der sie früher ständig gehänselt hatte, sie zum Tanzen aufforderte und sie das Vergnügen hatte, ihn mit ein paar deutlichen Worten abweisen zu können.

Mit anderen Worten: Erfolg ist ein wunderbares Mittel, sich an den Menschen, die eine toxische Wirkung auf Sie hatten, zu rächen.

Verzeihen heißt loslassen und sein Leben weiterleben

Ob nun Sie selbst auf einen Menschen eine toxische Wirkung hatten oder ob dieser sich Ihnen gegenüber toxisch verhielt – Sie sollten ihm am Ende verzeihen. Verzeihen bedeutet nicht vergessen. Verzeihen heißt vor allem: loslassen. Das heißt nicht, daß Sie die erlittenen Mißhandlungen und Kränkungen verdrängen sollten, aber Sie sollten Ihren Schmerz und Ihren Groll loslassen. Befreien Sie sich von Ihrem Haß und Ihren destruktiven Gefühlen, denn *Haß verzehrt den Hassenden*.

Wenn Sie hassen, dann sorgen Sie dafür, daß Ihre negativen Gefühle immer wieder neue Nahrung bekommen. Haß malt häßliche Falten in Ihr Gesicht und hinterläßt in Ihrem Herzen schmerzhafte Narben.

Wenn Sie das Gefühl haben, professionelle Hilfe zu brauchen, dann sollten Sie sich sofort um diese Hilfe bemühen. Es gibt viele qualifizierte Therapeuten, die Ihnen helfen können, Haß, Schuldgefühle oder Selbstmitleid zu überwinden und sich persönlich weiterzuentwickeln. Lassen Sie los. *Verzeihen Sie*, denn dies ist der erste Schritt in Richtung auf ein Leben ohne vergiftende Einflüsse.

Kapitel 10

Die äußere Erscheinung: die Checkliste des toxischen Erscheinungsbildes

Ihre eigene Stimmung und die toxische Wirkung, die sie auf andere haben kann

So wie die Stimmungen anderer Sie beeinflussen können, können andere auch von Ihrer Stimmung beeinflußt werden.

Wenn Sie sich nach den Gründen für Ihre schlechte Stimmung fragen, dann ist es leicht, mit dem Finger auf andere zu zeigen, aber Sie dürfen auch nicht zögern, sich selbst einer genauen Prüfung zu unterziehen. Vergessen Sie nicht: Wenn Sie auf einen anderen Menschen mit dem Finger zeigen, dann weisen drei Finger auf Sie selbst zurück.

Wenn Sie sich ständig mißmutig und angegriffen fühlen, dann werden die Menschen auf Ihre Feindseligkeit und Ihre schlechte Stimmung reagieren. Wenn Sie ständig finster dreinschauen und auf diese Weise die Welt mit Ihren persönlichen Schwierigkeiten konfrontieren, dann können Sie sicher sein, daß die meisten Menschen lieber auf Distanz bleiben.

Es liegt sehr viel Wahrheit in dem Spruch: »Lache, und die Welt wird mit dir lachen, weine, und du weinst allein.« Natürlich werden Sie immer wieder einmal in einer schlechten Stimmung sein. Aber leider müssen Sie dann damit rechnen, daß andere ablehnend oder gar feindselig auf Sie reagieren.

Marlene hatte eindeutig eine Pechsträhne. Sie hatte nach sieben Jahren ihren Job verloren, und ihr Mann ließ sich von ihr scheiden. Zu allem Überfluß fand sie heraus, daß ihr jüngster Sohn eine Lernschwäche hatte.

Marlene war deprimiert – und aus gutem Grund. Aber es gelang ihr auch nach Monaten nicht, ihre schlechte Stimmung abzuschütteln. Die Zeit verging, und Marlene lief ständig mit trauriger Miene herum. Auch nach drei Jahren hatte sich kaum etwas in ihrem Leben verändert. Sie hatte noch immer keinen neuen Freund und auch keinen neuen Arbeitsplatz gefunden. Ihr Sohn mußte eine Schule für Lernbehinderte besuchen. Um Miete zu sparen, wohnte sie bei ihren Eltern.

Eines Tages entschloß sich ihr Bruder, der die Semester-ferien zu Hause verbrachte, die Situation anzusprechen. »Jedes-mal, wenn ich nach Hause komme«, so sagte er ihr, »beobachte ich, daß du mit langem Gesicht hier herumläufst. Ehrlich gesagt, ich habe von deinen ewigen Depressionen die Nase voll. Du mußt endlich begreifen, daß dir niemand etwas schuldig ist. Ja, es stimmt, Martin hat eine Lernschwäche, aber er ist immerhin in einer Schule, wo er Hilfe bekommt. Mutter und Vater haben dich hier aufgenommen, so daß du mietfrei wohnen kannst. Daß du noch keinen Job hast, liegt zunächst einmal daran, daß du es nicht wirklich versucht hast, und zweitens hast du eine so nega-tive Ausstrahlung, daß dich niemand gern einstellen würde. Natürlich kannst du alles damit begründen, daß John dich ver-lassen hat. Versuch doch endlich, darüber hinwegzukommen. Mach dich ein bißchen hübsch, zieh dir was Schickes an, und geh mal mit deinen Freundinnen aus. Versuch, ein paar Männer ken-nenzulernen, und – *lächle* zur Abwechslung einmal. Niemand hat Lust, auf dich zuzugehen, wenn du die ganze Zeit die Stirn run-zelst und aussiehst, als hättest du vom Leben die Nase voll.«

Marlene war völlig verblüfft. So hatte bisher noch niemand mit ihr geredet. Statt dessen hatten alle sie bemitleidet und getrö-stet. Ihr jüngerer Bruder war der erste, der wirklich ehrlich zu ihr war. Er sagte ihr die Wahrheit: daß sie durch ihre ständige schlechte Stimmung das Glück von sich fernhielt. Sie erkannte, daß er recht hatte. Nachdem sie sich die Worte ihres Bruders eine Woche lang durch den Kopf hatte gehen lassen, entschloß sie sich, seinen Rat zu befolgen und mit einer Freundin auszugehen. Sie zwang sich, eine freundliche Miene zu machen und zu lächeln, obwohl sie sich nicht danach fühlte. Zwar lernte sie keinen Mann kennen, aber eine Frau, die am Nachbartisch saß und zufällig jemanden für das Verwaltungsbüro ihrer Firma suchte. Als die beiden Frauen sich an jenem Abend unterhielten, gefiel der Tischnachbarin Mar-lenes Sinn für Humor, deshalb schlug sie vor, daß Marlene sich in den nächsten Tagen bei ihr vorstellen solle. Marlene machte sich schick, setzte ein freundliches Gesicht auf und bekam den Job.

Von Stund an bemühte sie sich täglich aufs neue, ihre negative Stimmung abzuschütteln. Während sie zur Arbeit fuhr, ermahnte sie sich, nicht ständig zu grübeln, und lenkte ihre Gedanken auf positive, angenehme Aspekte ihres Lebens. Ihre neu erworbene, positive Einstellung spiegelte sich auch in ihrer Stimme, wenn sie Gespräche mit Kunden führte. Zu einem dieser Kunden, Robert, entwickelte sich ein besonders guter Draht. Er sagte ihr am Telefon, wie sehr ihm ihre muntere, begeisterungsfähige Art gefalle. Sein Kompliment gab ihr weiteren Auftrieb. Immer wenn Robert anrief, flirteten sie ein bißchen, und eines Tages lud er sie zum Mittagessen ein. Als sie sich dann persönlich begegneten, waren sie sich noch immer äußerst sympathisch. Tatsächlich mögen sie sich noch heute, denn sie haben sich inzwischen verlobt – und all das, weil Marlene sich bewußt für eine positivere Lebenseinstellung entschied.

Ich habe dasselbe in meinem eigenen Leben beobachtet. Wenn ich unter Druck stehe und die Dinge nicht so laufen, wie ich es möchte, dann bemühe ich mich nach Kräften, meine Mitmenschen das nicht spüren zu lassen. Ich bleibe freundlich und optimistisch, und plötzlich geschehen positive Dinge, weil die Menschen auf meine freundliche Ausstrahlung reagieren.

Es kann sein, daß Ihre schlechte Stimmung, ohne daß Sie sich dessen bewußt sind, auch andere beeinträchtigt und herunterzieht, was sich wiederum negativ auf Sie selbst auswirkt. Dadurch entsteht ein wirklicher Teufelskreis.

Mein Freund Rabbi Joseph Telushkin, Autor des Buches *Words That Hurt and Words That Heal* [zu deutsch: Worte, die verletzen, und Worte, die heilen], pflegt in seinen Vorträgen die Zuhörer zu fragen: »Wie viele von Ihnen halten sich für einen guten Menschen?« Gewöhnlich heben sämtliche Anwesenden die Hand. Dann erklärt er, daß die meisten Menschen sich für »gut« halten, daß aber ihre Feinde dieser Selbsteinschätzung gewiß widersprechen würden.

So wie andere auf Sie toxisch wirken können, sagt Rabbi Telushkin damit, so haben auch Sie bisweilen eine toxische Wirkung auf andere. Vielleicht haben Sie bestimmte Eigenschaften, die anderen auf die Nerven fallen. Das ist nichts Schlimmes, denn schließlich ist niemand perfekt, und niemand kann aus seiner Haut.

Die alten Wahrheiten – »Sie können es nicht allen Menschen immer recht machen« und: »Nicht jeder wird Sie mögen« – treffen den Kern der Sache. Sich diese Wahrheiten von Zeit zu Zeit ins Bewußtsein zu rufen kann Ihnen das Leben sehr erleichtern.

Toxische erste Eindrücke

Der erste Eindruck hat einen starken Einfluß darauf, wie Menschen Sie einschätzen und sich Ihnen nähern. Manchmal wird ein anderer Sie ablehnen, ohne wirklich gute Gründe dafür zu haben. Vielleicht paßt ihm Ihre Nase nicht, oder er ist neidisch auf Sie. Vielleicht erinnern Sie ihn an jemanden, den er nicht ausstehen kann. Es gibt nichts, was Sie dagegen tun können. Es gibt jedoch einige Faktoren, die Sie kontrollieren und auch verändern können, um einen besseren ersten Eindruck hervorzurufen.

Diese Faktoren haben damit zu tun, wie Sie sich kleiden und pflegen. Ihre Körperhaltung und die Art, wie Sie mit anderen reden, wie Sie sie berühren oder ihnen die Hände schütteln, welchen Gesichtsausdruck Sie haben und wie Ihre Stimme klingt – all das spielt ebenfalls eine entscheidende Rolle, genauso wie Ihre Sprache und Ihre Fähigkeit, anderen zuzuhören.

Jeder dieser Faktoren hat einen entscheidenden Einfluß darauf, wie Menschen Sie wahrnehmen, mit Ihnen in Kontakt treten und Sie behandeln.

Erinnern Sie sich an das Kind in der Grundschule, das von jedermann abgelehnt wurde? Häufig hatte diese Ablehnung nichts mit seiner Persönlichkeit zu tun, sondern vielmehr mit seiner äußeren Erscheinung. Vielleicht trug es sehr ungewöhnliche Kleidung oder die altmodischen Kleidungsstücke seiner älteren Brüder oder Schwestern, die ihm zu groß waren. Vielleicht roch es schlecht, hatte ein schmutziges Gesicht, schmutzige Kleidung oder verfilzte Haare.

Es gab nichts, was das Kind dagegen tun konnte, denn es waren seine Eltern, die dafür verantwortlich waren. Leider haben einige Eltern in dieser Hinsicht sehr wenig Verantwortungsbewußtsein.

Meine Klientin Ivy Lynn war das ärmste Kind in ihrer Schule gewesen. Sie hatte in einem Wohnwagen gewohnt und nur drei Kleider und ein einziges Paar Schuhe besessen. Ihr Vater hatte sich aus dem Staub gemacht, und ihre Mutter war Alkoholikerin, die von der Sozialhilfe lebte. Ivy erzählte mir, daß die Kinder sie während ihrer ganzen Grundschulzeit ablehnten und grausam verspotteten, weil ihre Mutter sie in schmutziger, zerlumpter Kleidung zur Schule schickte.

Während der Oberschulzeit fand Ivy einen Job und verdiente genügend Geld, um sich eine schicke Frisur und nette Kleidung leisten zu können, aber sie wurde von denen, die sie von früher kannten, niemals wirklich akzeptiert – auch wenn sie noch so freundlich zu ihnen war. Nach dem Schulabschluß entschloß sie sich, die Stadt zu verlassen, um ein neues Leben zu beginnen.

Schon als Kinder haben wir andere nach oberflächlichen Gesichtspunkten beurteilt. Wie sie aussahen und was sie anzogen, war ausschlaggebend dafür, ob wir uns mit ihnen anfreunden wollten.

Und auch als Erwachsene beurteilen wir andere zunächst einmal nach Äußerlichkeiten – ob wir das nun zugeben oder nicht. Allein bestimmte körperliche Merkmale und andere äußerliche Faktoren können bewirken, daß wir jemanden als toxisch wahrnehmen.

Untersuchungen haben gezeigt, daß jemand, der gut aussieht und gut redet, als attraktiver, intelligenter, erfolgreicher, energischer, sexuell erregender und glaubwürdiger wahrgenommen wird.

Rechtsanwälte sind sich der Wirkung der äußeren Erscheinung im Gerichtssaal deutlich bewußt. Deshalb versuchen sie, ihre Mandanten oder Zeugen im Hinblick auf ihre Kleidung zu beeinflussen.

Meine eigenen Untersuchungen haben gezeigt, daß Menschen selbst dann, wenn sie körperlich nicht attraktiv sind, aber sich pflegen und eine gute, gebildete Sprechweise haben, als attraktiv und intelligent wahrgenommen werden, so daß andere gern mit ihnen zusammensein wollen.

Es kann sein, daß ein sehr freundlicher, angenehmer Mensch sich äußerlich so präsentiert, daß andere sich von ihm abgestoßen fühlen. Möglicherweise weiß er nicht einmal, warum.

Wenn Sie die folgende Negativliste des toxischen Erscheinungsbildes durchgehen, so wird Ihnen das helfen, potentiell toxische Faktoren zu identifizieren.

Die Negativliste des toxischen Erscheinungsbildes

Die Negativliste des toxischen Erscheinungsbildes soll Ihnen helfen, genau zu identifizieren, was Ihnen am äußeren Erscheinungsbild eines Menschen nicht gefällt. Sie kann natürlich auch benutzt werden, um sich einer Selbstprüfung zu unterziehen. Vielleicht haben Sie nie darüber nachgedacht, welche Botschaft Sie anderen mit Ihrer schlaffen Körperhaltung und Ihren hängenden Schultern vermitteln. Vielleicht achten Sie nie auf Ihre Fingernägel, und sie sind schmutzig oder abgenagt. Ob es Ihnen nun gefällt oder nicht: solche Äußerlichkeiten haben einen starken Einfluß darauf, wie andere Sie wahrnehmen. Vielleicht sagen Sie jetzt: »Na, und? Es ist mir völlig egal, wie ich auf andere wirke.« Aber wenn Sie auf dem heutigen Arbeitsmarkt und in diesem schwierigen wirtschaftlichen Klima Erfolg haben wollen, dann dürfen auch Äußerlichkeiten Ihnen nicht gleichgültig sein.

Wenn Sie die Negativliste des toxischen Erscheinungsbildes für sich nutzen, dann wird Ihnen das helfen, jeden Aspekt Ihrer äußeren Erscheinung zu analysieren. Sie können herausfinden, ob

Sie oder ein anderer Mensch, den Sie kennen, in zehn verschiedenen Bereichen ein toxisches Bild präsentiert: Kleidung, Haare, Fingernägel, Haut, Hygiene, Mund, Körpersprache, Gesichtsausdruck, Stimme, Sprechweise und Kommunikationsfähigkeit.

Um herauszufinden, ob jemand, den Sie kennen, irgendeine dieser toxischen Eigenschaften besitzt, sollten Sie die folgende Liste durchgehen und die Fragen mit Ja oder Nein beantworten.

Toxische Kleidung

1. Trägt er/sie die für den sozialen Anlaß angemessene Kleidung?

2. Trägt er/sie zur Arbeit die falsche Kleidung?

3. Ist seine/ihre Kleidung gewöhnlich schmutzig?

4. Ist seine/ihre Kleidung gewöhnlich knittrig und ungebügelt?

5. Riecht seine/ihre Kleidung nach Schweiß oder Rauch?

6. Trägt er/sie Kleidung aus billigen Chemiefasern?

7. Trägt er/sie unmoderne Kleidung?

8. Trägt er/sie Kleidung, die zu eng ist?

9. Trägt er/sie Kleidung, die zu weit ist?

10. Trägt er/sie unbequeme Kleidung?

11. Ist sie zu stark geschminkt?

Toxisches Haar

1. Hat er/sie die für seinen/ihren Job angemessene Frisur?

2. Ist sein/ihr Haar fettig?

3. Ist sein/ihr Haar häufig schmutzig?

4. Ist sein/ihr Haar häufig strohig oder verfilzt?

5. Ist sein/ihr Haar schlecht frisierbar?

6. Ist sein/ihr Haar meistens ungebürstet und ungekämmt?

7. Ist seine/ihre Haarfarbe ungewöhnlich – also weder blond noch braun, schwarz, grau, rot oder rotbraun?

8. Ist sein/ihr Haar strähnig?

9. Trägt er/sie eine Perücke oder ein Toupet, das schlecht sitzt?

10. Trägt er/sie eine Perücke oder ein Toupet, das seiner/ihrer natürlichen Haarfarbe nicht entspricht?

11. Fällt es anderen auf, daß er/sie eine Perücke oder ein Toupet trägt?

12. Ist sein Schnauzer und/oder Kinnbart schmutzig oder voller Schuppen?

13. Müßte er sich rasieren?

14. Hat sie einen Damen-Oberlippenbart?

15. Wachsen ihr am Kinn oder im Gesicht Haare?

16. Wachsen ihm Haare aus der Nase?

17. Wachsen ihm Haare aus den Ohren?

19. Sind seine/ihre Augenbrauen ungepflegt?

Toxische Fingernägel

1. Sind seine/ihre Fingernägel schmutzig?

2. Sind seine/ihre Fingernägel zu lang?

3. Sind seine/ihre Nägel abgenagt?

4. Ist ihr Nagellack abgesplittert und/oder verschmiert?

5. Sind seine/ihre Fingernägel verfärbt?

6. Sind seine/ihre Fingernägel mißgestaltet?

Toxische Haut

1. Leidet er/sie unter Akne?

2. Hat er/sie große Pockennarben im Gesicht?

3. Ist seine/ihre Haut schuppig, oder schält sie sich?

4. Ist seine/ihre Haut fettig oder glänzend?

5. Ist seine/ihre Haut rot und rauh?

6. Ist seine/ihre Haut fleckig?

7. Leidet er/sie unter Mitessern?

8. Leidet er/sie unter Hautgrieß?

9. Leidet er/sie unter häßlichen Leberflecken?

10. Leidet er/sie unter einem Melanom?

11. Hat er/sie Warzen im Gesicht?

12. Leidet er/sie unter Ausschlag?

13. Leidet er/sie unter Hautverfärbungen?

14. Ist seine/ihre Haut zu blaß?

15. Hat er/sie schlaffe, extrem faltige Haut?

16. Ist seine/ihre Haut gelblich?

17. Ist seine/ihre Haut gräulich?

Toxische Körperpflege

1. Badet/duscht er/sie sich weniger als einmal täglich?

2. Hat er/sie einen schlechten Körpergeruch?

3. Hat er/sie einen schlechten Achselgeruch?

4. Riechen seine/ihre Geschlechtsteile abstoßend?

5. Riecht sein/ihr Atem abstoßend?

6. Benutzt er/sie zu viel Eau de Cologne oder Parfüm?

7. Kann man in seinen/ihren Ohren Ohrenschmalz erkennen?

8. Ist sein/ihr Gesicht schmutzig?

9. Ist sein/ihr Hals schmutzig – lagern sich schwarze Schmutzringe in den Falten ab?

10. Schwitzt er/sie sehr stark?

Toxischer Mund

1. Hat er/sie Ausschlag an den Lippen?

2. Sind seine/ihre Lippen rauh?

3. Sammelt sich häufig weißer Speichel in seinen/ihren Mundwinkeln?

4. Läuft ihm/ihr, wenn er/sie zuhört, spricht oder ißt, Speichel aus dem Mund?

5. Sind seine/ihre Zähne schmutzig?

6. Sind seine/ihre Zähne verfärbt oder fleckig?

7. Sind seine/ihre Zähne abgebrochen oder stark abgesplittert?

8. Sind seine/ihre Zähne schief oder verformt?

9. Spuckt er/sie, wenn er/sie spricht?

10. Ist sein/ihr Zahnfleisch rot und geschwollen?

11. Hat er/sie Hasenzähne?

12. Steht sein/ihr Unterkiefer vor?

Toxische Körpersprache

1. Drängt er/sie sich unangenehm nahe an den Gesprächspartner heran?

2. Steht er/sie zu weit entfernt?

3. Berührt er/sie ständig seinen/ihren Gesprächspartner?

4. Berührt er/sie sich ständig selbst?

5. Hat er/sie eine gebeugte Körperhaltung?

6. Hat er/sie eine steife, roboterähnliche Körperhaltung?

7. Hat er/sie eine zu schlaffe Körperhaltung?

8. Läßt er/sie beim Sprechen oder Zuhören den Kopf hängen?

9. Wedelt er/sie beim Sprechen mit den Armen herum?

10. Schreckt er/sie jedes Mal, wenn jemand ihn/sie beim Sprechen berührt, zurück?

11. Sind seine/ihre Hände kalt oder verschwitzt?

12. Hat er/sie einen Händedruck, mit dem man eine Cola-Dose zerdrücken könnte?

13. Fühlt sein/ihr Händedruck sich an wie ein toter Fisch?

14. Pflegt er/sie das Händeschütteln unangenehm lange auszudehnen?

15. Wiegt er/sie sich beim Sprechen vor und zurück?

Toxischer Gesichtsausdruck

1. Sieht er/sie, wenn er/sie mit jemandem redet, zur Seite?

2. Wandern seine/ihre Blicke im Zimmer herum, wenn er/sie mit jemandem redet?

3. Kneift er/sie die Augen zusammen, und/oder zieht er/sie die Augenbrauen zusammen, und/oder runzelt er/sie die Stirn, wenn er/sie mit jemandem redet?

4. Schaut er/sie die Person, mit der er/sie spricht, nicht an?

5. Schaut er/sie den Menschen prüfend von oben bis unten an, wenn er/sie ihm zum ersten Mal begegnet?

6. Schiebt er/sie den Unterkiefer vor, so daß der Gesichtsausdruck bullig und wütend wirkt?

7. Wirkt er/sie meistens traurig und runzelt ständig die Stirn?

8. Sind seine/ihre Lippen schmal und verkniffen?

9. Hat er/sie ein angestrengtes, gezwungenes Lächeln?

10. Hat er/sie ein maskenhaftes, falsches Lächeln?

11. Sind seine/ihre Augen tot und leblos, wenn er/sie mit jemandem spricht?

12. Hat er/sie gewöhnlich einen gelangweilten oder leeren Gesichtsausdruck?

13. Hebt er/sie beim Sprechen die Augenbrauen und reißt die Augen auf, so daß der Eindruck von Zweifel und Furcht entsteht?

14. Starrt er/sie Sie auf unangenehme Weise an?

15. Blinzelt er/sie nervös?

16. Kneift er/sie ständig die Augen zusammen?

17. Sind seine/ihre Gesichtszüge ständig angespannt?

18. Steht ihm/ihr beim Zuhören der Mund offen?

19. Ist sein/ihr Gesichtsausdruck normalerweise wütend?

20. Ist sein/ihr Gesichtsausdruck normalerweise traurig?

21. Spricht er/sie durch die Zähne, ohne den Mund zu öffnen?

Toxische Sprechweise oder toxische Stimme

1. Hat er/sie eine unangenehm laute Stimme?

2. Hat er/sie eine sanfte, schwache Stimme, die kaum zu hören ist?

3. Wird seine/ihre Stimme am Ende eines Satzes leiser, so daß er/sie kaum zu verstehen ist?

4. Muß man ihn/sie häufig bitten, das, was er/sie gesagt hat, zu wiederholen?

5. Sagt er/sie häufig: »Ich weiß es nicht«, wenn man ihm/ihr eine Frage stellt?

6. Ist er/sie im Gespräch meistens still, als wüßte er/sie nicht, was er/sie sagen soll?

7. Klingt er/sie gelangweilt und spricht mit einer monotonen Stimme?

8. Ist das, was er/sie erzählt, so langweilig, daß die Leute fast einschlafen?

9. Hat er/sie eine zu hohe Stimme?

10. Klingt seine/ihre Stimme krächzend, vor allem am Ende eines Satzes?

11. Pflegt er/sie beim Sprechen unverständlich zu murmeln?

12. Hat er/sie ein lautes, unangenehmes Lachen?

13. Redet er/sie zu schnell?

14. Ist seine/ihre Stimme häufig heiser?

15. Benutzt er/sie die Worte im falschen Kontext?

16. Spricht er/sie falsches Deutsch?

17. Klingt sein/ihr Sprechen abgehackt?

18. Klingt er/sie kurzatmig?

19. Klingt seine/ihre Stimme kurzatmig und angestrengt?

20. Pflegt er/sie sich im Gespräch häufig zu räuspern?

21. Leckt er/sie sich die Lippen, bevor er/sie zu reden beginnt?

22. Klingt seine/ihre Stimme rauh?

23. Klingt seine/ihre Stimme nasal und winselnd?

24. Spricht er/sie Wörter häufig falsch aus?

25. Redet er/sie so schnell, daß man ihn/sie bitten muß, das Gesagte zu wiederholen?

26. Redet er/sie so langsam, daß andere häufig den Faden verlieren?

27. Kommt es häufig vor, daß er/sie sich wiederholt?

28. Erzählt er/sie immer wieder dieselben Geschichten?

29. Spricht er/sie zögernd, oder klingt er/sie beim Sprechen allzu vorsichtig?

30. Stottert oder stammelt er/sie?

31. Lispelt er/sie?

32. Ist seine Sprache ungepflegt und stark mit Slangwörtern durchsetzt?

33. Sagt er/sie häufig »äh« oder »also«?

34. Hat er/sie einen Akzent oder Dialekt, der schwer zu verstehen ist?

Toxische Kommunikation

1. Macht es ihm/ihr Spaß, über andere zu klatschen?

2. Scheint er/sie Spaß daran zu haben, über andere zu lästern und sie kleinzumachen?

3. Kommandiert er/sie andere Menschen herum?

4. Brüllt er/sie andere an?

5. Ist er/sie anderen gegenüber freundlich, um dann hinter ihrem Rücken Schlechtes über sie zu erzählen?

6. Ist er/sie ständig am Streiten oder Kämpfen?

7. Spielt er/sie häufig den Advokaten des Teufels, indem er/sie nur um des Streitens willen die entgegengesetzte Position vertritt?

8. Geizt er/sie mit Komplimenten?

9. Macht er/sie anderen unaufrichtige Komplimente?

10. Schmiert er/sie anderen häufig Honig um den Bart, um etwas Bestimmtes zu erreichen?

11. Pflegt er/sie seinen/ihren Ärger so lange zu verdrängen, bis er/sie explodiert und furchtbar aggressiv wird?

12. Macht er/sie ständig Witze oder versucht, alle Probleme herunterzuspielen?

13. Hat er/sie Spaß daran, Menschen zurechtzustutzen oder sich über sie lustig zu machen?

14. Pflegt er/sie ständig mit seinem Besitz und seinen Leistungen zu prahlen?

15. Schwindelt er/sie häufig?

16. Erfindet er/sie häufig Lügengeschichten?

17. Hat er/sie Schwierigkeiten, ein Geheimnis zu bewahren?

18. Gibt er/sie zuviel preis?

19. Hat er/sie Schwierigkeiten, auf den Punkt zu kommen?

20. Will er/sie immer im Zentrum der Aufmerksamkeit stehen?

21. Fragt er/sie andere ständig aus, ohne etwas von sich selbst preiszugeben?

22. Versucht er/sie ständig, das Gespräch zu beherrschen?

23. Wechselt er/sie ständig das Thema?

24. Ignoriert er/sie häufig eine Frage, um weiter über sein eigenes Anliegen reden zu könnnen?

25. Unterbricht er/sie den Gesprächspartner häufig?

26. Beantwortet er/sie häufig Fragen, die nicht an ihn/sie gerichtet sind?

27. Hält er/sie das, was er/sie selbst sagt, gewöhnlich für wichtiger als das, was irgend jemand anders sagt?

28. Fällt es ihm/ihr schwer, sich in Ruhe eine andere Meinung anzuhören?

29. Pflegt er/sie, wenn es um ernste und traurige Dinge geht, häufig zu lachen?

30. Scheint er/sie, wenn er/sie mit anderen Menschen zusammenkommt, ständig angespannt und nervös zu sein?

31. Wirkt er/sie uninformiert und desinteressiert?

32. Erwähnt er/sie ständig Namen von wichtigen Persönlichkeiten, mit denen er/sie angeblich gut befreundet ist?

33. Redet er/sie ständig über Negatives?

34. Jammert er/sie häufig?

35. Flucht er/sie häufig?

36. Benutzt sie eine Art Babysprache, um »niedlich« zu wirken?

37. Macht er/sie ständig große Worte?

38. Hat er/sie Schwierigkeiten, sich auf das zu konzentrieren, was er/sie sagen möchte?

39. Redet er/sie zuviel?

40. Stellt er/sie zu viele Fragen?

41. Wirkt er/sie allzu neugierig und stellt zudringliche Fragen?

42. Scheint er/sie sich, während der andere noch redet, ständig nur auf das zu konzentrieren, was er/sie selbst sagen will?

43. Scheint er/sie abzuschalten, während sein/ihr Gesprächspartner redet?

44. Benutzt er/sie häufig das Wort »ich« und redet zwanghaft über sich selbst?

45. Redet er/sie nur mit Leuten, die ihm/ihr nützlich sein können?

46. Gibt er/sie ständig an?

47. Weiß er/sie ständig alles besser und versucht, andere mit seinem/ihrem Wissen zu demütigen?

48. Pflegt er/sie andere zu belehren, so daß er/sie, anstatt sich mit ihnen zu unterhalten, häufig monologisiert?

49. Kritisiert er/sie sich ständig selbst?

50. Hört man von ihm/ihr ständig sarkastische Bemerkungen und toxische Kommentare?

51. Spricht er/sie gewöhnlich mit ärgerlicher Stimme?

52. Muß man ihm/ihr alles erst aus der Nase ziehen?

53. Fällt es ihm/ihr häufig schwer, jemandem etwas Nettes zu sagen?

55. Scheint es ihm/ihr unangenehm zu sein, jemandem ein Kompliment zu machen?

56. Kichert er/sie nervös?

57. Fehlen ihm/ihr häufig die Worte?

58. Liebt er/sie es, sich selbst zuzuhören?

59. Kommt es gelegentlich vor, daß das, was er/sie sagt, keinen Sinn zu ergeben scheint?

60. Kann er/sie nicht zugeben, daß er/sie unrecht hat, auch wenn er/sie sich darüber im klaren ist?

61. Hat er/sie Schwierigkeiten, sich zu entschuldigen, wenn er/sie etwas falsch gemacht hat?

62. Tritt er/sie häufig ins Fettnäpfchen?

63. Wird er/sie bei der geringsten Provokation laut oder beginnt zu streiten?

64. Ist er/sie ungeschickt und undiplomatisch, wenn er/sie etwas Negatives zur Sprache bringen muß?

65. Kann er/sie ein Kompliment schlecht annehmen?

66. Ist es ihm/ihr peinlich, wenn man etwas Nettes über ihn/sie sagt?

67. Sprudelt er/sie ständig mit allem heraus und sagt alles, was er/sie denkt?

68. Brüllt er/sie herum, wenn er/sie zornig ist?

69. Pflegt er/sie ständig zu flirten oder andere zu necken?

70. Hat er/sie Schwierigkeiten, um Hilfe zu bitten, wenn er/sie sie braucht?

71. Pflegt er/sie andere ständig wegen ihrer Schwachstellen zu hänseln?

72. Ist er/sie nachtragend?

73. Zwingt er/sie anderen häufig seine/ihre Meinung auf?

74. Ist er/sie eingeschnappt, wenn ihn/sie etwas stört?

75. Erwartet er/sie von engen Freunden, daß diese wissen, was er/sie denkt oder fühlt?

76. Pflegt er/sie sofort zu weinen, wenn er/sie in eine schwierige Lage gerät?

77. Gibt er/sie häufig sehr einsilbige Antworten, etwa: »Ja«, »Nein«, »Schön« oder »Okay«, anstatt sich ausführlicher zu äußern?

78. Neigt er/sie dazu, ein Gespräch zu beherrschen, und gibt er/sie anderen nur wenig Möglichkeit zu reden?

Wie man die Negativliste des toxischen Erscheinungsbildes nutzt

Wissen ist Macht. Wenn Sie sich in einigen dieser Beschreibungen erkannt und Dinge entdeckt haben, die andere möglicherweise toxisch finden, haben Sie jetzt immerhin die Möglichkeit, viele dieser Dinge zu ändern – also lassen Sie den Mut nicht sinken. Wenn Sie mehr Sorgfalt auf Ihre persönliche Hygiene und Kleidung verwenden und Ihre Kommunikations-

oder stimmlichen Fähigkeiten verbessern, werden Sie bei anderen Menschen besser ankommen. Einige der genannten Punkte unterliegen nicht Ihrer Kontrolle, aber wenn Sie sich Ihrer potentiellen Probleme bewußt sind, dann wird Ihnen das helfen, anderen ein angenehmeres Bild zu vermitteln.

Wenn Sie irgendwelche dieser Fragen mit Ja beantwortet haben, dann müssen Sie versuchen, die betreffenden negativen Aspekte zu verändern.

Häufig kann das bloße Wissen, daß Sie eine unangenehme Eigenheit haben, der Anstoß sein, um eine Wende herbeizuführen. Wenn Sie Ihren toxischen Verhaltensweisen Aufmerksamkeit widmen, dann wird es Ihnen leichter fallen, sie zu verändern. Wenn Sie trotz allem noch Schwierigkeiten haben, Ihr Verhalten in den Griff zu bekommen, dann sollten Sie sich an einen guten Psychotherapeuten wenden, um sich beraten zu lassen. Um einen solchen Therapeuten zu finden, können Sie sich an den Verband der Psychologen wenden.

Wenn Sie die Image-Negativliste im Hinblick auf einen bestimmten toxischen Menschen durchgecheckt und nun herausgefunden haben, was Ihnen an ihm oder ihr nicht gefällt, dann kann bereits das bloße Problembewußtsein ausreichend sein, um Spannungen abzubauen und negative Gefühle zu zerstreuen.

Auf der anderen Seite kann es auch möglich sein, daß Sie dem toxischen Menschen jetzt, da Sie das Problem so deutlich erkannt haben, sagen möchten, was Sie stört. In Kapitel 11 werden Sie lernen, wie Sie dabei vorgehen können.

Kapitel 11

Die toxische Beziehung mit Hilfe von effektiver Kommunikation verbessern

Bevor Sie entscheiden, ob Sie eine ehemals toxische Beziehung wieder aufleben lassen möchten, müssen Sie sich eine Reihe von Fragen stellen.

1. Sind Sie wirklich bereit, es noch einmal zu versuchen?

2. Werden Sie dem Betreffenden jemals vergeben können, und – kann er Ihnen vergeben?

3. Ist ohne ihn in Ihrem Leben eine Lücke entstanden?

4. Sind Sie bereit, den ersten Schritt zu tun?

5. Sind Sie bereit, zu vergeben und zu vergessen und wirklich neu anzufangen?

Wenn Sie eine dieser Fragen mit Ja beantwortet haben, dann haben Sie eine gute Chance, die Beziehung wieder neu beleben zu können.

Dieses Kapitel wird Ihnen zeigen, auf welche Weise das gelingen kann. Mag sein, daß Sie sich zunächst ein wenig verlegen fühlen, aber wenn Sie den ersten Schritt getan haben, werden die folgenden leichter sein.

Menschen können sich verändern

Wir haben alle schon einmal den Spruch gehört: »Man soll nie ›nie‹ sagen.« Wenn Sie jemanden heute als toxisch empfinden, so bedeutet das nicht, daß das auch morgen noch der Fall sein wird. Schauen Sie sich doch einmal in der Welt um. Ehemalige Feinde sind zu Freunden geworden und bemühen sich, in Frieden miteinander zu leben. Araber und Juden haben sich an einen Tisch gesetzt und verhandeln miteinander über eine Friedenslösung. Die politischen Führer der USA und der Sowjetunion treffen sich regelmäßig, und die Mauer zwischen Ost- und Westdeutschland ist gefallen.

Wer hätte angenommen, daß diese Dinge noch zu unseren Lebzeiten passieren würden? Und – wenn politische Mauern fallen können, warum dann nicht auch die Mauern, die toxische Menschen aufbauen?

Die amerikanische Redewendung, daß Leoparden niemals ihre Flecken loswerden, trifft natürlich zu. Aber Menschen sind keine Leoparden.

Menschen *können* sich verändern und verändern sich tatsächlich, vor allem wenn sie es wollen. Und – was noch wichtiger ist – sie sind lernfähig. Gewiß – es gibt Menschen, die sich partout nicht ändern wollen, aber die meisten von uns wollen sich zum Besseren hin entwickeln. Wir wissen nur manchmal nicht, wie wir es anfangen sollen.

Es gibt noch einen weiteren Spruch: »Was ich nicht weiß, macht mich nicht heiß.« Etwas nicht zu wissen kann jedoch nur in sehr begrenztem Rahmen ein Vorteil sein. *Wissen ist segensreich.* In der Tat: Wissen ist Macht. Nur wenn Sie Ihre Schwächen kennen, haben Sie die Macht, sich zu verändern. In vielen Fällen machen sogar ganz besonders toxische Menschen wichtige Lernschritte durch und verändern ihre Lebenseinstellung, so daß sie sich selbst und anderen gegenüber ihre toxische Wirkung verlieren.

Nur wer Wissen hat, hat die Macht, etwas zu verändern. Wenn Menschen einander hassen und Vorurteile gegeneinander hegen, so geschieht dies meist aus purer Unwissenheit. Dies wird am offensichtlichsten, wenn es um Vorurteile gegen bestimmte Nationalitäten geht.

In dem Maße, wie Menschen sich bilden und bewußter werden, erkennen sie, daß es lächerlich und nutzlos ist, andere für etwas zu hassen, was ihre Vorfahren möglicherweise vor Hunderten von Jahren getan haben. Vielleicht eines der frappantesten Beispiele für ein verändertes Bewußtsein ist die Tatsache, daß die Lutheraner, obwohl sie im großen und ganzen den Lehren des Reformators Martin Luther anhängen, sich kürzlich von seinen Verleumdungen der Juden und des Judentums distanzierten.

Es hat vier Jahrhunderte gedauert, bis das geschah, aber diese Distanzierung gibt Anlaß zu der Hoffnung, daß Abgründe zwischen verschiedenen Glaubensrichtungen überbrückt werden können.

Das Wissen darüber, daß wir Menschen uns alle sehr ähnlich sind, kann vielleicht die häßlichen Vorurteile zerstreuen helfen, die wir gegenüber denen hegen, die anders zu sein scheinen als wir.

Wissen ist Macht

Allein das Wissen darüber, wie wir mit toxischen Menschen umgehen müssen, kann uns helfen, unsere feindseligen Gefühle gegen sie abzubauen. Danach wird es uns leichter fallen, unser Verhalten ihnen gegenüber zu verändern, so daß auch ihr Verhalten uns gegenüber sich ändert. Die in Kapitel 6 beschriebenen zehn Techniken können helfen, eine zuvor toxische Beziehung wieder zu »entgiften«.

Eine meiner Klientinnen, Marissa, hatte mit ihrem Vater ständig Schwierigkeiten. Nachdem sie die zehn Techniken erlernt hatte, besuchte sie ihn am *Thanksgiving*-Tag und war zum ersten Mal in ihrem Leben fähig, ein vernünftiges Gespräch mit ihm zu führen. Sie wandte verschiedene Techniken an: Spannungen ausatmen, ruhiges Nachfragen usw. und erfuhr dabei Dinge über ihren Vater, die sie zuvor nicht gewußt hatte. Sie entdeckte, daß er ein »ganz schön cooler Typ« sei, wie sie es formulierte. In ihrer Erinnerung war er ein schrecklicher Macho und eine sehr autoritäre Persönlichkeit gewesen. Inzwischen war er zu einem verständnisvollen, liberalen und aufgeschlossenen Mann herangereift. Marissa lernte, daß die Menschen einem in einem neuen Licht erscheinen können, wenn man lernt, effektiver mit ihnen zu kommunizieren.

Wissen ist in jedem Fall Macht, weil es Ihnen Alternativen und Mittel an die Hand gibt, mit Hilfe derer Sie eine Situation verändern können. Wenn wir die Gründe für die Handlungen unserer Mitmenschen verstehen, dann können wir Mitgefühl mit ihnen entwickeln und ihnen schließlich vergeben.

Kelly, eine andere Klientin, hatte ebenfalls eine sehr schwierige Beziehung zu ihrem Vater. Sie hatte das Gefühl, daß sein unberechenbares Verhalten ihr erheblich geschadet hatte. Kurz vor ihrer Hochzeit konfrontierte sie ihn mit ihren Vorbehalten, da sie vor Beginn des neuen Lebensabschnittes den Groll abbauen wollte, den sie gegen ihn hegte.

In mehreren Gesprächen mit ihrem Vater kam heraus, daß er im Vietnamkrieg als Kriegsgefangener grausam gequält worden war und dadurch ein Trauma davongetragen hatte. Er war unfähig, irgend jemandem zu vertrauen, und litt unter paranoiden Angstvorstellungen. Unglücklicherweise hatte sich das früher in gewalttätigen Ausbrüchen gegen seine Tochter manifestiert. Nachdem sie erfahren hatte, wieviel er gelitten hatte, konnte sie sein Verhalten besser verstehen und ihrer Beziehung eine neue Chance geben. Heute sind Vater und Tochter einander sehr nahe, und vor kurzem führte er sie in einer sehr rührenden Hochzeitszeremonie zum Traualtar.

Warum ein Mensch für Sie toxisch ist, werden Sie erst dann ganz genau wissen, wenn Sie ihm Fragen stellen und mit ihm kommunizieren. Möglicherweise werden Sie über das, was Sie entdecken, überrascht sein. Möglicherweise werden Sie dann eine Seite an ihm entdecken, die Sie nie zuvor wahrgenommen haben. Wenn Sie feststellen, daß Menschen sich verändern können – und es tatsächlich auch tun –, dann kann Ihnen das helfen, sich von jahrelangem Kummer zu befreien.

Ich habe immer wieder beobachtet, daß Menschen, die sich zeitweilig voneinander entfremdet hatten, sich wieder näherkamen, weil sie bereit waren, zu kommunizieren und füreinander Verständnis aufzubringen. Der Entschluß, einmal einen anderen Standpunkt einzunehmen, machte sie einfühlsamer und toleranter.

Wenn wir bereit sind, einem Menschen, der uns toxisch erschien, mehr Verständnis entgegenzubringen, dann werden auch unsere Herzen am Ende offener und wärmer werden.

Während sie heranwuchsen, standen Charles und Brad sich sehr nahe. Charles war immer der »große Bruder«, der Macho-Sportler, während Brad schmal und anfällig blieb. Als sie älter wurden, gewann Charles den Eindruck, daß Brad homosexuell sei, aber er ließ nie ein Wort darüber verlauten. Obwohl Brad es seinem älteren Bruder gleichzutun versuchte, indem er in die Armee eintrat, heiratete und Kinder bekam, konnte er die Tatsache, daß er von seiner Anlage her homosexuell war, nicht verdrängen. Als er sich seine wahren Bedürfnisse endlich bewußtgemacht hatte, erzählte er als erstes Charles davon. Dieser versetzte ihm einen Fausthieb ins Gesicht und schlug dabei zwei seiner Vorderzähne heraus.

Die Brüder entfremdeten sich immer mehr voneinander; Charles entwickelte einen leidenschaftlichen Haß gegen Brad und wollte nie wieder mit ihm sprechen. Eines Tages sah er im Fernsehen einen Dokumentarfilm über ein homosexuelles Paar; beide Partner waren an Aids erkrankt und sorgten sehr liebevoll füreinander. Charles brach in Tränen aus, denn ihm wurde bewußt, wie sehr er seinen Bruder liebte. Wenn das Leben eines Menschen in Gefahr ist, so erkannte er, dann spielen alte Vorurteile absolut keine Rolle mehr. Sofort griff er zum Telefon und rief Brad an; sie trafen sich, und die alten herzlichen Gefühle lebten wieder auf. Trotz ihrer Meinungsverschiedenheiten nahmen sie ihre frühere, enge Beziehung wieder auf. Obwohl Charles mit Brads Lebensstil nicht einverstanden war, liebte und akzeptierte er ihn.

Einen Kontakt herstellen

Wenn Sie eine ehemals toxische Beziehung neu beleben möchten, dann können Sie das auf verschiedenen Wegen tun. Sie können einen Kontakt herstellen, indem Sie einen Brief schreiben, anrufen oder den Betreffenden persönlich treffen. Für welchen Weg Sie sich auch entscheiden – Sie sollten Ihr Gegenüber *niemals anklagen oder angreifen*. Es darf Ihnen nicht darum gehen zu beweisen, daß der oder die Betreffende unrecht hatte. Sie müssen vielmehr Ihre Gefühle deutlich machen, und vielleicht gelingt es Ihnen dann in einem offenen Gespräch, das Verhalten Ihres Gegenübers besser zu verstehen.

Einen Brief schreiben

Vielleicht ist ein Brief das beste Mittel, um einen abgebrochenen Kontakt wieder aufzunehmen. Noch einmal: vergessen Sie nicht, daß es darum geht, neue Kommunikationswege zu *öffnen*, und nicht, sie zu schließen – also *greifen Sie den Betreffenden nicht an*. Der Empfänger des Briefes sollte dessen Inhalt so weit akzeptieren können, daß er den nächsten Schritt wagt und darauf antwortet. Hier ist ein Brief, den einer meiner Klienten seinem Vater schrieb, von dem er sich entfremdet hatte.

Lieber Dad,

ich schreibe diesen längst fälligen Brief, weil ich einige Probleme lösen möchte, die mir, solange ich mich zurückerinnern kann, am Herzen liegen. Ich trage eine ziemlich schwere emotionale Last mit mir herum, die mein persönliches und berufliches Leben ernsthaft beeinträchtigt.

Ich möchte mit diesem Brief keine Schuldgefühle hervorrufen oder festlegen, wer recht und wer unrecht hat; ich möchte mich vielmehr bemühen, die Gründe für Dein Verhalten zu verstehen, so daß ich mein Leben unbeschwerter weiterleben kann.

Vielleicht fragst Du Dich, warum ich mit sechsundvierzig Jahren plötzlich über diese Dinge nachdenke. Der Grund dafür ist, daß ich zu einer Erkenntnis gekommen bin: Viele meiner Probleme, einschließlich meiner Angst davor, in der Öffentlichkeit zu sprechen, meines gelegentlichen Stotterns und meiner Unsicherheit vor allem gegenüber Autoritätspersonen, stehen in direktem Zusammenhang mit meiner Beziehung zu Dir.

Jedes Kind braucht und wünscht sich die Unterstützung und sogar die Bewunderung seines Vaters. Es schaut zu seinem Vater auf und fühlt sich durch dessen Liebe und dessen Glaube in seinem Wert bestätigt. Als ich sehr jung war, dachte ich, Du seist der Größte. Aber ich hatte auch das Gefühl, daß das, was ich tat, niemals gut genug war. Ich hatte nicht einmal das Gefühl, daß ich es wert war, geliebt und akzeptiert zu werden. Ich habe nie empfunden, daß Du emotional für mich präsent warst. Du hast mich nie ermutigt und nie ein freundliches Wort geäußert, wenn ich im Sport oder im Unterricht etwas Besonderes leistete. Wenn in der Schule eine besondere Veranstaltung stattfand, tauchtest Du niemals auf, was ich als Gleichgültigkeit interpretierte. In Deiner Gegenwart fühlte ich mich immer nervös und angespannt, denn wenn Du mir Fragen stelltest, geschah das in einem so fordernden Ton, daß sich mir der Magen zusammenkrampfte. Einmal schlugst Du mich mit einem Gürtel, nur weil ich eine Antwort nicht schnell genug herausbrachte. Immer wenn ich den Versuch machte, mit Dir zu reden, putztest Du mich herunter und zogst alles, was ich sagte, ins Lächerliche. Ich bin von Dir sehr häufig getadelt und beschimpft worden.

Obwohl ich versucht habe, diese Erinnerungen zu verdrängen, verfolgen sie mich noch heute, und ich kann nicht vergessen, wieviel Schmerzen und Demütigungen Du mir zugefügt hast. Inzwischen weiß ich, daß Dein damaliger Alkoholmißbrauch zu Deinem Verhalten wesentlich beitrug, aber ich möchte verstehen, was es eigentlich war, das Dich zu solchen extremen Verhaltensweisen trieb. Manchmal nehme ich auch in mir einige dieser Charakterzüge wahr – und bin entsetzt darüber!

Ich weiß, daß Du Dich häufig fragst, warum ich Dich nie besonders gern angerufen habe. Der Grund dafür ist, daß wir nie etwas geklärt haben. Wir haben nur versucht, einfach alles zu vergessen. Aber ich kann nicht länger vergessen.

Deshalb mußte ich das Risiko eingehen, daß dieser Brief die Spannungen nur noch verschärft. Ich hoffe aufrichtig, daß das nicht der Fall sein wird. Ich *möchte* Dich verstehen, ebenso wie ich mich selbst besser verstehen möchte. Ich hoffe, daß wir bald einmal darüber reden und einige der alten Dämonen begraben können.

Ich liebe Dich und möchte Dir wieder näherkommen.

Dein Sohn Terrance

Wie aus dem Brief deutlich wird, vermied Terrance Angriffe und verbale Beschimpfungen. Er beschrieb seinen Kummer und seine Verletzungen und fragte nach den Gründen für das frühere Verhalten seines Vaters. Er ließ die Tür offen, damit der Kontakt wieder erneuert werden konnte.

Zunächst war sein Vater über den Brief offenbar so bestürzt, daß er nicht reagieren konnte.

Schließlich, nach mehreren Monaten, rief er Terrance an und sagte mit monotoner Stimme: »Ich habe deinen Brief erhalten.«

Terrance blieb ruhig und gefaßt, und sie einigten sich, daß er seinen Vater zu Hause besuchen solle. Nach einem heftigen Streit mit gegenseitigem Anbrüllen und Tränen auf beiden Seiten begann Terrance allmählich besser zu verstehen, warum sein Vater sich so abweisend verhalten hatte. Schließlich gingen sie regelmäßig gemeinsam angeln und wurden gute Freunde.

Bevor sie miteinander ins Gespräch gekommen waren, hätte keiner von beiden eine solche Entwicklung für möglich gehalten.

Telefonieren

Wenn Sie jemanden am Telefon mit Ihren Ansichten konfrontieren, dann kann es sein, daß Ihr Gesprächspartner mit Schweigen oder Ärger darauf reagiert. Auf jeden Fall ist es entscheidend, daß Sie nicht *reagieren*, sondern *agieren* und die Ruhe bewahren. Bemühen Sie sich, Ihre Spannungen auszuatmen; das wird Ihnen helfen, Ihre Stimme zu kontrollieren. Wenn Sie selbst ruhig bleiben, dann wird auch der andere sich wahrscheinlich beruhigen und dem, was Sie zu sagen haben, ruhig zuhören.

Oft ist es sinnvoll, eine Liste der Punkte aufzustellen, die Sie besprechen möchten. Legen Sie einen Zettel vor sich hin; das wird Ihnen helfen, Ihre Gedanken zu ordnen.

Noch einmal: *greifen Sie den anderen nicht an, und beschuldigen Sie ihn nicht.* Statt dessen geben Sie ihm die Möglichkeit, seinerseits seine Meinung zu äußern. Machen Sie deutlich, daß Sie das frühere Mißverständnis klären möchten und dazu den ersten Schritt getan haben.

Den Betreffenden persönlich sehen

Manchmal leben Ihre toxischen Gefühle allein dadurch wieder auf, daß Sie den Betreffenden sehen und hören. Vielleicht fühlen Sie sich durch seinen Gesichtsausdruck oder seine Körpersprache abgestoßen oder zurückgewiesen.

Versuchen Sie, dies zu ignorieren, da Ihr Gegenüber sich möglicherweise nur zu schützen versucht. Wenn Sie die Entwicklung zum Positiven beeinflussen möchten, dann können Sie das Eis mit einem Lächeln, einem Händeschütteln und einer herzlichen Umarmung – in dieser Reihenfolge – brechen.

Berührungen haben, wie Anthropologen herausfanden, eine sehr starke Wirkung. Eine sanfte Berührung signalisiert Ihrem Gegenüber, daß Sie einen Kontakt herstellen und Frieden schließen möchten.

Auf jede Reaktion gefaßt sein

Welchen Weg Sie auch beschreiten, um einen Kontakt herzustellen – Sie müssen auf jede Reaktion gefaßt sein. Der Betreffende kann defensiv, anklagend, feindselig oder unkommunikativ reagieren, aber auch offen, reumütig, einfühlsam und gleichermaßen bereit, die Beziehung zu erneuern.

Wie auch immer das Ergebnis aussehen mag – die Tatsache, daß Sie den ersten Schritt getan und versucht haben, die Kommunikation wiederherzustellen, hat eine große Bedeutung.

Sie haben keine Kontrolle darüber, wie andere reagieren, aber Sie können Ihre eigene innere Einstellung kontrollieren. Wenn Sie dem anderen mit Offenheit, Ehrlichkeit und gutem Willen gegenübertreten, dann geben Sie in jedem Fall Ihr Bestes. Ob Ihr Versuch, die Beziehung zu erneuern, auf fruchtbaren Boden fällt oder nicht – Sie können stolz auf sich sein, denn es zeugt von Persönlichkeit, Intelligenz und einem offenen Herzen, den ersten Schritt zur Versöhnung zu tun.

Liebe heißt, sich dafür entschuldigen, daß man sich toxisch verhalten hat

Ebenso wie es einer starken Persönlichkeit bedarf, den ersten Schritt zu tun, so bedarf es einer großen inneren Stärke, einen Fehler zuzugeben und etwas zu bereuen.

Der populäre Spruch der 70er Jahre, der aus dem Film *Love Story* stammt: »Liebe heißt, niemals sagen zu müssen, daß es einem leid tut«, ist unzeitgemäß. Heute bedeutet Liebe, *ganz gewiß* zu sagen, daß es einem leid tut.

Unzählige Male habe ich einen Klienten oder eine Klientin sagen hören: »Wenn er/sie sich nur dafür entschuldigen würde, dann könnte ich darüber hinwegkommen.«

Wenn Sie einen Fehler gemacht haben, dann sind Sie es nicht nur der betroffenen Person, sondern auch sich selbst schuldig, Ihre Seele zu entlasten, zu sagen, daß es Ihnen leid tut, und zu versuchen, die Sache wiedergutzumachen.

Dies ist der einzige Weg, wie Sie sich wirklich verändern und sich selbst die toxischen Handlungen Ihrer Vergangenheit verzeihen können. In den 12-Schritte-Programmen der Selbsthilfegruppen geht es auch darum, etwas wiedergutzumachen, so daß die Menschen endlich gesunden können.

Einer meiner Klienten, der eine sehr gestörte Beziehung zu seiner alkoholkranken Mutter hatte, kam weinend zu mir und erzählte mir, daß er den glücklichsten Tag seines Lebens erlebt habe. Er hatte seine Mutter mit der Tatsache konfrontiert, wie schrecklich sie sich ihm gegenüber verhalten hatte. Er hatte ihr gesagt, daß er ständig in Unsicherheit gelebt habe, niemals wußte, welchen Mann sie als nächstes nach Haus bringen würde und ob er nach der Heimkehr von der Schule etwas zu essen – oder überhaupt noch einen Platz zum Wohnen – vorfinden würde.

Mit Tränen in den Augen sah seine Mutter ihn an und sagte: »Ja, John, ich war total chaotisch. Ich hatte nicht das Recht, dich jenen schrecklichen Erfahrungen auszusetzen. Ich habe Schuld auf mich geladen, und ich habe mich an jedem Tag meines Lebens dafür bestraft, daß ich dich so sehr vernachlässigt habe. Ich hoffe, du kannst es übers Herz bringen, mir zu verzeihen.« Er verzieh ihr tatsächlich, denn genau dies waren die Worte, die er in den letzten dreißig Jahren von seiner Mutter hatte hören wollen. John schaffte es, eine engere Beziehung zu seiner Mutter aufzubauen und inneren Frieden zu finden.

Den Schaden wiedergutmachen

Wenn Sie den ersten Schritt getan und Ihren Fehler eingestanden haben, dann müssen Sie in Ruhe die Reaktion des anderen abwarten. Mag sein, daß er Ihnen vergibt, Ihre Entschuldigung zurückweist, wütend wird oder Sie ignoriert. Was genau er tut, ist nicht wichtig. Wichtig ist vielmehr, daß Sie den ersten Schritt taten – daß Sie die Größe besaßen, Gefühle und Energie zu investieren, um die Beziehung wieder in Ordnung zu bringen und Ihre Fehler wiedergutzumachen.

Eine meiner Klientinnen, Connie, erkannte, daß sie ihrer Tochter mit den hohen Erwartungen, die sie in sie gesetzt hatte, wahrscheinlich eine Menge Schaden zugefügt hatte. Als sie sich aufrichtig entschuldigte, war ihre Tochter so glücklich, daß sie Connie in die Arme nahm und ihr verzieh. Sie hatte ihr ganzes Leben lang dasselbe von ihrer Mutter hören wollen, was auch John hatte hören wollen: daß es ihr leid tat. Als ihre Mutter sagte: »Ich habe mich geirrt, und ich bin stolz darauf, wie du dich entwickelt hast«, machte sie sie unendlich glücklich. Heute sind sie die besten Freundinnen, haben eine wunderbare Arbeitsbeziehung und können miteinander kommunizieren. Von Zeit zu Zeit brechen bei Connie einige alte, negative Verhaltensweisen wieder durch, aber heute ist sie fähig, sich zurückzunehmen und ihre alten Muster zu ändern.

Auf der anderen Seite hatte ich eine Klientin, Gail, die sich ihrem früheren Freund gegenüber äußerst toxisch verhalten hatte. Sie war eifersüchtig und rachsüchtig gewesen und hatte in der ganzen Stadt böse Gerüchte über ihn verbreitet. Als sie älter wurde, erkannte sie, daß sie sich gänzlich falsch verhalten hatte, deshalb suchte sie seine Adresse heraus und versuchte, ihre Fehler wiedergutzumachen. Aber es klappte nicht: Er beschimpfte sie und warf ihr vor, sein Leben ruiniert zu haben. Dann knallte er den Hörer auf.

Dies war zwar schmerzlich für sie, aber sie hatte das Gefühl, diese Reaktion verdient zu haben. Zumindest war dies ein Abschluß, und sie war endlich fähig, sich von dem, was sie jahrelang belastet hatte, zu befreien.

Wenn Sie sich Zeit nehmen, um Ihre Fehler wiedergutzumachen, so sagt das sehr viel über Ihre Persönlichkeit aus – daß Sie bereit sind, sich selbst objektiv zu betrachten und, während Sie an sich selbst arbeiten, aus dieser Erfahrung zu lernen.

Eine toxische Beziehung erneut aufbauen

Was werden Sie jetzt, da Sie wieder Kontakt haben, tun? Was werden Sie sagen?

Sie müssen sich bewußt sein, daß eine Freundschaft nicht über Nacht erneuert werden kann. Wahrscheinlich hat sich auch die Verschlechterung der Beziehung über einen langen Zeitraum hingezogen.

Es wird großer Geduld bedürfen, um sie wieder aufzubauen. Die Techniken »Spannungen ausatmen« und »Gedankenstopp« können hier lebensrettend sein. Sie werden Sie daran hindern, sich selbst ständig Asche aufs Haupt zu streuen, und Ihnen helfen, mit einer negativen Reaktion Ihres Gegenübers fertig zu werden.

Gehen Sie die Sache langsam an. Zunächst sollten Sie vielleicht nur ein paar Minuten mit dem Betreffenden telefonieren, um den Kontakt wiederherzustellen. Regelmäßige kurze Anrufe werden Ihnen helfen, sich aufs neue im Leben dieses Menschen einen Platz zu erobern. Die Telefongespräche können sich dann nach und nach ein wenig ausdehnen. Als nächstes könnten Sie mit der Person zusammen zu Mittag essen, oder Sie laden sie zum Tee ein oder gehen mit ihr zusammen eine Tasse Kaffee trinken. Meist ist es sinnvoll, wenn so ein anfängliches Treffen nicht länger als eine Stunde dauert.

Mag sein, daß Sie und ihr Gegenüber danach Lust haben, noch mehr Zeit miteinander zu verbringen, gemeinsam zu Mittag zu essen, dann gemeinsam zu Abend zu essen und schließlich einen ganzen Abend miteinander zu verbringen.

Wenn Sie eine alte Beziehung erneuern wollen, dann ist es wichtig, sich Zeit zu nehmen. Je mehr Zeit Sie in den Wiederaufbau investieren, desto größer ist die Chance, daß es gelingt, die zerstörte Beziehung wiederherzustellen und ihr dauerhaft Bestand zu verleihen.

Einen Neuanfang machen

Sie sollten nicht einfach dort wieder anknüpfen, wo der Kontakt abriß, und mit Ihren alten Verhaltensmustern fortfahren, denn dann wird sich genau dieselbe Situation einstellen wie zuvor: Der Betreffende beginnt, sich wieder über Sie zu ärgern und sich von Ihnen abzuwenden. Statt dessen müssen Sie Regeln für eine neue Form der Kommunikation entwickeln. Offensichtlich hat es früher etwas gegeben, was nicht klappte, also müssen Sie aktiv werden, um Ihre toxischen Kommunikationsmuster zu verändern.

Als erstes geht es darum, Schuldgefühle oder andere negative Gefühle loszulassen. Sie haben bereits gesagt – und es auch so gemeint –, daß es Ihnen leid tut – mehr können Sie nicht tun. Hören Sie auf, sich selbst Vorwürfe zu machen. Machen Sie reinen Tisch – intellektuell und emotional –, und bauen Sie dann die Beziehung ohne die alten Lasten wieder auf.

Wenn Sie sich doch dabei ertappen, daß Sie auf selbstzerstörerische Weise darüber nachgrübeln, welche Fehler Sie gemacht haben, dann wenden Sie die Gedankenstopp-Technik an. Das wird Sie daran hindern, das Vergangene immer wieder aufzurühren. Als nächstes ist es wichtig, sich um eine freundlichere Haltung zu bemühen und – mehr zu lächeln.

Wenn Sie den anderen kritisieren wollen, dann atmen Sie tief ein, halten den Atem an und ermahnen sich (lautlos): »Gedankenstopp!« Beißen Sie sich dabei sanft auf die Zunge, um sich selbst daran zu hindern, etwas zu sagen, was Sie später bereuen könnten. Natürlich sollten Sie nicht so fest zubeißen, daß es Ihnen weh tut, aber Sie müssen Ihre Zunge fest genug herunterdrücken, daß Sie nichts sagen können, was ihrer jetzt noch sehr zarten und zerbrechlichen Beziehung den Todesstoß versetzen könnte.

Den Menschen, den Sie enttäuscht oder gekränkt haben, um Hilfe bitten

Manchmal haben Sie jemanden schlecht behandelt und wissen nicht genau, wie Sie die Person behandeln sollen.

Nehmen wir einmal an, Sie haben sich einer Selbsthilfegruppe angeschlossen, haben Ihr Verhalten geändert und erkennen jetzt, wie sehr die fragliche Person Ihnen fehlt. Dann ist es oft eine gute Idee, sie um Hilfe zu bitten.

Um einen Kommunikationskanal zu öffnen, können Sie beispielsweise sagen: »Wenn ich irgend etwas getan oder gesagt habe, was dich geärgert hat, dann laß es mich wissen. Hilf mir bitte, mir meiner Handlungen bewußtzuwerden, so daß ich mich dir gegenüber nicht weiter so verhalte wie in der Vergangenheit, und äußere deine Vorbehalte bitte *sofort*, so daß wir feindselige Gefühle rasch abbauen können.«

Wenn der Betreffende Ihren Wünschen tatsächlich entspricht und seine Kritik offen zum Ausdruck bringt, dann *verteidigen Sie sich nicht*. Lassen Sie ihn reden und sich Luft machen. *Setzen Sie sich ruhig hin, und hören Sie zu!*

Als nächstes können Sie sich um die Hilfe eines Therapeuten bemühen. Wenn Sie durch irgendeine Verhaltensweise auf andere Menschen unangenehm wirken, dann kann Ihnen ein qualifizierter Therapeut verschiedene Techniken zeigen, mit deren Hilfe Sie Ihr toxisches Muster ändern können.

Achten Sie auf Ihre Worte

Achten Sie darauf, die in Kapitel 2 erörterten »toxischen Auslöser« zu vermeiden. Bevormundende Formulierungen wie »Du solltest …« oder »Am besten wäre es, wenn du …« oder »Du mußt jetzt …« sollten durch taktvolle Vorschläge ersetzt werden, etwa: »Warum versuchst du nicht …« oder: »Vielleicht wäre es sinnvoll, wenn …« oder: »Überleg doch mal, ob …«.

Für einen Elternteil, der eine Beziehung zu einem erwachsenen Kind neu zu beleben versucht, kann es sehr schwierig sein, diese toxischen Auslöser zu vermeiden. Wenn Ihnen bevormundende Formulierungen auf der Zunge liegen, dann ist es am besten, die Gedankenstopp-Technik anzuwenden und sich auf die Zunge zu beißen.

Wenn Sie merken, daß Sie auf die Person, auf die Sie eine toxische Wirkung hatten, wütend sind, dann kann die Technik »Spannungen ausatmen« Ihnen helfen, eine unangemessene Reaktion zu kontrollieren. Sie wird es Ihnen auch erleichtern, das, was der andere sagt, nicht zu persönlich zu nehmen. Lassen Sie negative Gedanken einfach vorüberziehen, indem Sie ausatmen.

Bei dem Versuch, eine alte Beziehung zu reparieren, werden Sie bisweilen sehr deutlich erkennen, warum Sie für die fragliche Person toxisch waren, und Sie werden manchmal einsehen müssen, daß die Beziehung nicht mehr zu reparieren ist. Dann ist es in Ihrem eigenen Interesse, endgültig loszulassen.

Ehrlichkeit sich selbst gegenüber und die Bereitschaft, die Tatsache zu akzeptieren, daß Sie und der andere nicht zusammenpassen, werden Sie befähigen, den »Stecker herauszuziehen« und ihn mit Liebe – nicht mit Haß – aus Ihrem Leben zu entlassen.

Ein Schulterklopfen ist nur ein paar Wirbel von einem Tritt in den Hintern entfernt

Wenn Sie sich über toxische Menschen ärgern, dann kann es sein, daß dies nicht nur *deren* Problem ist, sondern auch das *Ihre*. Vielleicht haben Sie eine niedrige Toleranzschwelle, so daß Sie unfähig sind, mit bestimmten Verhaltensweisen umzugehen.

Vielleicht gefällt Ihnen nicht, was der andere sagt, aber anstatt ihn anzuschreien und Forderungen zu stellen, könnten Sie erst einmal in Ruhe nachfragen.

Vielleicht gelingt es Ihnen, sich auf das zu konzentrieren, was er in seinem Leben an Positivem erreicht hat und wofür Sie ihn respektieren. Üben Sie es, anderen Menschen wohlwollend zu begegnen und ihnen freundliche Dinge zu sagen.

Wenn Sie etwas wiedergutmachen oder sich entschuldigen wollen, dann ist es – wie immer – der Ton, der die Musik macht. Eine jammernde, abgehackte, nörgelnde Stimme wird Ihnen bestimmt nicht das gewünschte Ergebnis bringen. Statt dessen sollte Ihre Stimme weich, optimistisch und gut moduliert sein. Wenn Sie stimmliche Probleme haben, kann ein Sprechtherapeut/eine Sprechtherapeutin Ihnen helfen.

Neue Verhaltensregeln für eine ehemals toxische Beziehung aufstellen

Wenn Sie eine ehemals toxische Beziehung wiederaufleben lassen möchten, dann müssen Sie neue Regeln dafür aufstellen. Sie dürfen die alten Fehler nicht wiederholen. Sie müssen nach einer Kommunikationsmöglichkeit suchen, die es Ihnen beiden erlaubt, Ihr Gesicht und Ihre Würde zu wahren und sich gegenseitig zu respektieren. Die folgenden zehn Regeln müssen beachtet werden, wenn Sie in einer ehemals toxischen Beziehung neue Kommunikationswege beschreiten möchten.

Beschuldigen Sie den anderen nicht

Vergessen Sie die Frage, wer an allem schuld sein könnte. Schließlich versuchen Sie beide, Ihr Bestes zu geben, um eine ehemals toxische Beziehung wiederaufleben zu lassen. Sie sollten sich selbst für das, was geschehen ist, nicht anklagen – ebensowenig wie den anderen.

Wenn Sie einen Fehler gemacht haben, dann entschuldigen Sie sich

Wenn es eine Kommunikationsstörung oder ein Mißverständnis gegeben hat, dann ist es sehr wichtig, es sofort anzusprechen und offen darüber zu diskutieren. Auf dieser Basis wird es möglich, sich aufrichtig zu entschuldigen – und diese Entschuldigung auch anzunehmen.

Halten Sie nichts zurück – sprechen Sie alles aus

Einer der Gründe, warum toxische Beziehungen toxisch wurden, liegt darin, daß die betroffenen Parteien das, was sie dachten und fühlten, nicht offen aussprachen. Sie hielten sich mit ihrer Meinung zurück – entweder weil sie den anderen nicht verletzen oder weil sie keine Unruhe stiften wollten. Wenn Sie eine ehemals toxische Beziehung neu beleben möchten, dann müssen Sie das, was Ihnen auf der Seele liegt, offen ansprechen. Legen Sie alles auf den Tisch. Sagen Sie, was Sie stört. Zwar sollten Sie niemanden beschuldigen oder anklagen, aber Sie können klären, wie die Handlungen des anderen auf Sie wirken oder gewirkt haben. »Wenn du so mit mir redest«, könnten Sie beispielsweise sagen, »dann fühle ich mich verletzt.« Auf diese Weise werden Sie Ihrem Gegenüber nicht nur helfen, das Gesicht zu wahren, sondern Sie können auch Ihre eigenen Gefühle zum Ausdruck bringen. Erst wenn Sie alle Karten auf den Tisch legen, wird eine ehrliche Kommunikation möglich.

Greifen Sie nicht an

Vermeiden Sie es, den anderen verbal anzugreifen.

Drohen Sie nicht

Sie dürfen niemals sagen: »Wenn du das nicht tust, dann werde ich dich verlassen« oder: »Wenn du das noch einmal sagst, dann gehe ich endgültig.« Wenn Sie jemandem die Pistole auf die Brust setzen, dann werden Sie niemals eine offene Kommunikation erreichen.

Vermeiden Sie Schläge unter die Gürtellinie

Wenn Sie jemanden attackieren, um seinen wunden Punkt zu treffen, so kann das zutiefst zerstörerisch wirken. Wenn Sie eine Beziehung neu beleben möchten, dann geht es darum, sie wieder zu reparieren und aufzubauen, nicht darum, den anderen zu bestrafen. Häufig machen Menschen den Fehler, einen wunden Punkt zur Sprache zu bringen, obwohl sie wissen, daß der andere sich dadurch verletzt fühlen wird. Das ist dem Verständnisprozeß gewiß nicht förderlich. Wer sich in die Defensive gedrängt sieht, wird wahrscheinlich nicht bereit sein, sich wieder zu versöhnen.

Vermeiden Sie es, den anderen zurechtzustutzen oder mit Sarkasmus zu behandeln

Wenn Sie Ihre Botschaft an den Mann bringen wollen, dürfen Sie den anderen nicht kleinmachen, zurechtstutzen oder mit Sarkasmus behandeln. Wenn Sie eine negative Einstellung haben, wird sich das in Ihrer Stimme spiegeln. Wenn es etwas gibt, das Sie stört, dann bringen Sie es offen, aber ohne Sarkasmus zur Sprache. Halten Sie mit Ihren Gefühlen und Ansichten nicht hinter dem Berg. Vermeiden Sie Sticheleien und Gemeinheiten, die Sie dann vielleicht noch mit einem «Ich hab' doch nur Spaß gemacht» vom Tisch zu wischen versuchen. Seien Sie statt dessen offen und direkt.

Bleiben Sie beim Thema

Wenn Menschen versuchen, eine Beziehung neu zu beleben, dann stochern sie oft in alten Wunden herum. Aber das löst keine Probleme, sondern weckt nur die alten, feindseligen Gefühle. Sagen Sie nicht: »Genauso hast du es vor vier Jahren auch gemacht. Deshalb konnte ich es so viele Jahre lang nicht ertragen, mit dir zusammenzusein.« Sagen Sie statt dessen: »Weißt du, diese Sache macht mir wirklich Kummer. Ich würde es vorziehen, wenn du das in Zukunft nicht wieder tun würdest.« Vermeiden Sie es, längst vergangene Geschichten immer wieder aufzuwärmen.

Achten Sie auf Ihre Stimme

Vermeiden Sie es, zu brüllen oder zu schreien. Sprechen Sie vielmehr mit ruhiger, sachlicher Stimme. Wenn Sie sich aufregen, dann wird der andere ebenfalls nervös, und Ihr klärendes Gespräch kann leicht in einen erhitzten Streit ausarten.

Zeigen Sie Mitgefühl

Versuchen Sie, die Dinge vom Standpunkt des anderen aus zu betrachten. Zwar mag es Ihnen schwerfallen, seine Sichtweise nachzuvollziehen, aber wenn es Ihnen gelingt, dann werden Sie dadurch zugleich einen besseren Überblick gewinnen. In Amerika sagt man: »Man sollte über niemanden urteilen, bevor man nicht eine Meile in seinen Schuhen gelaufen ist.« Vermeiden Sie es also, ein vorschnelles Urteil zu fällen.

Das Leben meistern

Gut für sich selbst sorgen

Wenn alle Versuche, eine Versöhnung zu erreichen, gescheitert sind und Sie entschieden haben, daß es selbstzerstörerisch wäre, die toxische Beziehung zu erneuern, dann müssen Sie sich vor allem darum bemühen, seelisch wieder ins Lot zu kommen. Sie sind ein warmherziger, verletzlicher Mensch und müssen sich, so wie Sie es verdienen, mit Liebe und Respekt behandeln.

Die bloße Tatsache, daß Sie in der Vergangenheit häufig schlecht behandelt wurden, bedeutet nicht, daß dies heute auch noch der Fall sein muß. Tun Sie den ersten Schritt, indem Sie gut zu sich selbst sind und freundliche Dinge zu sich selbst sagen.

Wenn *Sie* sich nicht respektvoll behandeln, dann wird es auch niemand anders tun.

Wenn ich Sie in Ihrer Wohnung besuche und sehe, daß Sie in einem Schweinestall leben und daß auf Ihrem Teppich ein Haufen Müll liegt – was sollte mich daran hindern, ein Stück Papier zusammenzuknüllen, es ebenfalls auf den Boden zu werfen und so den Schmutz und die Unordnung noch zu vergrößern? Wenn Sie selbst Ihre Wohnung nicht genügend respektieren und sauberhalten, warum sollte es dann jemand anders tun?

Aber wenn Ihre Wohnung sauber und aufgeräumt ist, dann würde niemand auf die Idee kommen, seinen Abfall auf Ihren Teppich zu werfen. Dasselbe gilt für Ihre Persönlichkeit und Ihre Seele. Wenn Sie sich selbst lieblos behandeln, was sollte andere daran hindern, genauso mit Ihnen umzugehen?

Hören Sie auf, sich selbst zu mißhandeln! Viele Menschen essen, wenn sie über sich selbst wütend sind, massenhaft Schokolade oder greifen zur Flasche oder versinken in Selbstmitleid oder gehen nicht mehr zum Fitneßtraining. Sie laufen ständig mit einem tieftraurigen Gesicht herum. Selbstmitleid führt nicht weiter, es dient nur dazu, Ihre Selbstachtung noch weiter zu schwächen.

Immer wenn Sie drauf und dran sind, sich selbst zu bestrafen, sollten Sie die Gedankenstopp-Technik anwenden und negative Gedanken ausatmen. Wenn Sie Lust haben, drei Stück Sahnetorte zu verdrücken, dann halten Sie einen Augenblick inne und fragen sich, was Sie damit bezwecken wollen. Sind Sie ärgerlich, einsam, frustriert oder deprimiert? Dann sollten Sie versuchen, sich selbst ein guter Freund zu sein. Versuchen Sie, Ihre wahren Motive zu ergründen, etwa indem Sie sich fragen: »Warum möchte ich jetzt diese drei Stück Kuchen essen? Ist es, um meinen Ärger zu verdrängen? Aber werde ich mich dann eine Stunde später nicht noch schlechter fühlen? Auf welche Weise könnte ich sonst meinen Zorn zum Ausdruck bringen?« Die meisten von uns lesen viele Bücher darüber, wie wir es lernen können, uns selbst zu lieben, weil wir wissen: Wenn wir uns selbst nicht annehmen, dann werden auch andere es nicht tun.

Zeiten des Rückzugs

Hin und wieder möchten wir allein sein. Dieses Bedürfnis ist völlig in Ordnung. Wenn wir uns gelegentlich von der Außenwelt und von anderen Menschen zurückziehen, dann können wir uns regenerieren.

Nachdem der Mann einer meiner Klientinnen gestorben war, zog sie sich eine Weile lang von allen Menschen zurück. Viele ihrer Freunde und Bekannten fühlten sich dadurch vor den Kopf gestoßen. Aber sie brauchte das Alleinsein, um über ihre Trauer hinwegzukommen. Mehrere Monate lang sah sie kaum einen Menschen und weinte viel. Als sie schließlich ihre schützende Hülle wieder verließ, war sie stärker geworden und hatte wieder eine sehr viel vitalere Ausstrahlung. Sie schrieb all denen, die sie hatten trösten wollen, freundliche Briefe und erklärte, daß ihr Rückzug ihr geholfen habe, mit der Trauer über den Tod ihres Mannes fertig zu werden.

Wenn Sie sich von der Aggressivität eines toxischen Menschen oder dem Schmerz einer traumatischen Situation erholen wollen, dann ist es am hilfreichsten, sich eine Weile lang zurückzuziehen, um neue Kraft zu schöpfen.

Manchmal gelingt das schon, wenn Sie sich nur ein paar Stunden lang in Ihr Bett verkriechen. Manchmal ist es hilfreich, sich im Badezimmer ein paar Kerzen anzuzünden und ein Schaumbad zu nehmen.

Manchmal brauchen Sie ein paar Monate, um sich zu regenerieren, und manchmal sogar einige Jahre. Oder Sie verlassen für ein paar Tage die Stadt. Was Sie tun, braucht nicht teuer zu sein. Auch ein Spaziergang zum Park oder in die Leihbücherei könnte Ihnen guttun. Was auch immer nötig ist, um einmal allein zu sein, in Ruhe seinen eigenen Gedanken nachhängen zu können und seine Gefühle zu ergründen – tun Sie es; Sie werden als stärkerer und zufriedenerer Mensch daraus hervorgehen.

Ihren Körper verwöhnen

In vielen Büchern können Sie erfahren, wie Sie Ihren Körper verwöhnen, aber im Grunde geht es darum, gut für sich selbst zu sorgen. Sie müssen unbedingt Gymnastik machen oder Sport treiben. Ich kann das nicht genug betonen. Untersuchungen haben gezeigt, daß bei sportlichen Aktivitäten der Endorphinlevel steigt, und dadurch hebt sich auch Ihre Stimmung. Treiben Sie Sport – und sei es auch nur für zehn oder zwanzig Minuten pro Tag. Es wird Ihre Stimmung und Ihre Ausstrahlung verbessern. Tun Sie etwas, was Sie noch nie zuvor getan haben. Lassen Sie sich eine Maniküre oder Pediküre machen. Haben Sie den Mut, sich selbst zu verwöhnen!

Ihren Geist verwöhnen

Stimulieren Sie Ihren Geist mit neuen Eindrücken. Lesen Sie neue Bücher oder Zeitschriften. Bemühen Sie sich, neue Interessen zu entwickeln. Auch wenn Sie sich bisher nie für Sport interessiert haben – schauen Sie sich einmal ein Tennis- oder Fußballspiel an.

Vielleicht stellen Sie fest, daß Sie es äußerst spannend finden. Besuchen Sie Kurse, um etwas Neues zu lernen. Versuchen Sie einmal, die Dinge von einem anderen Standpunkt aus zu betrachten.

Ihre Seele verwöhnen

Ich werde Ihnen gewiß nicht sagen, welcher Religionsgemeinschaft Sie sich anschließen sollten. Aber eines kann ich Ihnen versichern: Die Gewißheit, einen festen Platz im Universum und eine feste spirituelle Verankerung zu haben, wird Ihnen Geborgenheit vermitteln.

Bemühen Sie sich um Trost im Glauben oder in einem philosophischen System – das wird Ihnen helfen, seelisch zu gesunden. Wenn Sie nicht wissen, wie Sie vorgehen sollen, oder nach neuen Anregungen suchen, dann informieren Sie sich in einer religiösen oder esoterischen Buchhandlung.

Eine Bestandsaufnahme machen

Jetzt, da Sie sich ein wenig Zeit für sich selbst reserviert haben, machen Sie einmal eine Bestandsaufnahme Ihrer Situation – mental, emotional, physisch und spirituell.

Diese Selbstinventur ist vielleicht die beste Voraussetzung, um zu verstehen, wo Sie augenblicklich in Ihrem Leben stehen. Listen Sie in der Säule auf der linken Seite jeweils fünf Aspekte Ihres Lebens auf: soziales Leben, Arbeitsplatz, berufliche Perspektiven, Familienleben, äußere Erscheinung. Oben auf die Seite schreiben Sie: gegenwärtige Situation, ideale Situation, Schritte, um die ideale Situation zu erreichen.

Zu der ersten Rubrik, soziales Leben, könnten Sie überlegen, ob Sie genug Freunde haben, wie häufig Sie mit ihnen zusammen sind und wie häufig Sie neue Menschen kennenlernen. Seien Sie ehrlich zu sich selbst.

In der Rubrik Arbeitsplatz sollten Sie aufschreiben, was augenblicklich an Ihrem Arbeitsplatz passiert und ob Sie dort sind, wo Sie eigentlich sein möchten. Reicht Ihr Gehalt aus, um über die Runden zu kommen? In der dritten Rubrik müssen Sie Ihre beruflichen Perspektiven einschätzen. Sind Sie auf dem Weg, Ihre Karriereziele zu erreichen? In der vierten Rubrik, Familienleben, sollten Sie den augenblicklichen Stand Ihrer Beziehungen zu den Menschen einschätzen, die Ihnen nahestehen: Ihre Kinder, Eltern, Verwandten, Ihr Freund oder Ihre Freundin, Ihr Mann oder Ihre Frau.

In der letzten Kategorie, äußere Erscheinung, prüfen Sie Ihr äußeres Erscheinungsbild von Kopf bis Fuß, von Haar und Gesicht über Kleidung und Körper bis zu Ihrer Stimme und Sprechweise. Um sich selbst objektiv einschätzen zu können, müssen Sie alle Punkte ehrlich abchecken.

In der zweiten Säule beschreiben Sie, wie Sie sich die ideale Situation vorstellen: im sozialen Bereich, an Ihrem Arbeitsplatz, im Hinblick auf Ihre Karriere, Ihr Familienleben und Ihre äußere Erscheinung. Stellen Sie sich vor, es gäbe eine gute Fee, die Ihnen alles, was Sie sich wünschen, schenken würde.

In der dritten Säule beschreiben Sie alle Schritte, die Sie unternehmen müssen, um Ihre Träume wahr werden zu lassen.

Beispielsweise mag es sein, daß Sie augenblicklich sehr wenige Freunde haben. Sie fühlen sich einsam, niedergeschlagen und seelisch ausgebrannt. Idealerweise wünschen Sie sich, den Mann Ihrer Träume zu treffen, jemanden, der liebevoll mit Ihnen redet, Sie mit Respekt behandelt, manchmal Geld für Sie ausgibt und Sie mit liebevollem Blick betrachtet.

Die Schritte, die Sie tun müssen, um Ihren Traum wahr werden zu lassen, sind: Sagen Sie allen Ihren Freunden, daß Sie frei sind; schließen Sie sich einem Singleclub an; laden Sie zu einem Essen ein, zu dem Ihre Freundinnen Männer mitbringen, mit denen sie (platonisch) befreundet sind; gehen Sie häufiger aus; besuchen Sie Kurse, oder gehen Sie in ein Fitneßstudio. Seien Sie zu Menschen, die Sie kennenlernen, grundsätzlich freundlich; treten Sie für sich selbst ein, und lächeln Sie andere Menschen an.

Eine solche Bestandsaufnahme hat sich als eine äußerst effektive Technik erwiesen, die ich meinen Lesern bereits in meinem Buch *Sag doch einfach, was du denkst* beschrieben habe. Einigen meiner Klienten ist es mit Hilfe dieser Liste gelungen, ihrem Leben eine neue Wendung zu geben.

Sich wieder hinauswagen

Nachdem Sie die Zeit des Rückzugs ausreichend genossen haben, sollten Sie sich wieder aus Ihrem Schneckenhaus hinauswagen. Aber das braucht nicht plötzlich zu geschehen. Vielmehr ist es am einfachsten, wenn Sie es schrittweise tun. Die Tatsache, daß Sie sich überhaupt wieder vor die Tür wagen, sagt viel über Ihren Gesundungsprozeß aus. Der erste Schritt ist manchmal der allerschwierigste. Immer wenn Sie sich wie gelähmt fühlen, denken Sie an den alten Nike-Werbeslogan: *Just do it.*

Dasselbe sage ich auch zu Ihnen: *Tun Sie's einfach!* Auch wenn es Ihnen ein wenig angst macht: tun Sie Dinge, die Sie nie zuvor getan haben. Allein einen Ausflug zu machen, allein ins Kino zu gehen oder allein in einem Café eine Tasse Kaffee zu trinken kann Ihr Selbstwertgefühl enorm stärken. Dinge zu unternehmen, die abenteuerlich und für Sie ungewöhnlich sind, wird nicht nur Ihr Leben sehr viel aufregender machen, sondern Sie auch daran hindern, in Selbstmitleid zu versinken.

Machen Sie sich keine Sorgen, zurückgewiesen zu werden. Haben Sie keine Angst, sich dumm oder ungeschickt zu fühlen. Gehen Sie ein Risiko ein – und denken Sie an das Sprichwort: »Wer nicht wagt, der nicht gewinnt.«

Ich kenne eine Frau, die einen guten Job hatte, aber nach einigen Jahren kündigte, da sie mit einem zähnefletschenden Tyrannen zusammenarbeiten mußte. Er erklärte ihr, die Firma würde sie niemals weiterempfehlen, und er würde dafür sorgen, daß sie in ihrer Branche niemals wieder einen Job bekomme. Er behauptete auch, daß sie in ihrem Leben niemals Erfolg haben und eines Tages zu ihm zurückgekrochen kommen und um ihren alten Job betteln würde. Leider hatte er teilweise recht, denn es war ihr tatsächlich nicht möglich, einen anderen Job zu bekommen. Sie weigerte sich, das Handtuch zu werfen, und entwickelte völlig neue Interessen: sie vertiefte sich in Handschriftenanalyse. Sie lernte immer mehr dazu und begann, die Handschriften ihrer Freunde zu analysieren und ihnen etwas über ihren Charakter zu erzählen. Dann wurde sie als Unterhalterin für Parties engagiert. Am Ende entwickelte sich aus dem Hobby ein richtiges Unternehmen, und heute verdient sie pro Jahr eine sechsstellige Summe. Sogar die Polizei zählt zu ihren Kunden; meine Bekannte erstellt Handschriftenanalysen für die kriminologische Abteilung mehrerer Polizeidienststellen. Sie hat auch für private Detekteien gearbeitet und das Thema Handschriftenanalyse sogar im Fernsehen dargestellt.

Das war der schlagende Beweis, daß die toxische Prognose ihres Chefs falsch gewesen war. Indem meine Klientin sich weigerte, sich mit dem toxischen Verhalten ihres Chefs abzufinden, und indem sie sich neue, ganz andere Ziele setzte, gelang es ihr, ihrem Leben eine neue Wendung zu geben. Am Ende verdiente sie mehr Geld, als er selbst es sich jemals hätte träumen lassen. Sie ließ es nicht zu, daß irgend jemand ihr Leben zerstörte, und hatte den Mut, ein Risiko einzugehen.

Die äußere Erscheinung pflegen

Genau jetzt mag der richtige Zeitpunkt sein, das zu tun, was Sie schon immer tun wollten, um Ihr Image zu verändern. Vielleicht möchten Sie sich einen flotten, kurzen Haarschnitt schneiden oder sich einen Schnauzbart oder Bart wachsen lassen. Vielleicht möchten Sie einmal etwas ganz Neues ausprobieren. Das kann ein Anzeichen dafür sein, daß Sie die Phase der inneren Ablösung überwunden haben. Eine äußere Veränderung kann sich auch sehr wohltuend auf Ihre Stimmung auswirken.

Bonnie, eine meiner Klientinnen, hatte lange Zeit mit Mark zusammengelebt, der eine extrem toxische Wirkung auf sie hatte. Er fand ständig etwas an ihr auszusetzen. In seiner Gegenwart hatte sie permanent das Gefühl, unzulänglich zu sein. Schließlich war sie vernünftig genug, sich endgültig von ihm zu trennen. Und das war auch das Ende der Phase, in der sie äußerlich wenig auf sich geachtet hatte. Sie verwandte ihren letzten Cent darauf, sich das Gesicht liften und sich auch die Nase, die Brüste, den Po und den Bauch chirurgisch verschönern zu lassen. Sie ließ sich das Haar blondieren, kaufte sich blaue Kontaktlinsen, schrieb sich in einem Fitneßstudio ein und verlor neun Kilo. Sie ließ sich die Zähne richten und Acrylnägel auf die Fingerspitzen kleben. Schließlich kaufte sie sich noch ein teures Designerkostüm. Sie hat sich in ihrem ganzen Leben noch nie so wohl gefühlt.

Sich eine sinnvolle Aufgabe suchen

Der erste Schritt zum größeren Wohlbefinden besteht darin, sich eine sinnvolle Aufgabe zu suchen. Es gibt vieles, was Sie tun können. Sie können damit beginnen, Trost und Lebensweisheit in Ihrer Religion zu suchen. Oder endlich die Dinge tun, die Ihnen Spaß machen. Mag sein, daß Sie auf dieser Erde sind, um seelisch zu wachsen und liebevoller zu werden, um die Welt zu verbessern und einen einzigartigen Beitrag zu leisten. Finden Sie heraus, was Ihre Aufgabe ist, und widmen Sie sich dieser Aufgabe. Sie sind ein Geschöpf, das keinem anderen Wesen gleicht.

Vielleicht erkennen Sie, daß Sie bisher bestimmte, wesentliche Bedürfnisse vernachlässigt haben. Eine meiner Klientinnen, Matilda, kam zu dieser Einsicht; ihr wurde bewußt, daß sie Kinder mehr als alles andere im Leben liebte. Sie schrieb sich in einer pädagogischen Hochschule ein, machte ihr Lehrerinnenexamen und wurde Sonderschulpädagogin. Sie liebt ihren Beruf trotz der hohen Anforderungen, die damit verbunden sind, und ist sicher, daß sie ihre wahre Lebensaufgabe gefunden hat.

Wenn Sie unglücklich sind und in Selbstmitleid zu versinken drohen, wenn Sie ständig darüber nachdenken, was alles in Ihrem Leben schiefgelaufen ist, dann heben Sie einmal den Kopf und schauen sich um. Vielleicht gibt es jemanden, der es sehr viel schwerer hat als Sie selbst und dem Sie helfen könnten.

Sie kennen vielleicht die Geschichte von dem Mann, der den Kopf hängen ließ und weinte, weil er keine Schuhe hatte, und dann, als er aufsah, einen Mann erblickte, der keine Füße hatte. Manchmal müssen wir uns bewußtmachen, wie gut wir es haben. Ich habe zahlreiche Klienten und Klientinnen gehabt, die sich ständig als Opfer fühlten. Sie waren deprimiert und zornig – wegen ihrer toxischen Jobs oder der toxischen Menschen in ihrem Leben. Sie haßten ihre toxischen Familien, ihre Eltern, ihren Ehemann oder ihre Ehefrau; sie hatten ständig das Gefühl, daß ihr Leben wertlos sei, daß niemand ihnen helfen könne und sie keine Chance hätten. Dies sind die »Ja, aber …«-Menschen. Sie sind zutiefst resigniert. Aber wenn man sie dazu bringen kann, einmal den Kopf zu heben und sich umzuschauen, dann kann das ihrem Leben eine ganz neue Wendung geben.

Tun Sie etwas! Machen Sie jeden Tag zu einem Weihnachtsfest, anstatt nur *einmal* im Jahr freundlich und großzügig zu sein.

Gehen Sie in ein Krankenhaus, und nehmen Sie ein Baby in den Arm, das heroinabhängig ist. Besuchen Sie einen sterbenden Aidspatienten, oder melden Sie sich als freiwilliger Helfer im Braille-Institut, um einem Blinden vorzulesen. Holen Sie sich einen Hund oder eine Katze aus dem Tierheim. All das ist *Geben* – und geht weit über die übliche Geldspende hinaus, die man am Ende des Jahres von der Steuer abziehen kann. Wenn Sie anderen etwas geben können, dann wird Ihr Selbstwertgefühl dadurch enormen Auftrieb bekommen. Und: alles Gute, das Sie tun, wird zehnfach zu Ihnen zurückkommen.

Eine meiner Klientinnen, eine Schauspielerin, war lange arbeitslos. Ständig hörte man sie jammern, daß sie diesen oder jenen Job nicht bekommen habe. Sie war so sehr mit ihren Problemen beschäftigt, daß sie nicht sah, daß andere Menschen auch

Probleme haben. Ich ermutigte sie, sich als freiwillige Helferin im Braille-Institut zu melden. Sie nahm meinen Ratschlag an und las regelmäßig den Blinden vor. Sie betreute auch blinde Kinder und erlebte dies als eine große Bereicherung. Dadurch, daß sie sich auf andere Menschen konzentrierte und ihnen half, veränderte sich ihre Persönlichkeit. Sie war nicht länger nur mit sich selbst beschäftigt. Wenn sie jetzt zu Probeaufnahmen ging, dann gab es etwas Interessantes, über das sie erzählen konnte – ihre Arbeit mit den Blinden. Das machte auf eine Menge Leute, auch einige Besetzungsagenten, einen starken Eindruck. Am Ende bekam auch ihre Karriere neuen Auftrieb.

Neue Menschen kennenlernen

Nehmen Sie sich Zeit, um neue Menschen kennenzulernen. Barbra Streisand sang: »People, who need people, are the luckiest people in the world.«

Aber wo kommt man mit neuen Menschen in Kontakt? Überall – im Supermarkt, beim Bummel durch die Einkaufsstraße, an der Tankstelle. *Lächeln Sie!* Verlassen Sie Ihr Schneckenhaus, zeigen Sie Selbstbewußtsein, und *lächeln Sie!* Manchmal wird Ihr Lächeln nicht erwidert werden. Manchmal haben die Menschen keine Zeit oder möchten keine neuen Bekanntschaften schließen. Vielleicht sind sie schüchtern. Lassen Sie sich dadurch nicht beirren. Lächeln Sie trotzdem. Sie werden bald merken, daß es sich lohnt.

Bemühen Sie sich, optimistisch zu sein, gehen Sie auf andere zu, und stehen Sie für sich selbst ein. Verlassen Sie die alten, ausgetretenen Pfade. Warten Sie nicht darauf, daß jemand Ihnen einen Rosenstrauß schenkt. Viele Menschen machen den Fehler zu erwarten, daß andere auf sie zukommen, und wenn ihre Erwartung sich nicht erfüllt, dann fühlen sie sich noch schlechter als zuvor.

Sich selbst etwas Nettes sagen

Um den Schmerz einer toxischen Beziehung oder Begegnung zu überwinden, müssen Sie vor allem lernen, sich selbst freundlich zu behandeln. Zu sagen »Ich bin blöd« wird das schlechte Selbstbild, das jener toxische Mensch Ihnen möglicherweise aufgezwungen hat, noch weiter verfestigen; dadurch wird eine sich selbst erfüllende Prophezeiung geschaffen. Wenn Sie solche toxische Selbstkritik ständig wiederholen, dann werden Sie sie am Ende als Tatsache ansehen. Wenn Sie sich dabei ertappen, wie Sie sich selbst angreifen und heruntermachen, dann sollten Sie die Gedankenstopp-Technik anwenden und sich statt dessen loben. Andere werden Sie genau so einschätzen, wie Sie selbst es ihnen nahelegen. Nehmen Sie Ihr Leben in die Hand, und unterwerfen Sie negative Gedanken über sich selbst einer strengen Zensur!

So wie Sie, wenn Sie sich selbst ständig kritisieren, entsprechend toxische Reaktionen provozieren, werden andere eine positive Einstellung zu Ihnen entwickeln, wenn Sie über sich selbst etwas Positives sagen. Positive, ermutigende innere Dialoge sind die schönsten Geschenke, die Sie sich machen können.

Ich hatte einmal einen erstaunlichen Klienten, einen sehr reichen Geschäftsmann aus Texas, der mich aufsuchte, um zu lernen, in der Öffentlichkeit wirkungsvoller zu reden. Er erzählte mir, daß er jeden Morgen als erstes in den Spiegel schaut und mit begeisterter Stimme zu sich selbst sagt: »Guten Morgen, Wayne. Schön, dich zu sehen. Wir beide werden heute einen wunderbaren Tag verbringen, und phantastische Dinge werden geschehen. Wir werden eine Menge Spaß haben, eine Menge Geld verdienen und eine Menge netter Leute treffen.«

Sein dreißig Sekunden währendes Aufmunterungsgespräch half ihm, viele Millionen Dollar zu verdienen; er läßt es einfach nicht zu, daß toxische Wörter und toxische Gedanken, geschweige denn toxische Menschen in sein Leben eindringen. So wie er selbst nichts Negatives über andere sagt, läßt er es nicht zu, daß andere ihn herabwürdigen.

Wayne ist ein großartiges Beispiel dafür, wie stark die Macht der Worte und der Erwartungen ist. Wenn Sie sich selbst gut behandeln und sich freundliche Dinge sagen, dann werden andere Ihrem Beispiel folgen und Sie mit demselben Respekt behandeln.

Sich selbst treu sein

Manchmal hassen wir uns selbst, weil wir uns selbst nicht treu gewesen sind.

Denken Sie an die Weihnachtszeit – wie oft haben Sie sich schon verpflichtet gefühlt, Ihre Zeit mit einer Menge toxischer Menschen zu verbringen, die Sie nicht ausstehen können.

Aber glauben Sie mir – Sie haben durchaus das Recht, *nicht* mit ihnen zusammenzusein. Warum sollten Sie sich einen ganzen Abend lang einer unangenehmen Erfahrung aussetzen? »Aber dies ist eine familiäre Verpflichtung«, sagen Sie. »Ich bin doch bisher immer dabeigewesen.« Darauf entgegne ich Ihnen: »Das ist Ihnen aber bisher immer schlecht bekommen. Sie haben vor Ärger und innerer Anspannung jedesmal Kopfschmerzen bekommen. Am Ende haben Sie vor lauter Unzufriedenheit regelmäßig zu viel gegessen und getrunken. Wenn Sie mit den betreffenden toxischen Menschen zusammen waren, hat das Ihrer Selbstachtung regelmäßig geschadet.«

Wenn Sie die Techniken zum Umgang mit toxischen Menschen, die ich in diesem Buch beschrieben habe, nicht anwenden wollen oder wenn sie nichts nützen, dann sollten Sie solchen unerfreulichen Ereignissen besser fernbleiben. Seien Sie kein Heuchler. Lassen Sie sich nicht manipulieren, weil Sie Schuldgefühle haben oder sich verpflichtet fühlen. *Sie brauchen sich nicht länger zum Opfer machen zu lassen!* Sie haben die Freiheit, sich selbst treu zu sein.

Dies trifft nicht nur auf familiäre Verpflichtungen zu. Wenn Sie sich selbst treu sind, dann werden Sie niemals nur deshalb mit jemandem Kontakt pflegen, *weil er etwas für Sie tun kann.*

Manche Menschen haben eine extrem toxische Wirkung auf Sie; bei näherem Nachdenken werden Sie oft feststellen, daß Sie nur deshalb mit ihnen zusammen sind, weil Sie meinen, sie würden Ihnen in Ihrer Karriere oder Ihrem persönlichen oder sozialen Leben nützen. Vielleicht bleiben Sie nur deshalb bei Ihrem Freund, weil Sie denken: »Ich kann niemand anders finden« oder: »Besser ihn als überhaupt keinen.« Vielleicht heucheln Sie Freundlichkeit gegenüber einem toxischen Chef, weil Sie denken: »Wenn ich mich nicht verstelle, dann wird er mich entlassen« oder: »Ich werde ihm Honig um den Bart schmieren, damit er mich mag und ich befördert werde.«

Seinen eigenen Gefühlen nicht treu sein wird sich am Ende niemals auszahlen. Ihr Chef wird Sie möglicherweise ohnehin feuern. Ihr Freund könnte Ihnen so viel Kummer bereiten, daß es schließlich besser ist, allein zu leben als mit jemandem, den Sie nicht respektieren. Menschen sind sehr sensible Wesen. Sie nehmen subtile Signale wahr, die Sie ihnen durch Ihre Körpersprache und Ihre Stimme senden. Sie *wissen*, ob Sie sie mögen oder nicht. Deshalb ist Heuchelei Zeit- und Energieverschwendung.

Einer meiner Klienten konnte eine Kollegin aus seiner Branche nicht ausstehen, aber er verführte sie, weil er dachte, wenn er mit ihr schliefe, würde sie ihm einen großen Auftrag zukommen lassen. Natürlich gab sie den Auftrag schließlich jemand anders.

Die besten Geschäftsbeziehungen kommen zwischen Menschen zustande, die einander aufrichtig mögen und respektieren. Wenn Sie mit jemandem nur deshalb Kontakt pflegen, weil er etwas für Sie tun kann, dann mögen Sie damit zwar zunächst Erfolg haben, aber wenn er Ihre wahren Motive erkennt, dann wird die Tür bald wieder zuschlagen.

Menschen sollten für Sie niemals ein Mittel zum Zweck sein.

Statt dessen sollten Sie sie in ihrer Individualität wertschätzen und sie mit Respekt behandeln. Wenn Sie jemandem Honig um den Bart schmieren und hinter seinem Rücken schlecht über ihn reden, dann werden Sie am Ende selbst Schaden nehmen.

Lassen Sie es mich noch einmal wiederholen: Wenn Sie ein möglichst unbeschwertes, giftfreies Leben führen möchten, dann müssen Sie sich selbst treu sein.

Es ist nicht schwer,
ein Gewinner zu sein

Wir leben in einer Zeit, in der die Menschen schreckliche Angst voreinander haben – und das zu Recht.

Die Welt hat sich verändert – und *nicht* zum Besseren. Noch vor ein paar Jahrzehnten brauchte man die Haustüren nicht zu verschließen, da die Menschen vertrauenswürdig waren. Damals mußten sie nicht mit Schwierigkeiten rechnen, wenn sie einander halfen. Sie brauchten sich nicht ständig Sorgen zu machen, verklagt und in einen Prozeß verwickelt zu werden. Wenn jemand hinfiel, dann halfen andere ihm auf.

Heute haben wir Angst, etwas zu sagen, wodurch sich jemand auch nur im geringsten gekränkt fühlen könnte, und wir haben Angst, jemandem zu helfen, weil das rechtliche Probleme nach sich ziehen könnte.

Heute sind wir ständig angespannt und wütend. Nichts ist heilig; es gibt keine Tabus mehr. Wir können alles sehen und hören; in unseren Talkshows werden Vergewaltiger, Transvestiten, Mütter, die ihre Kinder ermordeten, und Männer, die zwanghaft masturbieren, interviewt. Ständig mit dieser Parade von Opfern auf den Fernsehschirmen konfrontiert, kann uns nichts mehr schockieren. Man erzählt uns eine grauenvolle Geschichte nach der anderen, und jeder versucht, noch lauter als sein Nachbar zu jammern. Viele von uns haben resigniert und sind voller Haß und Zorn. Jeder redet, aber niemand hört zu.

Hören wir auf, uns zum Opfer machen zu lassen.

Hören wir auf, einander zu hassen.

Hören wir auf, uns selbst zu hassen.

Hören wir auf, einander zu töten.

Hören wir auf, Dinge zueinander zu sagen, die nichts anderes sind als Provokationen und sinnlose Beleidigungen.

In diesem Buch habe ich immer wieder betont, daß *Wissen Macht ist!* Wenn wir unsere Wahrnehmungsfähigkeit entwickeln und erkennen, was wir tun sollen und was die Ergebnisse sein werden – dann, und nur dann, können wir unser Leben zum Besseren verändern.

Irgend etwas *muß* sich verändern – und zwar sofort. Wir müssen unseren Mitmenschen mit mehr Liebe begegnen und zugleich lernen, die toxischen Kräfte abzuwehren, die unser Leben vergiften.

Es gibt niemanden, der toxischen Menschen gegenüber völlig immun ist. Tatsächlich mußten auch die reichsten, berühmtesten, erfolgreichsten Menschen auf der Welt mit ihnen fertig werden.

Der Pop-Sängerin Madonna wurde erklärt, sie sei untalentiert und würde es niemals schaffen. Überflüssig zu sagen, daß die Unkenrufer unrecht behielten; sie wurde einer der reichsten Gesangsstars der Welt.

Lauren Hutton wurde gesagt, sie könne niemals Model werden, da sie eine schiefe Nase und unvollkommene Zähne habe. Sie ignorierte die toxischen Kommentare und wurde eines der berühmtesten Models der Welt.

Ein Talentmanager war der Meinung, daß Oprah Winfrey untalentiert sei und nicht das richtige Aussehen habe. Und – hat sie es trotzdem geschafft?!

Sylvester Stallone konnte lange Zeit in Hollywood keinen Job bekommen. Heute scheint er einer der wenigen Schauspieler zu sein, die einen Film nach dem anderen machen.

Melanie Griffith suchte mich auf, nachdem man sie wegen ihrer zu hohen Stimme entlassen hatte. Man sagte ihr, sie würde in Hollywood niemals Arbeit finden, da sie wie ein kleines Mädchen klinge. Später wurde sie – *mit* ihrer Kleinmädchenstimme – für den Oscar nominiert.

Der Oscar-Gewinner Dustin Hoffman erzählt, wie toxisch seine Familie reagierte, als er ankündigte, Schauspieler werden zu wollen. Einer seiner Verwandten sagte ihm, er sähe nicht gut genug aus. Dies war auch die Meinung verschiedener Besetzungsagenten. Aber Dustin Hoffman ist trotzdem – *mit* seinem Aussehen – einer der größten Schauspieler aller Zeiten.

Diese erfolgreichen Stars und zahlreiche andere Menschen haben sich von toxischen Persönlichkeiten beleidigen lassen müssen, aber sie haben ihren Weg gemacht und sind berühmt geworden.

Sie weigerten sich, *sich zum Opfer machen zu lassen!* Sie weigerten sich, sich durch toxische Kommentare lähmen zu lassen. Sie weigerten sich, sich selbst zu zerstören. Sie wehrten sich entschieden gegen die Menschen, die ihnen das Leben schwerzumachen versuchten.

Wir sollten uns nicht von jener Parade hoffnungsloser Opfer beeindrucken lassen, die wir täglich im Fernsehen sehen, sondern von den Menschen, die uns *positiv* inspirieren können. Wir müssen für uns selbst eintreten und sagen: »Ich *weigere mich*, mich in Zukunft weiterhin zum Opfer machen zu lassen.«

Dieses Buch gibt Ihnen die Mittel an die Hand, die Ihnen helfen werden, zu den Gewinnern zu gehören – umgeben von anderen Gewinnern.

Hören wir auf, unseren Blick auf die Opfer zu richten, und beginnen wir, auf die *Gewinner* zu schauen – auf die Menschen, die uns positiv inspirieren können. Statt uns auf Schmerzen und Leiden zu konzentrieren, lassen Sie uns nach Möglichkeiten zur *Heilung* suchen. Denken Sie daran, was in Kalifornien während der Brände in Malibu und während des Erdbebens geschah. Viele Menschen bemühten sich, anderen, die ihnen völlig fremd waren, zu helfen. Halten Sie sich vor Augen, wie viele Fremde einander nach dem schrecklichen Hurrikan in Miami halfen. Denken Sie daran, wie hilfsbereit und großzügig die Menschen während der schrecklichen Überschwemmungen im mittleren Westen waren. Menschen gewährten Fremden Mahlzeiten und Unterkunft und halfen ihnen, vor ihren Häusern Sandsäcke zu stapeln.

Gemeinden haben gemeinsame Anstrengungen unternommen, wenn ein Kind entführt wurde oder aus anderen Gründen verschwand. Menschen stellen sich freiwillig als Knochenmarksspender zur Verfügung, weil sie dadurch das Leben eines Menschen retten können, den sie nicht einmal kennen. Es gibt in den Medien auch Nachrichten über tüchtige, hilfsbereite Menschen, aber leider konzentrieren wir uns nur allzu häufig auf Negatives. Bösartige und toxische Menschen beherrschen die Schlagzeilen der Boulevardpresse.

Menschen sind auch freundlich und hilfsbereit – wie der Tierarzt, der kostenlos die Hunde von Obdachlosen betreut. Und wie der Mann, der jeden Tag in ein Kinderkrankenhaus ging und den jüngsten Krebspatienten Geschenke brachte. An jedem Geschenk hing eine Karte, die besagte, daß das Geschenk von dem »ganz besonderen Engel« des Kindes komme. Der Spender ließ die Kinder niemals wissen, wer er war. Er machte ihnen Geschenke, damit sie jeden Tag ein wenig lächeln konnten.

Überall, in jeder Nachbarschaft, gibt es wohlwollende und freundliche Menschen, und ihre guten Taten bleiben nicht unbemerkt.

Als ich eines Morgens ein paar Muffins im *Muffin Oven* in Beverly Hills kaufte, kam ein Obdachloser herein. Meine erste, spontane Reaktion war, ihm ein wenig Gebäck zu kaufen, aber das liebenswerte europäische Ehepaar, dem der Laden gehört, sagte: »Oh, das brauchen Sie nicht – er bekommt bei uns jeden Morgen kostenlos Kaffee und Muffins.« Ich war sehr gerührt über diese Geste der Freundlichkeit gegenüber einem bedürftigen Mitmenschen.

Es gibt sehr liebevolle Menschen – wie den Mann, der den Bewohnern eines Pflegeheims seine Zauberkunststücke vorführte, sie einzeln besuchte und ihnen zum Geburtstag Blumen schickte.

Dies sind unsere Helden und unsere Vorbilder – nicht irgendein vulgärer, drogenabhängiger Sänger, ein promiskuitiver Sportler oder der Mann, der seine Frau schlägt.

Wir alle müssen einander Vorbilder sein – einander großzügig und liebevoll behandeln und jedem Menschen mit dem Respekt begegnen, den er, einfach weil er ein Mensch ist, von vornherein verdient.

Sie brauchen sich nicht zum Opfer machen zu lassen

Jetzt, da sich Ihnen Wege und Wahlmöglichkeiten eröffnet haben, brauchen Sie nie wieder den Mut und die Hoffnung sinken zu lassen. Sie können toxische Menschen abwehren und es verhindern, daß sie Ihnen schaden.

Nietzsche sagte einmal: »Was mich nicht umbringt, macht mich stark.«

Wie recht er hatte! Wenn Sie es lernen, mit den toxischen Menschen in Ihrem Leben fertig zu werden, werden Sie sich zu einer sehr viel vitaleren und selbstbewußteren Persönlichkeit entwickeln. Ihre neu gewonnene Stärke wird Sie inspirieren, in Ihrer Karriere und in Ihrem sozialen Leben Risiken einzugehen. Ihr Leben wird reicher, erfüllter und abenteuerlicher werden.

Die folgende, sehr alte Geschichte mag diesen Punkt verdeutlichen: Eines Tages fragte ein Lehrer seine Schüler, wann die Nacht zu Ende sei und der Tag beginne. Einer der Schüler sagte: »Dann, wenn man in der Entfernung ein Tier sieht und sagen kann, ob es ein Hund oder eine Katze ist.« – »Nein«, antwortete der Lehrer. Ein anderes Kind sagte: »Dann, wenn man in der Entfernung einen Baum sieht und sagen kann, ob es ein Apfel- oder ein Feigenbaum ist.« – »Nein«, antwortete der Lehrer.

»Ja – und wann *ist* nun der Augenblick, wenn die Nacht zu Ende geht und der Tag beginnt?« wollten die Schüler wissen.

Der weise alte Lehrer antwortete: »Dann, wenn ihr in das Gesicht irgendeines Mannes oder einer Frau oder eines Kindes seht und erkennt, daß sie euer Bruder oder eure Schwester sind. Denn solange ihr das nicht erkennen könnt, ist es noch immer Nacht!«

Wie auch immer die Farbe unserer Haut sein mag, wie wir aussehen oder welche Kleidung wir tragen mögen – jeder Mensch ist uns in vieler Hinsicht ähnlich. Wir *alle* haben dieselben Wünsche und Bedürfnisse. Wir alle wünschen uns, genügend zu essen zu haben und einen Job, so daß wir Geld verdienen und unsere

Familien ernähren können. Wir brauchen einen sicheren Ort, an dem wir leben können, und wir brauchen Selbstrespekt und den Respekt unserer Mitmenschen.

Ein Beispiel dafür, wie sehr wir einander ähneln, geben uns die südafrikanischen Führer Nelson Mandela und F. W. de Klerk. Zwar unterscheiden sie sich äußerlich – vor allem was ihre Hautfarbe angeht –, aber sie ähneln sich doch in vielerlei Hinsicht. Beide werden von vielen Menschen verehrt. Beide haben eine Familie und Kinder, die sie lieben. Beide sind hochintelligente, integre Männer und großartige politische Führer. Beide arbeiten für den Frieden, so daß man ihnen vor kurzem den Friedensnobelpreis zuerkannte.

Diese beiden Männer symbolisieren, daß kein Mensch auf Grund seiner Hautfarbe oder Herkunft besser oder schlechter ist als ein anderer.

Es wird auf dieser Welt immer Menschen geben, die wir als toxisch empfinden, aber wir haben die Mittel, uns gegen ihren toxischen Einfluß zu schützen. Wir müssen unseren Haß, unsere Vorurteile, unseren Neid und unsere Heuchelei überwinden und einander näherkommen – als Menschen und als Bürger der Welt!

Danksagung

Ich möchte den folgenden Personen danken: meiner temperamentvollen, schönen und lebenssprühenden Agentin, Jan Miller, die all dies ermöglichte.

Dean Williamson, Jans Mitarbeiter, für seine Ermutigung.

Bob Asahina, dem großartigen Lektor, für seine Weisheit, Intelligenz und Begeisterungsfähigkeit.

Sarah Pinckney für ihre phantastischen Fähigkeiten als Lektorin, ihre wunderbare Gedankenklarheit und ihre freundlichen Worte.

Rosalie Glass, meiner Mutter und besten Freundin, die es so gut versteht, mich zum Lächeln zu bringen, und die mich vieles von dem gelehrt hat, was in diesem Buch zur Sprache kommt.

Allen meinen wunderbaren Freunden, überall auf der Welt, für ihre Liebe, Freundlichkeit, ihre positiven Gedanken und guten Wünsche.

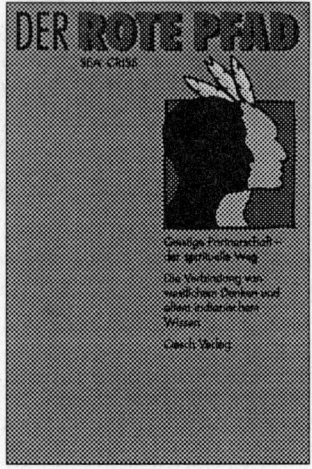